한국에서의 녹색정치, 녹색국가

한국에서의 녹색정치, 녹색국가

바람과 물 연구소 편

당대

한국에서의 녹색정치, 녹색국가

ⓒ 바람과 물 연구소

엮은이/바람과 물 연구소
펴낸이/박미옥
펴낸곳/도서출판 당대

제1판 제1쇄 인쇄 2002년 6월 24일
제1판 제1쇄 발행 2002년 6월 29일

등록/1995년 4월 21일(제10-1149호)
주소/서울시 마포구 연남동 509-2, 3층 ㉾ 121-240
전화/323-1316 팩스/323-1317
e·mail/dangbi@chollian.net

ISBN 89-8163-085-2 03300

머리말

한국에서의 녹색국가 가능성, 그 논의의 문을 열며

1992년 리우세계환경회의는 환경문제 해결의 주체로 정부와 시민사회 그리고 기업을 주목하였다. 이후 각국에서는 이 3자간 협력관계를 어떻게 구축해 나갈 것인가를 행정 및 정치 개혁의 중요한 과제로 삼게된다. 이런 차원에서 우리나라의 경우 1995년 이후 '지방의제21' 관련 협의체들(서울의 경우 녹색서울시민위원회)이 만들어지고 2000년 9월에는 '지속가능발전위원회'(Committee of Sustainable Development, CSD)가 대통령 자문기구로 발족되었다.

그러나 우리 현실에서 이 3자협력이 원활히 작동하는 것으로 보이지는 않는다. 오히려 3자가 추구하는 가치들에서 차이가 두드러지게 나타나고 있으며 심지어는 서로간 이해의 충돌로까지 발전하기도 한다.

여기에서 문제의 요체가 "정책결정과정에 관련된 여러 이해관계들을 결집시킬 수 있는 공동의 비전이 무엇인가"에 있음이 분명해진다. 그런 점에서 리우세계환경회의 이후 인류가 추구해야 할 공동의 가치로 주목받게 된 '지탱 가능성'(sustainability)은 한국사회에서도 가장 우선되어야 할 가치라고 할 수 있다. 하지만 이 '지탱 가능성'을 사회 전반의 목표로 삼는 국가의 청사진에 대한 논의는 거의 이루어지지 않고 있다 해도 과언이 아니다.

사실 지탱 가능한 발전은 협소한 의미의 환경보호에 관한 논의가 아니다. 지탱 가능한 발전은 사회의 발전방향 바꾸기에 해당된다. 그래서 이 책은, '지탱 가능성'을 최우선 가치로 그 발전방향을 바꾸어가는 국가를 '녹색국가'라 칭할 때 이 국가에 들어가기 위한 일련의 현실정치과정을 녹색정치의 관점에서 논구·분석한 글들로 엮여 있다.

이론적 차원에서 녹색국가에 대한 논의는 한국사회는 물론 전세계적으로도 그리 진척되지 않고 있는 상태이다. 그 이유는 70년대 생태패러다임의 시대가 천명된 이후 생태친화적인 미래사회에 대한 전반적인 밑그림들이 다원류의 자연해석에 대한 거부, 생태(학)적 자연해석에 기반한 시민사회의 자유 및 자율성 확장, 그리고 이에 터한 국가의 축소를 추구하고 있기 때문이다. 이처럼 환경-생태 담론 내에서 나타난 녹색국가론의 공백현상을 볼 때, 녹색국가에 대한 이론적 탐구는 그 의의가 크다고 할 수 있다.

물론 현실세계에서 녹색국가의 모색은 다양하게 발현하고 있으며, 그 양상도 천차만별이다. 왜냐하면 이 녹색국가를 추진하려는 세력(생태권력, 녹색연대, 생태동맹)과 기존 경제성장중심의 발전국가를 지속하려는 세력간 갈등 및 이 갈등의 제도화 형태가 사회마다 다르고 그 출발도 국가·사회를 구성하는 각 영역 모두에 걸쳐 있기 때문이다.

조명래의 「국가론의 녹색화를 위한 시론」은 국가의 등장과 그 본질 및 기능을 전통적으로 논의해 온 국가론을 녹색의 시각에서 비판적으로 조명하고, 이를 통해 국가론 그 자체를 녹색화할 수 있는 가능성을 탐색하고 있다. 그에 따르면 국가의 본질은 지배와 통치의 관계이고, 이는 전형적인 인간중심적 사고로 생태환경의 유기적 관계 파괴를 초래하였다. 때문에 이 글에서는 기존 국가론이 새롭게 조명되어야 한다고 주장한다. 그러나 국가본질에 대한 이해는 전통좌파의 국가이해 그 연장선상에 놓여 있다.

문태훈의 「한국에서 녹색정부의 제약요인과 가능성」은 한국국가의 녹색화 논의를 녹색정부의 가능성에서 출발시키고 있다. 그래서 이 글의 화두는 한국에서 녹색정부를 어렵게 하는 제약요인은 무엇이며 그 가능성 조건은 무엇인가란 물음이다. 필자는 녹색정부를 "지탱 가능한 발전에 대한 광범위한 사회적 인식과 합의를 바탕으로 정부의 모든 정책과 정책내용에 있어서 지탱 가능한 발전을 추구하는 것이 우선적인 가치, 목표, 내용이 되고 이의 실현을 위하여 각 사회구성체들과 같이 노력하는 정부"로 이해한다. 이런 이해를 기반으로 해서 필자는 녹색정부가 한국사회에서 실현될 가능성과 그 저해요인을, 역사적으로 추진되어 온 우리나라의 발전과정에서 찾고 있다.

구도완의 「녹색국가의 전망」은 녹색국가의 가능성을 환경정책의 변형에 초점을 맞추어 논의하고 있다. 그에게 녹색국가는 "민주주의와 환경주의/생태주의를 통합한 국가이다." 문태훈의 글과 같은 맥락에서 필자는 기존 한국국가의 발전과정이 민주주의의 억압과 함께 환경문제의 심화를 가져왔고, 이것이 현 한국사회가 발전국가에서 녹색국가로 진행하지 못하도록 억압한다고 주장한다. 때문에 이 전환과정은 새로운 세력 창출을 요구하는데, 필자는 정부·시민단체·경제의 세 영역에서 녹색화를 추진하는 세력들간 연대('녹색연대')의 필요성을 주창하고 있다.

조현옥의 「사회운동에서 정당으로: 독일녹색당의 설립과정과 쟁점」은 한국국가의 녹색화 가능성을 정당의 녹색화 및 녹색당이란 형식에서 찾고 있다. 필자에게 녹색당의 탄생은 정당과 시민사회의 경계 허물기 및 이를 기반으로 한 새로운 정치의 태동과 맞물려 있다. 그래서 녹색당은 시민사회와 정치사회 모두에 그 뿌리를 두고, 운동당(Bewegungspartei)의 형식을 취하게 된다. 한국사회에서 환경 혹은 생태와 관련된 정당명칭들은 1988년 총선 때부터 등장하였지만, 녹색세력화 및 녹색당에 대한 실험논의는 비교적 최근의 일이다. 따라서 필자의 정당의 녹색화 탐구는 한국이 아닌 독일사례를 그 분석대상으로 하고 있다.

정규호의「지방의제21을 통한 거버넌스 실험과 녹색가치의 제도화 방안」은 녹색가치가 구현된 바람직한 사회체제를 구성하기 위해서는 지방중심의 자율적인 통치체제 구축을 통해 국가의 기능과 역할이 새롭게 재구성되어야 한다는 점을 강조하고 있다. 필자는 녹색국가가 가져야 할 핵심 기능으로 "지방을 중심으로 한 수평적이고 상향적인 소통구조를 보장·조율하는 조력자 또는 촉진자로서의 역할"을 설정하면서, 이러한 가능성을 담지하고 있는 '지방의제21'의 실험이 주는 의미와 거버넌스 차원에서의 제도화 방안들을 다루고 있다.

이상헌의「위천국가산업단지 조성을 둘러싼 담론갈등 분석」은 위천공단을 중심으로 한 갈등과정을 담론분석 방법으로 단계화·도해화하고, 이 분석을 통해 국가의 녹색화 방향(정확하게는 기능의 녹색화 방향)을 제시하고 있다. 이 작업은 "자연이 사회에 의해 구성된다"는 관점에 입각해 있다. 따라서 각종 개발을 둘러싼 환경갈등의 핵심에는 세계·자연을 어떻게 이해하고 정의하는가의 갈등, 즉 담론갈등이 놓여 있다. 이 갈등에 대한 분석은 "'바람직한 자연과 사회의 관계'를 사회가 어떻게 합의하는가"란 물음이 환경갈등 해소의 바탕이 됨을 알려주고, 동시에 현재의 국가가 "다양한 이해관계(자연이해)를 어떤 식으로 정책에 반영하며, 이것이 공정한 과정인가" 그리고 "현재와 같은 중앙집중적 관리방식이 과연 효과적인가"란 물음을 던지게 하는데, 사실 이 물음들은 국가의 녹색화 방향의 한 축을 구성한다.

송태수의「한반도 '녹색' 통일경제체제의 모색」은 경제발전과정은 물론 산업구조 측면에서도 상호 이질적인 남북한 경제체제를 녹색의 관점에서 통일시킬 수 있는 대안적인 경제체제의 구성방안을 모색하는 데 초점을 맞추고 있다. 이를 위하여 필자는 독일의 통일과정에서 보여준 가능성과 문제점들을 녹색 대안경제체제를 모색하기 위한 준거로 삼으면서, 남북한의 상이한 체제에서 형성·발전되어 온 경제체제간의 교류협력전략과 단계적 실천방안을 녹색의 관점에서 살펴보고 있다.

마지막으로 문순홍의 「녹색국가논의의 구조와 과정」은 지탱 가능한 발전에 참여하고 있는 국가를 녹색국가라 칭할 때, 한국국가의 녹색화는 어디까지 왔으며 그 측정의 지표는 무엇이 될 수 있을 것인가란 물음에서 시작하고 있다. 그래서 이 글은 크게 두 부분으로 구성된다. 우선 한국국가의 녹색화를 측정하기 위한 기본 작업들, 즉 녹색국가의 정의들 및 녹색국가의 형태들을 녹색국가 논의의 30년사에서 도출해 낸다. 그리고 이를 기반으로 해서 국가의 녹색화단계들 그리고 국가형태의 변형을 촉진시키는 변수들을 실험적으로 제시하고 있다.

이상 여덟 편의 글은 이미 각 글마다의 내용기술에서 예측할 수 있듯이, 서로 유기적으로 연관되어 있다. 이 연관성은 필자들의 시간·의견 공유에서 가능한 것이었다. '바람과 물 연구소'는 작년(2001) 한 해 동안 녹색국가연구포럼을 구성·운영하였고, 그 결과물들은 "한국사회의 녹색화, 어디까지 왔나"라는 주제로 그해 11월 2, 3일 연구소가 주관한 심포지엄을 통해 발표되었다. 정확히 이 책은 녹색국가를 주제로 한 포럼과 심포지엄에서 발표되고 토론된 내용들을 수정·보완한 것이다.

2002. 6.
바람과 물 연구소 소장 문순홍

차 례

머리말: 한국에서의 녹색국가 가능성, 그 논의의 문을 열며 • 5

국가론의 녹색화를 위한 시론
1. 머리말 • 13
2. 국가론의 논의구조 • 15
3. 국가(론)의 녹색성 비판 • 22
4. 국가의 녹색화, 국가론의 녹색화 • 29
5. 맺음말 • 42

한국에서 녹색정부의 제약요인과 가능성
1. 머리말 • 45
2. 녹색정부와 지탱 가능성의 개념 • 47
3. 한국의 경제성장과 지탱 가능성 • 50
4. 녹색정부를 향한 우리나라 정부의 제약과 문제점 • 57
5. 지탱 가능한 발전을 위한 외국정부의 노력 • 68
6. 맺음말: 녹색정부의 가능성을 위하여 • 81

녹색국가의 전망
1. 머리말 • 89
2. 녹색국가의 개념 • 91
3. 한국국가의 특성: 발전국가의 구조변동 • 97
4. 20세기 한국 환경정책의 평가 • 98
5. 발전국가에서 녹색국가로 • 105
6. 맺음말 • 111

사회운동에서 정당으로
1. 머리말 • 115
2. 정당과 사회운동 • 117
3. 독일녹색당의 설립과정 • 123

4. 녹색당의 원칙과 쟁점들 • 137
   5. 맺음말: 녹색당을 통한 국가의 녹색화 • 142

지방의제21을 통한 거버넌스 실험과 녹색가치의 제도화 방안
   1. 머리말 • 147
   2. 지속 가능성 문제와 지방의제21 • 149
   3. 지방의제21의 실천양식으로서 거버넌스체제 특성 • 152
   4. 지방의제21을 통한 거버넌스체제의 실험과 과제 • 159
   5. 지속 가능성을 위한 거버넌스체제의 형성조건 및 과제 • 164
   6. 지속 가능성을 위한 거버넌스체제의 구성 및 운영방향 • 170

위천국가산업단지 조성을 둘러싼 담론갈등 분석
   1. 머리말 • 177
   2. 이론적 분석틀 • 180
   3. 사례연구 • 196
   4. 위천갈등의 특성과 국가기능의 변화 • 217

한반도 '녹색' 통일경제체제의 모색
   1. 머리말 • 231
   2. 동서독 통합모델을 통한 통일경제체제에의 접근: '독일모델'과 '생태적 재구조화 모델' • 233
   3. 남북한 산업구조 및 경제개발정책의 비교 • 237
   4. 한반도 '녹색' 통일경제체제의 모색과 그 실천전략 • 248
   5. 맺음말 • 256

녹색국가 논의의 구조와 과정
   1. 기본 개념들 • 264
   2. 녹색적 사유에서의 국가논의 • 270
   3. 구조로서의 녹색국가 논의 • 279
   4. 과정으로서의 녹색국가 논의: 국가의 녹색화단계 • 285
   5. 한국국가의 녹색화, 어디까지 왔나? • 290

국가론의 녹색화를 위한 시론

조 명 래[*]

1. 머리말

왜 '녹색국가'인가? 한국의 환경담론분야에서 국가론은 생소한 것이다. 그것은 환경에 관한 논의가 그간 공학적 언술로 구사되어 온 이유 때문이며, 또한 근자에 들어 고급화된 환경담론 자체가 가지는 탈구조주의적 지적 성향 때문이기도 하다. 거기에다 사회과학분야에서 풍미하는 '국가약화'론도 녹색의 관점에서 국가론을 조명해 볼 수 있는 가능성을 가로막아 온 한 원인이 된다. 특히 80, 90년대 사회구성체나 국가성격 논쟁을 접했던 이론가들이나 운동가들 중에는 국가에 관한 '거창한' 문제제기를 통해 지금 당장 환경을 위해 무엇을 할 수 있겠는가 하는 의구심을 갖는 이가 적지 않은 것도 이 방면의 논의를 진척시키는 데

---

[*] 단국대 교수

어려움이 되고 있다.

　지구화와 더불어 국가의 위상은 분명 약화되고 있다. 그렇지만 날로 심해지는 생태환경의 훼손을 근원적으로 막기 위해서는 생태친화적 대안사회가 모색되어야 하며 이를 위해 권위체로서 국가의 역할이 더없이 요청되고 있다. 이런 조건에 걸맞은 국가를 우리는 '녹색국가'[1]라 한다. 녹색국가는 국가의 녹색화를 통해 구현되는바, 그 위상을 제대로 설정하기 위해서는 녹색의 관점에서 기존 국가의 역할규범에 대한 새로운 해석이 필요하다. 녹색(적) 사유는 인간중심적 가치나 제도적 관행을 자연과 생태적 가치를 중심으로 재설정하는 것을 전제한다. 즉 근대적 지배가치 전반에 대한 전복을 도모하는 녹색의 사유는 기존의 국가중심 사회권력이나 제도적 작용과정(그것도 환경문제를 낳는 사회적 과정) 전반을 비판적으로 볼 수 있게 해준다. 이런 점에서 80, 90년대 국가론이 인간과 인간의 관계를 바탕으로 하는 국가권력의 폭력성, 경제적 가치생산에 대한 국가개입, 국가체제 전반에 관한 성격을 규정하는 데 초점을 두었다면, 녹색이 결합된 국가론은 인간존재의 기반을 인간과 자연의 관계로 확장한 뒤 국가의 본질과 역할을 재조명하고자 한다.

　본래 국가(state)는 '통치가 이루어지는 상태'(the state of governance)를 의미한다. 좀더 구체적으로 말한다면 국가는 통치를 행하는 역할자의 구성과 관계, 조직 및 제도, 권력질서, 이념 등이 응축된 개념적·실재적 실체이다. 국가를 구성하는 이러한 관계·구조·작동방식·이념성 등은 인간간의 관계가 유지되고 사회가 발전하는 방식에 영향을 줄 뿐 아니라, 인간과 자연의 관계, 혹은 생물의 한 종으로서 인

---

[1] 유사용어로 '환경친화적인 정부' '녹색정부' '생태국가' '자연국가' '녹색사회' 등이 있지만, 이 글은 '녹색국가'를 중심 개념으로 사용한다. 정부를 단위로 하는 논의가 행정이나 정책의 운용 등과 같은 미시적·개별적 층위에 맞춘다면 국가를 단위로 하는 논의는 사회 전반의 통치와 관련된 권력구조나 제도적 질서 등과 같은 거시적이고 총합적인 층위에서 설정된다. 사회는 이보다 훨씬 더 일반적인 개념으로 거기에는 국가로 지칭되는 정치사회, 경제사회, 시민사회 등이 포괄된다.

간이 환경에 적응해야 하는 생태체제의 작용에 심대한 영향을 끼친다. 국가의 이 같은 존재성을 이해한다면, 우리는 국가의 성격과 역할을 분석함으로써 오늘날 생태환경문제를 발생시키는 원인과 구조를 새롭게 규명해 볼 수 있으며, 나아가 대안의 모색을 시도해 볼 수 있다.

국가론은 국가의 역할과 기능 등을 논하는 담론이지만 대개 인간사회 내 지배와 통치의 문제를 주요 쟁점으로 다루기 때문에 국가의 생태체제 내에서 인간에 의한 자연의 지배와 착취의 문제를 묵과하는 경우가 많다. 국가론의 녹색화는 국가론의 내부에 규정되어 있는 인간과 인간의 관계에 대한 통치의 문제설정이 함축하고 있는 녹색성, 생명성, 자연성을 비판하면서, '다스림'과 '통치'의 한 연장선에서(즉 인간계 밖으로 국가행위를 연장해서) 인간과 자연의 관계를 호혜롭고 상호 평등하게 지속시켜 가는(다스려가고 통치해 가는) 조건을 모색하는 국가론의 새로운 시도라 할 수 있다. 다시 말해 국가론의 녹색화는 국가의 역할을 환경과 자연의 가치를 존중하는 관점에서 새롭게 재구성해 보자는 것이다.

2. 국가론의 논의구조

국가의 본질과 국가론의 문제설정

국가는 인류역사의 시작과 함께 존재해 왔다. 사람들이 사회를 만들어 살게 되면서 공동의 이익을 위해 사회 전체를 다스리고 질서화할 필요성이 대두되었고, 이에 부응하는 조직이 곧 국가란 형태로 출현하게 된 것이다. 따라서 국가란 사회의 공동이익 혹은 집단별 이익에 맞게 사람들의 활동을 통일적으로 조직하고 지휘하는 포괄적인 정치조직이라 할 수 있다. 즉 국가는 사람들이 모여사는 곳에서 그들의 생활과 활동을 조직하고 규칙화하며 또한 통제하는 강제력을 가진 사회조직을 지칭하는 것이다.

이렇듯 국가는 통치와 다스림의 체제로서 인류가 지구상에 사회를 꾸리고 난 이후 줄곧 있어왔던 '인간사회조직'의 진수이다. 역사상 존재했던 국가의 구체적인 모습은 사회의 발전단계에 따라 상이하게 전개되어 왔지만, 지금까지 변함 없는 국가의 본질은 사회 전체의 이익을 유지하고 관리하는 것과 관련하여 소수가 권력을 잡고 사회의 다수를 지배하는 권위체로 기능해 온 점이다. 다시 말해 생산력·생산방식·신분관계·법제도·문화 및 이념 등의 발전수준에 상응하여 구성원 사이에 역할이 배분되고 위계가 설정되며, 이를 통해 지배와 피지배의 관계가 구성되면 이를 제도로 반영하면서 권력이 작동하는 방식 여하가 국가의 본질이 된다. 따라서 역사상 다양하게 존재했던 국가의 유형(type of state), 이를테면 고대의 노예제국가, 중세의 농노제국가, 근대자본주의 국가, 20세기 등장한 사회주의 국가 등은 결국 각 역사단계에 지배적인 사회세력간 관계(즉 계급관계)의 제도적 응축물에 다름 아니다. 또한 각 국가유형 내에서 발견되는 여러 국가형태(form of state), 가령 근대국가 유형에 속하는 절대주의 국가, 입헌군주제 국가, 자유주의 국가, 대중국가, 파시즘국가, 인민민주주의 국가, 식민지국가 등의 국가형태도 근대적 원리로 지배-피지배의 권력관계가 상이하게 조직되는 방식에 의해 구분된다.

국가의 본질은 이렇듯 세력관계와 지배에 관한 문제이며, 이는 곧 국가론의 기본 문제설정이 된다. 지배-피지배의 관계 그리고 그 권력적 질서로 응축된 국가는 인간이 꾸리고 있는 사회조직의 진수이며 상부구조의 하이라이트에 해당한다. 물론 국가의 실체는 국가현상의 영역과 분야별로 달라질 수 있지만, 국가에 관한 문제제기는 개별현상보다 거시사회적 차원에서 형성·작동하는 권력적 질서와 지배의 구조에 관한 것에서 가장 분명한 차별성을 갖는다(Jessop 1982; Smith 2000).

국가(state)의 어원 스타토(stato)는 15세기 이탈리아 도시국가를 가리키는 말이었지만 마키아벨리가 『군주론』에서 사용하면서 지금과 같은 의미를 갖게 되었다. 이 같은 어원을 미루어볼 때 국가는 동일민족을 중심으로 해서 형성되기 시작한 근세국가의 명칭으로 쓰인 것이라 할 수 있다. 따라서 국가의 기원은 오래 된 것이지만 국가란 개념과 현상에 대한 본격적인 주목은 대체로 근세 이후라 할 수 있다.

우리의 현재적 삶을 제도화하고 질서화하는 국가는 계몽주의 시대 이후 등장한 국민국가체제이다. 역사상에 존재했던 여느 유형의 국가와 달리, 국민국가(혹은 민족국가)는 민족 혹은 국민을 단위로 하는 통치체제로서 거기에는 영토, 민족, 국민경제(시장영역), 시민사회, 권력관계, 문화와 이념 등이 전체로 통일되어 있다(조명래 1995a). 즉 국가의 3요소인 영토·국민·주권은 근대국민국가의 구성을 통해 전체로 통합되었으며, 그 결과 근대사회는 국가를 중심으로 하는 자기완결구조를 가지게 되었다. 현대의 국민국가는 영토 내에서 국민적 삶이 완결되는 '지배-피지배의 관계 그리고 그 권력적 질서'를 담아놓은 채 주권이란 개념으로 다른 나라와 배타적으로 구분된다.

국가론의 다양성과 분석차원

사회 전체의 구성원들을 지배하는 강제적인 제도로서 국가는 플라톤이 사회정의를 실현하는 생명력을 가지는 유기체로 파악한 이래 홉스, 루소 등의 사회계약에 의한 국가론을 거쳐 헤겔의 절대정신이 발현된 최고의 조직체로 언급되었다. 그러나 근대자본주의가 등장하여 발전하면서 근대국가는 자본주의 내의 계급적 지배관계를 반영하는 구조와 기구로 특성화되어 오늘날의 다양한 국가형태로 발전해 있다.

국가론은 국가의 역할, 자율성, 역량, 사회권력관계, 제도적 배열 등을 설명하고 규명하는 담론체계라 할 수 있다. 근대국가론은 베스트팔렌조

약에 의해 생겨난 영토적 주권국가로서의 국민국가를 이념적 모델로 해서 국가의 특성을 설명한다. 따라서 국민국가의 어떠한 측면을 강조하느냐(예를 들어 주권, 기능, 형태 등)에 따라 다양한 국가론이 제출될 수 있다. 근대국가는 근대사회의 경제·법 공동체를 지향하는 중앙집권적 조직양상을 취하기 때문에 국가에 대한 철학적·명목적 이해보다 사회와의 관계 속에서 그 실체를 주목하는 사회과학적 이해[2]가 더 중요하다. 이런 점에서 근대국가론은 사회이론적 전망에 따라 '다원주의 국가론' '베버주의 국가론' '마르크스주의 국가론'으로 대별할 수 있다.

다원주의 국가론은 헤겔적인 국가절대주의에 대응하여 국가를 사회집단들간의 다원적인 경쟁(예를 들어 선거)을 통해 특정 집단의 정치적 '이익이 합법적으로 실현되는 기구'이자 제도적 실체로 간주된다. 서구 자유민주주의 체제를 반영하는 다원주의 국가론에서 국가는 사회 내에 존재하는 다양한 집단의 이익갈등을 중재하고 해결하는 '공정한 심판원'으로 파악된다. 자유주의 이념과 행태주의·실증주의적 인식론에 의거하는 다원주의 국가론은 국가 정치나 정책에 관여하는 집단들간의 역동적 관계나 국가를 통한 다원적 이해의 중재과정 등을 이해하는 데 유용하다.

베버의 사회인식방법을 따르는 베버주의 국가론은 국가를 특정한 역량과 역할을 가진 전문가집단(관료)이 사회적 통치를 합법적이면서 자율적으로 행사하기 위해 점유하고 있는 '조직적 실체'로 간주한다. 따라서 국가는 사회의 어떠한 다른 조직도 그 지위·역할·기능을 대신할 수 없는 고유성과 정당성을 가지고 있는 것으로 간주함으로써 경제발전

---

[2] 국가론 중에서 '사회학적 국가론'은 자연법사상에 근거해 국가를 명목적으로 설명하는 입장(예: 로크, 홉스 등의 자연법주의들이 설명하는 국가론)과 달리 사회의 지배관계를 바탕으로 형성되고 기능하는 사회적 측면(즉 국가의 사회적 실체)을 주로 주목한다. 사회학적 국가론은 사회적 지배관계를 반영함으로써 국가의 일원적 주권을 강조하는 반면, 기능주의 국가론은 다양한 사회적 권력과 이념(예: 길드사회주의, 생디칼리즘)을 기능적으로 반영하고 수행하는 것으로 국가를 이해한다.

과정에서 국가의 능력성과 자율성, 국가의 역할 등을 분석하는 데 유용한 전망을 제시해 준다(권위관료주의 국가론, 발전주의 국가론).

마르크스의 사회인식방법에 의거하는 마르크스주의 국가론은 '자본주의 사회에서 국가'(state in capitalism은 결국 capitalist state)란 지배계급의 이익을 반영하고 대변하는 기구에 불과한 것으로 간주한다. 달리 말해 마르크스주의 입장에서 볼 때 국가는 자본주의 체제를 유지해 가

〈표〉 국가분석의 차원

거시적 차원	① 국가기원 국가성	국가의 역사적 기원 및 국가의 본질[절대이성의 화신으로서 국가(헤겔주의 국가론), 자연권의 대행자로서 국가(자유주의론자), 주권국가(기능주의 국가론자) 등]에 관한 논의
	② 국가형성 발달	국가형성의 등장 배경 및 경로, 특히 자본주의 체제·구조 속에서 국가의 역할과 기능이 도출되는 맥락의 논의
⇑⇓	③ 국가유형	계급관계를 바탕으로 하여 역사발전에 따라 상이하게 나타나는 국가유형에 관한 논의[고대국가, 봉건국가, 근대국가(공동체적 국가, 가부장적 국가, 사회적 국가, 군주국가, 민주국가 등)]
	④ 국가형태	지배와 권력사용이 구체적으로 조직되는 방식 여하에 따라 나누는 국가형태에 관한 논의(군주제, 귀족제, 민주제, 공화제, 파시즘, 다원주의 등)
중범위 차원	⑤ 국가권력과 계급성	주권, 국가권력의 성격과 정도, 국가권력의 기반, 국가의 계급적 기반, 국가의 계급적 성향 등에 관한 논의
	⑥ 국가자율성과 능력성	국가가 계급과 사회에 대해 상대적으로 가지는 자율성, 국가역할을 수행할 수 있는 법제도적·정책적 능력성 등에 관한 논의
⇑⇓	⑦ 국가역할과 기능	자원할당, 경제개발, 거시경제조정, 사회갈등, 복지 등의 영역을 개입하고 조절하는 데 따른 역할과 기능에 관한 논의
	⑧ 국가의 조직체계	국가 역할과 기능의 기구적 배분, 중앙-지방의 관계, 정당활동, 시민참여제도 등에 관한 논의
미시적 차원	⑨ 국가-사회관계	국가의 사회적 배태성, 국가와 시민사회의 관계, 국가 대 시장의 관계 등에 관한 논의
	⑩ 국가간 관계	주권, 국제관계, 세계화, 국제기구, NGO의 국제연대 등과 관련된 논의

는 역할을 수행해 가는 가운데 지배계급의 이익을 구조적으로 반영하게 되고, 그 결과 지배의 도구로 기능한다는 점을 주목함으로써 국가의 계급성·권력성·이념성을 각별히 부각시킨다(도구주의 국가론, 구조주의 국가론, 그람시의 통합국가론, 국가도출론, 종속국가론 등).

이 세 전망의 차이는 국가론의 단순한 유형차이라기보다 전체 사회 속에서 국가분석을 위치시키는 인식론적 층위의 차이이면서 또한 국가와 사회의 관계, 국가의 계급성 및 이념 등과 관련하여 국가 자체를 바라보는 가치론적 차이를 반영한다. 다원주의 국가론은 미시적 정치과정을 중심으로 국가현상을 파악하되 국가의 중립성을 전제하고, 베버주의 국가론은 중범위 수준의 국가 제도나 조직을 분석하되 사회에 대한 국가 통치 및 관리의 자율성을 상정하며, 마르크스주의 국가론은 거시적 차원의 권력과 지배구조에 초점을 맞추되 자본주의 조절과 관련된 국가의 도구적·구조적 위상을 설정해 놓고 있다. 이렇듯 국가분석의 차원은 거시적 구조에 관한 차원, 중범위적 제도에 관한 차원 그리고 미시적 정치과정에 관한 차원을 망라하는바, 국가에 관한 구체적인 이해는 이 모두가 상호 보완적으로 이루어져야 할 것이다(〈표〉 참조).

현대국가의 위기와 재조직화 문제

국민국가의 완성은 주권적 영토 내에 형성되어 있는 경제·사회·정치·이념적 영역 전체에 대해 국가가 개입하면서 가능해졌다. 현대국민국가의 진수는 바로 '케인스주의 복지국가'(Keynsian welfare state)이다. 국가가 사회 전반을 개입하고 조절함에 따라 사회 자체가 '국가사회'(state society)로 변모했으며 국가성격도 이른바 '사회국가'(social state)의 특성을 갖게 되었다. 뿐만 아니라 개입주의적 국가 역할과 기능을 통해 현대자본주의 사회에서는 '체제에 의한 생활세계의 식민화'가 관철되어 '사회의 국가화'(statization of society)가 전면화되어 있다.

하지만 이러한 자기완결적인 현대국가는 지구화와 더불어 변화를 맞이하고 있다. 즉 지구화는 국민국가 영토 내에 배태되어 있던 경제·사회·정치·문화 활동의 초국경화를 촉진하여 국민국가 체제의 약화 내지 해체를 초래하고 있다(조명래 1999b; 2000a). 이에 따라 '국가의 위기'가 보편화되고 있으며, 국민국가를 이념형으로 하던 전통적인 국가론은 그 논거와 타당성을 상실해 가고 있다. 국민국가의 위기가 국가론의 위기를 불러온 것이다. 하지만 엄밀히 말하자면, 지구화에 따른 현대국가의 위기는 국가의 해체나 약화라기보다 지구화란 확대된 '정치공간' 속에서 국가역할이 재조직화되는(not dissolved, but reorganized) 것이라 할 수 있다(조명래 1995a).

지구화의 경향에 따라 국가역할이 지구적인 활동차원으로 상향적으로 위임되는 동시에 지방적 활동 차원으로 하향적으로 분산되어, 국민국가의 전통적인 역할공간이 공동화되는 반면, 지구적-준지구적-국가적-준국가적-지방적 차원으로 새롭게 설정된다. 이로써 '국가정치의 생태적 지배영역'(ecological domain of politics)도 그간의 일국적 차원을 넘어 지방적-지구적 다차원으로 확장되고 있으며, 그에 따라 국가성(statehood)도 이를 무대로 새롭게 형성되고 있다(조명래 1999a; 2000b; Keil 1998; Jessop 1999).[3] 뿐만 아니라 시장과 경쟁논리를 강조하는 신자유주의 지구화의 영향으로 국가중심의 사회적 조절기제가 급속히 약화되는 가운데 비국가(non-state)부문, 즉 시민사회나 시장의 행위자가 사회적 조절자로 부상하면서[4] 전통적인 국가역할을 대신하거나 국가와 함께 새로운 방식의 협력적 통치를 행하고 있다.[5] 때문에 지구화시대 사회적

---

[3] 이를 두고 케일(Keil)은 "지구화는 여러 국가상태를 만든다"(Globalization makes states)고 부른다.
[4] 국가의 기능이 비국가부문으로 옮겨가는 현상을 제솝은 '탈국가화'(de-statization)라 부른다.
[5] 최근에 새로운 통치방식으로 거버넌스(governance)에 관한 이론은 국가중심의 사회적 통치의 한계를 전제하면서 국가-시장-시민사회 영역을 가로지르는 주체간 협력적 통치의 원리와 방식을 설명한다.

조절의 영역에는 국가는 물론 시민사회나 시장의 역할자들이 함께 들어와 국가와 비국가 영역을 가로지는 통치의 새로운 방식과 원리가 작동하고 있다. 지구화의 추세에 맞추어 그 작용의 공간적 강도 지방적-지구적 차원 전역에 걸쳐 형성되고 있다.

3. 국가(론)의 녹색성 비판

생태체제로서 국가

국민국가는 영토를 기반으로 국민적 삶이 재생산되는 시장거래, 시민권적 관계, 정치권력의 배분, 문화이념구조가 구축되어 있는 체제이다. 다시 말해 영토란 자연체계 내에 국민공동체적 삶의 관계가 지속되는 것이 다스려지는 체제가 곧 국가다. 국가의 이 같은 속성은 국가가 하나의 유기적인 생태체제(ecological system)임을 의미하는 것이다.[6] 영토 위에 인간과 인간의 관계가 지배와 피지배의 사회적 관계와 권력적 관계로 재생산되는 것을 통치하는 것이 국가의 궁극적인 역할이라면, 국가는 생태체제 그 자체인 동시에 그 체제의 관리자라 할 수 있다.

생태체제의 관리를 위해 국가는 인구를 지역간에 배분하고, 국토자원의 개발·이용 체계를 구축하며, 이러한 하부구조 위에 상품이 생산되고 교환되는 기업·시장·화폐 관계를 담아내는 사회공간적 분업체계를 만드는 역할을 수행한다. 국가는 또한 이의 안정적인 재생산을 위해 전영토에 걸쳐 법·행정적 집행체계(영토적 조절체제)를 운용하기도 하는데, 이를 통해 국가는 통치와 권력의 생태적 지배구조를 영토 전체

---

6) 국가의 3요소는 영토, 국민, 주권이다. 이 세 가지를 함께 엮어보면 국가는 영토라는 물리자연적 공간 위에 문화적 삶과 유대로 일체화된 국민이란 인간집단 그리고 영토적 삶과 그 관계에 대해 질서와 재생산을 강제하는 주권적 권력이 작동하는 체제를 이루고 있다. 이러한 체제를 이 글에서는 생태체제로 간주한다.

에 구축하게 된다. 국가지배의 생태체제는 자연생태계(영토) 위에 인간-인간의 관계를 바탕으로 하는 사회체계를 결합해 안정적으로 재생산할 수 있도록 통치하는 것으로 기능한다. 나라별 생태체제의 차이는 국가가 사회제도를 통해 사람과 사람의 권력관계를 저변으로 하는 사회체제를 조절하고 나아가 사회체제가 영토상의 자연생태계에 결합되는 방식을 통치하는 방식 여하에 따라 다르다. '사람-사람'의 결합뿐 아니라 '영토-사람'의 결합을 통해 지배와 통치 구조를 조절하는 국가의 역할은 한마디로 '생태조절적 역할'(eco-regulatory role)이라 할 수 있다.

국가체제의 생태성: 국가역할의 반녹색성

국가체제의 생태성은 인간과 인간 관계, 인간과 사회의 관계로 구성되는 것과 더불어 사회체제와 환경체제가 상호 작용하는 관계로 구성된 것이 중첩되어 있다. 국가의 생태성은 발전단계에 따라 상이한 내부구성과 작동체계를 갖는다. 근대국가들은 대개가 자본주의적 산업화를 도모하기 위한 자원할당, 생산활동의 지역간 분업, 중앙-지방관계 등을 다스리고 질서화하는 원리로 국가생태체계를 구성한다.

물질생산의 극대화를 가능케 하는 방식으로 구성된 근대국가의 생태성은 그래서 인간에 의한 인간의 지배와 착취기제가 자연계까지 확장되어 작동하는 메커니즘을 내부화하고 있다. 다시 말해 근대국민국가의 형성과 발전 그리고 그 역할은 모두 자원을 최대한 개발하고 이를 이용해 생산과 소비의 최대화를 도모하는 사회적 과정을 심화시키는 방식으로 전개되다 보니 인간에 의한 인간의 착취는 물론 그 연장선에서 인간에 의한 자연의 착취가 갈수록 고도화된다.

기든스(Giddens 1990)에 의하면, 근대성은 '산업주의, 자본주의, 감시, 군사화'의 네 축을 중심으로 제도화되면서 그 응집물로서 국가체제를 출현시킨다고 한다. 따라서 근대성의 구현물인 근대국민국가는 자본주의적 원리를 바탕으로 산업생산을 극대화하는 통치권력이 폭력적으로 행사되는 (인간중심의) 사회체제를 만들어내는 데 스스로의 역할을 집중시킨다. 이에 따라 근대(자본주의) 국가는 사회체제 밖의 자연체제(인간계 밖의 생태체계)를 배려하는 통치를 필연적으로 소홀히 하게 되며, 그 결과 자본주의하에서 국가체제의 생태성은 인간에 의한 인간의 지배보다 인간에 의한 자연생태계의 지배와 착취가 더 강도 높게 관철되는 경향을 가진다.

국토자원의 개발, 지역간 생산활동의 배분, 상품의 순환유통체계의 전국토화, 시민생활관계의 전국토화, 특정 부문과 지역으로 자본의 집중과 집적, 중앙-지방의 위계적인 관계 등은 자연계를 지배하고 다스리는 국가의 구체적인 통치기제들이다. 하지만 근대국가에서 인간에 의한 자연의 지배원리는 인간사회계 내에 작동하는 인간(집단)에 의한 인간(집단)의 지배 및 착취의 원리가 인간사회계 밖으로 외연화된 것이라 할 수 있다. 다시 말해 오늘날 인간에 의한 자연의 지배는 근대국가체제 내의 인간에 의한 인간의 권력(계급적) 지배를 중간매개로 하여 이루어진다는 뜻이다.

자본주의에서 부(富)는 자본과 노동의 관계를 통해 자연자원이 상품으로 만들어지고 소비되는 방식으로 창출되며, 자본의 생리는 그 과정을 무한정 확장하고 가속화시키는 것이다. 따라서 자본에 의한 노동의 지배와 착취관계를 매개로 하는 자본축적운동의 가속화는 필연적일 뿐 아니라 그와 더불어 자연에 가하는 인간계의 충격과 훼손도 비례적으로 점증하여 오늘날과 같은 생태환경의 유기적 파괴를 초래하게 된다. 작금의 자연생태계 파괴는 개별적인 인간에 의한 자연의 직접적인 훼손보다 불평등과 착취 관계를 바탕으로 하는 사회시스템(생산방식, 소비방식, 법제도 등)이 자연생태계 전체를 식민화시키는 방식으로 이루어지고 있는 것이다.

인간에 의한 인간의 지배는 사회적 강자에 의한 약자의 지배라는 사회적 관계를 매개로 하여 이루어지며, 그 연장선에서 우세종으로서의 인간이 열등종으로서 자연계의 종을 지배하는 생태적 관계가 작동한다. 그런 점에서 근대자본주의 국가체제의 생태성은 그 내면에 인간에 의한 착취라는 모순과 더불어 자연에 대한 착취라는 모순이 함께 발생하는 구조를 가지고 있지만[7] 근본모순은 전자에서 기원한다 할 수 있으며, 이는 물질생산과 축적의 극대화를 위한 불평등한 계급적 관계의 재생산을 도모하는 근대자본주의 국가의 본원적 역할과 관련된 것이다.[8]

물론 현실적으로 볼 때 지구상의 모든 국가들은 근대산업주의 생산과 소비 활동으로 파괴된 자연환경의 복원과 보전을 위해 다양한 정책을

---

7) 이런 점에서 자연에 대한 착취를 행하는 인간사회의 집단 혹은 계층은 궁극적으로 누구인가라는 질문이 제기된다. 자본주의는 정의상 자본(자계급)에 의한 노동(자계급)의 지배와 착취가 구조적으로 관철되는 체제이기 때문에, 자본주의 체제를 매개로 한 자연의 지배와 착취를 주도하는 계급은 자본가이다. 그렇다면 노동자계급이 자연의 지배에 참여하는 것은 어떻게 이해해야 되며, 또한 그렇게 될 때 노동자계급은 자연에 대한 지배 내지 착취 계급이라고 할 수 있겠는가? 답은 그렇지 않다. 노동자계급이 자본축적과정에 참여한다 해서 자본가와 같은 지배계급이 되지 않듯이, 노동자계급이 자본가계급이 주도하는 축적과정을 매개로 자연의 지배에 동참한다면 자연에 대한 지배 내지 착취 계급이 되지 못한다. 다시 말해 자본과 노동관계를 매개로 한 노동자계급의 자연지배는 궁극적으로 자본가계급에 의해 추동되는 것이기 때문에 자연에 대한 지배 내지 착취 계급은 자본가계급이다. 물론 계급적 범주를 벗어나 개인과 사적 집단의 성원으로 노동자(계급이 아님)가 자연의 지배에 참여한다면 이는 인간종에 의한 생태종의 지배를 의미하는 것으로 계급적 관계를 전제하지 않는다. 인간종과 자연의 생태종 간에 계급관계가 설정되는 것은 최소한 마르크스주의적 관점에서는 불가능하다. 왜냐하면 생산수단의 소유 여부와 잉여가치생산 여부를 가지고 계급을 나눈다면 인간종과 자연의 생태종 간에 계급관계 설정은 불가능하기 때문이다. 따라서 자연에 대한 계급적 지배는 인간계 내의 계급관계를 매개로 해서만 작용하는 것이다.
8) 이러한 주장으로 인해 필자의 관점이 마르크스주의적 국가론의 입장에 서 있는 것으로 비추어질지 모른다. 마르크스의 국가론은 국가를 지배계급의 도구나 기구로 간주하지만, 그 주장이 그렇게 간단하고 일면적인 것만은 아니다. 다시 말해 복잡한 사회적 작용, 계급적 역학관계, 경제적 과정을 둘러싼 사회정치적 권력관계, 이데올로기 기구들의 작동 등을 포함한 복잡한 사회구조적 과정의 결과로 국가의 지배적 역할이 도출되며, 현실에서 국가역할은 때에 따라 이와 다르게 작동할 수 있음을 전제하는 게 마르크스 국가론의 진정한 입장이다. 때문에 지금까지 전개된 논지가 마르크스 국가론을 따랐다고 할 수 있을지 모르지만, 다른 한편에서는 반드시 그렇지 않다고도 할 수 있다. 그렇지 않다는 것은 마르크스주의적 국가론은 필자의 논의보다 훨씬 더 복잡하고 또한 현실적으로 다양한 변형을 가지기 때문이다. 따라서 필자의 지금까지 진술은 마르크스 국가론에 의거하기보다 국가의 본질을 '지배와 권력관계'의 실체로 규정하는 국가에 대한 보편적인 입장에 의거한 것이라 할 수 있다.

펼치고 있는 게 사실이다.[9] 생태환경의 지속 가능성은 안정적인 경제활동과 삶의 질을 유지하기 위해 필수적인 조건으로 인식되면서 오늘날은 국가보다 오히려 시민사회의 구성원들이 더 적극적으로 생태계의 보전과 유지를 주장하고 있다. 이들 녹색주의 시민세력들은 반환경적인 지배권력에 맞서는 대안적 권력으로 부상하면서 국가 자체의 녹색화를 요구하거나 시도하기도 한다.[10] 그 결과, 국가 예산이나 정책 운용에서 환경과 자연을 배려하는 비중이 갈수록 점증하면서 녹색국가화의 경향이 진전되는 듯하다.

이러한 주장이 옳으면서도, 과연 현실에서 환경보전과 생태적 권력을 주창하는 시민세력들이 지배구조 내에서 실제 어떠한 지위와 어느 정도의 자율성을 가지고 있는가라는 의문을 제기한다면 최종판단은 달라질 수 있다. 즉 현대사회 내에 구조화된 계급적 불평등과 그 질서를 유지하는 국가의 본원적 역할을 감안한다면, 녹색의 요구와 이를 반영하는 국가의 녹색화는 결국 국가의 지배적인 역할범주 내에서 부분적으로만 용인되고 실현될 뿐이라고 할 수 있다.

기능주의적 해석일지 모르지만, 오늘날 환경문제는 심각한 사회적 불안정과 계급적 위화감을 낳는 원인이 되는 만큼 지배계급들은 헤게모니 유지를 위해서라도 이를 주목하고 해결하는 데 국가역할을 일정하게 배분한다. 다시 말해 복지재의 공급을 통해 사회적 약자로부터 지배의 정당성을 획득했던 복지국가와 마찬가지로, 오늘날의 친환경적인 국가들은 환경재를 공급하여 환경약자(대개는 사회적 약자)로부터 지지와 동

---

9) 이러한 주장을 제기하는 국가론적 관점은 마르크스 국가론과 대비되는 베버주의적 국가론을 반영하는 것일 수 있다. 마르크스 국가론에 비해 베버주의 국가론은 관료적 조직으로서 정부의 자율성과 효율성을 부각시켜 주며, 그런 점에서 현실에서 지구상의 여러 국가들이 환경전문가나 환경주의자들의 관점을 수용하여 정책과 제도를 통해 보편이익으로 환경보전과 생태계의 지탱 가능성 유지에 역할을 다하는 것을 설명할 수 있다.
10) 녹색주의자들이 정치의 장에서 다른 정치적 세력들과 경쟁을 통해 정부기구를 맡게 됨으로써 국가가 생태환경보전의 적극적인 관리자가 되는 현상은 다원주의 국가론의 관점에서 국가의 친환경적 역할을 설명하는 것이 된다.

의를 획득함으로써 시민사회에 대한 헤게모니적 지배를 구축한다.

때문에 생태환경에 대한 국가적 배려는 국가의 본질상 지배구조의 유지에 유리한 범위 내에서만 이루어지며, 이는 궁극적으로 지배와 통치의 역할자인 국가의 본연의 임무를 수행하는 것에 다름 아니므로 근본적인 한계를 가질 수밖에 없다. 국가운영의 범주 내에서 생태환경의 가치와 권력에 대한 배려는 여전히 부차적이고 비본질적이라는 뜻이다. "생태공유재가 만인의 욕망으로 인해 파괴되는 상황에서 이를 관리할 유일한 방법은 생태적으로 엄격한 절대주의 국가, 즉 생태리바이던 국가"의 출현이 기대되고 있지만 현실에서는 국가주의 한계에 부딪혀 '생태무정부주의'가 반동으로 생겨나고 있을 뿐이다(문순홍 2001, 7쪽). 그것은 현존국가 내에서 생태친화적 사회 건설의 가능성을 기대할 수 없기 때문이다(Ophuls 1977; Paehlke & Torgerson 1990).

국가론의 반녹색성

국민국가의 형성이 중앙집권적인 영토국가의 등장을 뜻한다면, 그 과정은 지역생태계 속에서 순환하는 공동체적 삶의 영역과 과정을 해체하여 자본과 권력의 힘이 전체적으로 관철되는 중앙집권체제 속으로 편입시키는 결과를 동반하였다. 자본주의적 원리에 따라 축적활동을 조직하고 관장하는 가운데, 국민국가는 자원을 최대한 개발하고 개발된 자원에서 최대의 이윤으로 산출해 내는 자본주의적 계급질서를 유지시켜 간다. 국민국가의 이러한 계급성은 축적과 잉여의 극대화를 위한 것이라는 측면에서, 사회적 약자에 대한 착취와 억압과 함께 자연에 대한 인간의 착취를 극대화하고 정당화하는 이념으로 기능한다.

이러한 상황에서 녹색의 가치를 주창하는 정치세력, 즉 생태(종의) 권리를 대변하는 녹색세력들은 국가의 헤게모니적 정치질서로부터 배제되고 소외될 수밖에 없다. 국가의 형태가 중앙집권화되고 또한 파워

블록을 중심으로 정권이 형성되는 것은, 자원의 흐름과 배분을 권력중심부로 집중시키고, 이를 위해 자원순환체제를 확장시켜서 투입되는 자원의 순환량을 급속히 증대시키는 가운데 자연계에 대해 높은 부하를 거는 시스템의 구축에 다름 아니다.

국가 역할과 기능 자체의 이 같은 반녹색성을 염두해 둔다면, 주류의 국가론은 국가의 쟁점을 다루고 있지만 대개 인간계 내의 지배와 피지배의 권력관계를 중심으로 주목하는 나머지, 인간계의 종과 생태계 종 간의 비대칭적이고 착취적인 관계를 제대로 보지 못하는 근본적인 한계를 가지고 있다. 가령 제솝의 '자본주의 국가론', 에번스의 '종속적 국가론', 존슨의 '발전주의 국가론', 히르슈의 '경쟁국가론', 와이즈의 '촉매적 국가론', 그 어느 것이나 근대사회의 권력과 지배의 문제 나아가 사회적 가치생산의 증진을 위한 국가역할에 관한 문제를 중심으로 국가를 논하고 있을 뿐, 거기에는 인간과 자연, 인간사회의 생명적 기반, 국가의 생태성 등에 관한 고민이 전혀 스며 있지 않다.

이렇듯 국가론은 철저히 인간중심적인 사고와 권력 그리고 인간에 대한 인간의 지배뿐 아니라 인간을 매개로 한 세계 전체에 대한 지배의 원리와 기술을 다루고 있다는 점에서, 사회과학담론 가운데 그 어느 것보다 인간중심적이고 반생명적이며 반녹색적이라 할 수 있다.

여기서 우리가 강조하는 것은 국가론자들이 생명과 생태의 문제를 논의의 주제로 설정하지 않다는 학문적 입장이자 접근의 한계를 제기하는 것만이 아니라, 국가론자들의 의식과 관념 속에 알게 모르게 들어가 있는 반생명적이고 반환경적인 세계관 그리고 그러한 세계관이 국가론이란 지배적 담론과 언설 속에 묻어서 사회적으로 유포되면서 생긴 결과에 대해서도 함께 주목해야 한다는 점이다. 다시 말해 국가론의 반녹색성이 지니는 문제는 국가론 자체의 한계에 그치는 게 아니라 '제왕학문(정치학)의 제왕담론'으로서의 국가론이 여타 사회과학적 논의와 정책분야를 파고들어 '녹색성에 대한 몽매주의와 무감각성'을 유포시켜 반녹색성을 사회 전반에 지배 이념과 질서로 고착시키는 데 기여한다는 사실이다. 이런 점에서 국가론의 녹색화는 녹색성이 돌아오는 사회를 건설하기 위해 통과해야 할 첫번째 관문이라 할 수 있다.

4. 국가의 녹색화, 국가론의 녹색화

국가녹색화의 기반

녹색국가성(green statehood)
 근대국민국가는 인간중심적 지배와 권력관계를 공고히 하여 물질적 가치의 생산을 극대화하는 것을 최우선적인 역할로 설정하며, 그 결과 국가체제 아래서 사회적 강자에 의한 약자의 지배가 관철되는 동시에 그 연장선으로 인간계에 의한 자연계의 억압과 착취가 유기적으로 관철된다. 문제는 인간간의 불평등을 매개로 한 인간에 의한 자연의 착취는 인간과 자연의 호혜적 관계와 균형을 단절시켜 인간의 생명적 토대를 파괴할 뿐 아니라 인간과 인간의 상호의존성까지 위협하는 상황을 불러오고 있는 점이다.
 이 같은 현상은 환경호르몬으로 대표되는 환경유해물질이 인간과 자연의 순환체계에 흐르면서 인간(사회)과 자연을 잇는 생명적 사슬을 손상시키는 것은 물론, 인간 내의 종간에 생명적 지속성(예를 들어 남성생식기능의 약화와 중성화)을 무너뜨려 인간사회의 생명성을 전방위적으로 위협하고 있는 데서 확인된다. 인간계에서 생태계로 확산되던 '위험의 논리'는 생태계의 전면적인 교란과 단절이란 풍랑을 일으켰고, 그 파고는 현재 인간계로 치밀어와 인간의 사회적 삶(도시적 생활체계)은 물론 생명적 토대 자체를 침식시키고 있다.[11]
 그간 국가는 인간의 물질적 삶을 확장시키는 데 그 존재의의를 두었다면, 이제는 국가의 그러한 역할로 초래된 인간의 생명적 기반의 해체를 방어하고 복원하는 데로 옮겨가야 할 때가 왔다. 국가가 물질적 부의 생산을 관리하는 생태조절자에서 생명의 지속성 유지를 관리하는 생태조절자로 다시 태어나야 한다는 뜻이다. 이를 위해 국가성(statehood)의 구축은 이제 인간사회에서 자연환경으로 확장하여야 하며, 국가권력의 성격과 주체설정도 인간중심에서 생태중심으로 이동해야 한다.

국가의 본질

국가의 녹색화는 국가의 역할이 인간과 자연의 생명의존적 관계를 지속 가능하게 다스리는 방향으로 전환되는 것을 전제한다. 국가가 녹색 생명성을 조절하는 역할을 중심으로 거듭나게 되면, 인간과 인간의 관계 또한 자연의 호혜적 질서를 반영하고 순응하는 쪽으로 재편될 것이다. 따라서 녹색국가의 본질은 인간계 내에서 인간과 인간의 호혜성을 복원하는 것과 동시에 인간계 밖에서 인간과 자연의 호혜적이고 평등한 관계——인간과 인간의 호혜적인 파트너십을 넘어 인간과 자연의 호혜적인 파트너십——를 순치하는 데 두어야 한다.

녹색국가의 기원과 유형

녹색국가는, 인간의 자연권(자연법사상에 의한 자연권)을 위임받아 인간 전체의 공동체적 안녕을 도모하던 근대국가의 역할을 확대시켜 비인간종의 자연권도 위임받아 인간뿐 아니라 비인간종의 공동체적 안녕을 함께 도모하는 후기근대국가로의 이행과정에서 등장하게 된다. 생태절대주의자들은 생태위기와 인류생존의 불확실성에 직면한 20세기 중·후반의 상황을 근대국가의 탄생기와 비슷한 것으로 인식한다. 즉

---

11) 이는 사실 근대성의 한계를 구성하는 중심이다. 계몽주의로 시작된 근대는 신을 죽이고 인간을 중심에 내세웠지만, 이성과 합리성에 대한 과신이 인간으로 순치할 수 없는 자연적·사회적 재앙을 가져와 인간존재 자체를 위협하는 역설을 낳고 있다. 이렇듯 근대성은 신의 죽음으로 시작되었지만, 인간의 죽음으로 마감되는 듯하다.

'만인에 의한 만인의 투쟁상황'에서 홉스의 리바이던 국가의 탄생이 예고되었듯이, '만인에 의한 만인의 투쟁으로 인한 생태계의 파괴'는 인간중심의 리바이던 국가가 생태중심의 리바이던 국가로 거듭나야 함을 예고해 주고 있다(문순홍 2001, 9쪽). 이는 울리히 벡의 표현으로 '제2근대화', 특히 '생태적 근대화'를 도모하는 국가라 할 수 있다.

물론 녹색국가의 이념형을 어느 수준에서 설정하느냐에 따라 인간과 자연의 권력관계 전반을 바꾸는 것에서부터, 이를 암묵적으로 전제하면서 국가의 일상적 역할(예를 들어 쓰레기 수거)을 조정하는 것에 이르기까지 다양한 편차의 녹색국가의 위상과 역할이 설정될 수 있다. 이를테면 생태무정부주의 국가로부터 녹색다원주의 국가에 이르는 다양한 유형이 있지만, 우리가 어떠한 녹색국가를 지향해야 할 것인가는, 일차적으로 녹색국가를 전체 사회가 어떻게 이해하고 합의하는가, 그리고 이차적으로는 그러한 합의를 어떠한 수준까지의 제도적 변혁으로 이끌어내느냐에 따라 다양해질 수 있다. 녹색의 사유를 통해 제기되는 국가정치의 '내재적 가치'와 '도구적 가치'[12]를 어떻게 적당히 결합하느냐가 곧 현실적인 녹색국가의 유형을 결정하게 된다는 뜻이다.

녹색국가의 생태적 지배공간

국가의 녹색화는 국민국가의 재조직화와 맞물려 '국가정치의 생태적 지배영역'(ecological dominance of politics)이 재설정되어야 한다. 이는 국가가 진정한 생태체제로 다시 탄생하기 위한 필수조건이다. 지구화시대 국가의 생태적 지배영역은 지구적 규모와 지방적 규모로 동시적으로 확장되기 때문에 녹색국가의 생태공간은 이 양 차원에서 동시적으로 설정되어야 한다. 지구적 규모의 국가생태체제 설정은 국가의 역할이 전지구적인 생태환경의 조절자로 확장되는 것을 의미한다면 지방적 규모

---

12) 내재적 가치란 정치제도의 근본에 내재되는 가치라면, 도구적 가치는 현실정치의 제약 속에서 부분적이며 수단적으로 활용되는 가치를 의미한다.

의 국가생태체제 구축은 지역적 생태공동체를 다스리는 새로운 국가역할의 설정을 의미하지만, 어떤 생태적 규모에서든 생태공간은 인간종 중심의 지배와 축적의 활동공간이 아니라 생물지역주의 원칙이 실현되는 공간이 되어야 한다(Bookchin 1987; Sessions ed. 1995).

녹색국가와 시민사회의 관계

지구화시대 국가의 역할공간 위축은 상대적으로 시민사회의 공간을 확장시켜 주고 있는바, 이는 근대국가의 출현 당시와 다른 녹색국가의 권력 및 주체 형성의 새로운 조건이 된다. 다시 말해 근대국가는 대의민주주의의 원칙에 따라 지배권력이 행사되는 폐쇄적 거점으로 국가주의를 확산시켰다면, 신자유주의 지구화가 초래한 탈국가화는 시민사회의 정치화, 국가-시민사회의 협력적 통치, 결사적 민주주의의 실현 가능성을 열어주기 때문에 이 부분에서의 녹색화가 국가녹색화의 중요한 관건으로 떠오르게 되었다. 그간 시민사회는 녹색주의자들이 인큐베이트되던 곳인 만큼, 국가의 울타리를 열고 이들을 받아들이는 조건 여하는 녹색성이 강한 '시민사회적 국가' 혹은 '사회국가'의 출현을 결정하게 된다.

녹색국가(론)의 이념형적 형성조건

이와 같은 형성기반 위에 녹색국가가 실제 태어나기 위해서는 일반국가가 갖추어야 할 조건들이 우선 녹색화되어야 한다. 녹색국가(론)의 이념형적 형성조건은 따라서 국가구성의 각 차원(〈표〉 참조)에서 녹색성을 담보하는 것에 달려 있다 하겠다.

권력관계의 재형성

먼저 사회성원들 사이에 권력의 민주적 재배분이 이루어져야 한다.

사회적 강자와 약자의 관계가 환경적 강자와 약자의 관계로 확장되어 작동하는 근대국민국가 체제 아래서 권력의 민주주의적 배분은 사회적 강자와 약자의 권력 재배분을 실현시키며, 이는 나아가 생태적 권력(eco-power)[13]의 재배분을 이룩하게 한다. 이 같은 권력의 민주적 배분은 궁극적으로 생태민주주의(eco-democracy)[14]를 구현하는 것을 겨냥해야 한다(Luke 1997). 하지만 생태민주주의를 바탕으로 하는 녹색국가의 형성은 근대국가의 출현이 사회성원들간의 계약(즉 사회계약)을 통해 가능했듯이 녹색세력간의 계약(즉 녹색계약)을 바탕으로 하여야 하며, 이를 위해서는 자연법적 권리의 부여가 인간종은 물론 생태계 종에까지 확장되어야 한다. 녹색계약은 결국 국가운용의 법적 근거가 되는 헌법적 내용으로 반영되어야 한다면, 이는 이른바 '자연국가'[15]의 이상형을 전제한다.

국가유형

권력의 생태적 재배분은 사실 국가의 바탕을 이루는 기본 가정, 즉 인간의 권력관계를 확장시켜 인간과 생태종 간의 관계까지 포괄하는 것으로 바꾸는 것을 전제로 한다. 따라서 진정한 의미의 녹색국가 설정은 인간의 관점에서 서술되던 종래의 '국가의 기원'이 새롭게 서술되어야 하며, 녹색성을 중심으로 하는 국가유형도, 이를테면 원시녹색국가, 봉

---

13) 생태적 권력은 생태적 가치를 표방하고 대변하는 권력을 의미한다. 전통적인 권력이 인간과 인간의 지배 혹은 반지배를 위한 권력이라면, 생태권력은 인간과 인간, 그리고 인간과 생태종 간의 호혜관계를 유지·관철하는 권력이라 할 수 있다.
14) 생태민주주의는 생태적 가치와 원리를 중심으로 인간과 인간, 인간과 자연, 인간과 비인간 간의 평등과 호혜적인 관계를 가져오는 민주주의를 의미한다. 생태민주주의가 가능하기 위해서는 인간계 내에서 사회적 약자는 물론 인간계-자연계의 통합영역에서 위치한 환경적 약자이자 생태적 약자인 사람을 비롯하여 자연의 동식물의 권리와 주장이 상호 인정되고 존중되어야 한다.
15) 자연국가는 자연과의 평화를 상정하는 국가로서 국가헌법에 자연공생계의 자율적 존재를 인정하고 이를 근간으로 자연에 연계되는 인간정치의 새로운 규범과 윤리적 실천을 추구하는 국가를 말한다(문순홍 2001, 9쪽).

건녹색국가, 근대녹색국가, 탈근대녹색국가 등으로 새롭게 구분되어야 한다. 하지만 지금까지 지구상에 존재했던 어떠한 유형의 녹색국가이든 원시녹색국가를 제외하면 자연과 생태종에 대한 억압과 배제를 토대로 했다는 점에서 반(反)녹색국가였으며, 그 정도는 근대국가일수록 더욱 심하다 할 수 있다. 따라서 다시 태어날 녹색국가는 생태적 원리를 중심으로 근대성을 급진적으로 재편하지 않으면 안 되며, 이런 점에서 생태적 근대화를 전제하는 국가는 탈근대녹색국가라 할 수 있다(조명래 2001c; Beck 2000).

국가형태

생태적 관계를 중심으로 한 권력의 재배분은 국가의 형태나 제도 면에서도 심대한 재편을 필요로 한다. 국가형태나 국가기구의 구성이 생태적 관계를 반영하는 것으로 거듭나기 위해서는 인간의 권력이 집중되는 기존 국가형태와 국가운영방식을 넘어서는 것이 우선적으로 요청된다. 녹색국가의 형태를 갖추기 위해서는 녹색세력간의 권력 배분과 균형을 담아내는 삼권분립, 즉 행정부·입법부·사법부 간의 삼권분립이 생태적 원리를 중심으로 재설정되어야 하며, 국가기구들은 생태민주주의의 원리를 근간으로 운영되어야 한다. 이런 원리를 반영하는 정도에 따라 녹색국가는 생태권위주의 국가, 녹색자유주의 국가, 녹색정당국가, 녹색사회국가 등으로 형태를 나누어볼 수 있다. 하지만 이념형적 형태의 녹색국가는 행정부중심의 생태권위주의, 생태무정부주의, 생태파시즘, 그 어느 것도 거부한다.

정부형태

정부형태 면에서 이념형적 녹색국가는 중앙과 지방의 탈위계화, 즉 정치권력의 공간적 분권화가 무엇보다 생태적 관계를 반영하는 국가형성의 중요한 출발점이 된다. 국가권력의 분권화는 권력작용의 탈중심화와 탈집중화를 통해 자원과 활동의 이동과 집중을 감소시켜 사회의 엔트로피가 감소하는 생태순환사회의 출현을 가능케 한다. 분권화의 보다 중요한 결과는 '지방을 자율적인 생태순환체제'가 기능할 수 있도록 허용함으로써 생물지역주의를 실현시켜 주기도 한다. 중앙집권체제의 해체는 생태적인 정부구성을 도모하는 일차적인 조건이 되지만, 다만 지구화시대 광역의 생태공간을 다스리는 정부는 생태적 자치정부의 연합, 그리고 지구적 협약체제를 통해 구성되고 기능하도록 하여야 한다.

정치세력화

실천적 영역에서 녹색국가가 가능하기 위해서는 무엇보다 녹색세력들의 정치화가 실현되어야 한다. 녹색가치를 반영하고 대의할 수 있는 정당이나 의회대표제 등과 같은 공적 제도를 갖추고 운용하는 게 곧 이를 현실화하는 방안이 된다. 이 가운데서도 녹색당과 같은 녹색세력이 제도정치영역으로 진입해 현실정치의 중추적인 역할을 수행하는 것이 곧 녹색세력의 대표성을 부각시켜 주는 공적 제도적 장치가 된다. 녹색성은 생태적 감수성과 생명가치의 우선에 있기 때문에, 기존의 권력질서 속에서 녹색세력의 정당화는 이와는 다른 관료화와 수단적 합리성의 제도화 같은 결과를 가져올 수 있다. 따라서 녹색세력의 정치화는 정당 같은 고정된 형식보다 공공영역(public sphere)에서 일상적 담론을 통해 응집되고 실체화되는 방식으로 구현될 수 있어야 한다.

국가역할

녹색국가가 녹색국가답게 되기 위해서는 국가의 두 가지 기본 역할인 축적과 정당화가 녹색가치의 중심으로 재정의되고 재규정되어야 한다. 녹색축적(green accumulation)은 녹색경제, 그린GNP, 녹색소비 등을 제도화함으로써 실현될 수 있다면, 녹색정당화(green legitimization)는 국가지배의 정당성이 다양한 생태종의 보전과 사회의 생태적 지속 가능성을 '다스리는 것'에 의해 확보될 수 있다.

거버넌스

녹색국가의 이러한 역할이 일상영역에서 구현될 수 있기 위해서는 사안별로 차별화·다양화된 녹색통치방식이 강구되어야 하며, 이를 위해 이른바 녹색 거버넌스가 녹색국가의 중요한 통치방식으로 활용되어야 한다. 녹색 거버넌스는 다양한 주체들간의 연대와 결합을 통해 현실사회의 문제를 사안별·영역별로 협의하고 해결하는 환경순응형, 생태적 통치방식을 의미한다. 따라서 녹색 거버넌스가 성립되기 위해서는 국가·시민사회·시장 영역의 행위자가 기존의 제도적·위계적이고 배타적인 권위관계를 버리고 동등한 파트너십의 관계로 참여하여야 하며, 여기에는 이른바 결사적 민주주의나 심의민주주의가 중요한 실천적 규칙으로 받아들여져야 한다. 거버넌스를 통한 통치는 과거와 같은 명목적 거시정치를 추구하는 게 아니라 협력을 통한 사회적 가치의 공동생산(co-production)을 도모하는 만큼 미시적인 차원의 '업무지향적 정치'(performative politics)를 지향하며, 따라서 거기에 지배의 권력(power over)이 아니라 도구적 권력(power to)이 통용되어야 한다.

녹색국가의 유형화

녹색국가의 유형화 조건

녹색국가를 유형화하는 가장 중요한 조건은 국가의 존재적 기반을 인간사회에서 자연생태계에 옮겨가는 정도이다. 생태중심적 국가유형은 인류역사에서 지금까지 존재해 왔던 인간중심적 국가유형과 달리 그 존재적 기반, 주체, 권력적 작용방식을 자연생태계에 두는 것으로서, 녹색국가의 가장 발전된 '이상형적 유형'에 속한다. 현실에서 국가유형은 인간중심을 기반으로 하면서 생태적 원리와 녹색의 권력관계가 혼합되는 정도에 의해 구분되어야 할 것이다. 그 정도를 결정함에 있어서 핵심은 계급과 권력형성의 토대가 되는 생산관계(생산수단의 소유관계)이다. 근대자본주의 국가의 기반이 되는 자본-노동관계(생산양식의 기초이기도 함)가 유지되는 한 녹색국가의 유형은 자본-노동관계가 어느 만큼 친환경적이고 생태적인 것으로 재편되느냐에 의해 구분되어야 한다는 뜻이다.[16] 즉 자본주의적 계급관계를 바탕으로 하더라도 국가의 녹색성은 정책의 녹색화와 정부의 녹색화, 민주주의의 녹색화와 녹색정당화, 제도와 권력의 녹색화와 시민사회의 녹색화 정도 등에 의해 달라지게 된다. 〈그림 1〉은 녹색성을 구현하는 국가유형의 조건과 국가형태의 조건을 교차시켜 녹색국가의 발전경로와 유형화를 시도하고 있다.

환경친화적 정부, 생태권위주의 국가

녹색국가의 가장 초보적인 단계는 환경정책 등을 운영해 자원고갈과 환경악화를 예방하고 환경오염을 저감하는 노력을 기울이는 유형이다. 자본주의 국가는 자본축적활동을 지원하는 역할을 수행하는 것을 기본으로 하지만, 이와 더불어 환경파괴적인 자본주의 경제를 생태적으로 지속 가능하게 통제하고 재편하는 역할도 함께 수행하는 게 근자의 일반적인 경향이다. 생태적으로 건전하지 못한 자본주의 경제는 그 스스로의 확대재생산에 장애가 됨에 따라 정부의 정책적 개입을 필수적으로 요청하기 때문이다. 따라서 이같이 최소한의 환경관리 부담을 떠맡는 국가를 우리는 '환경친화적 정부'라 한다면 이는 녹색국가의 가장 초보

---

16) 지배와 착취관계를 내재화한 자본-노동관계는 인간계 내부로부터의 저항, 그리고 호혜와 평등을 특징으로 하는 생태적인 원칙과 마찰로 인해 새로운 유형으로의 이행이 불가피하다. 더욱이 자본축적활동을 생태친화적으로 재구조화하고 통제하는 사회정책들은 자본-노동의 기본 관계를 재편시켜 가되, 특히 생태적인 것으로 바꾸어가는 데 도움을 준다. 이렇게 된다면 자본주의 국가는 '약한 녹색자본주의 국가'에서 점차 '강한 녹색자본주의 국가' 그리고 궁극적으로 녹색의 탈자본주의 국가로 이행을 하게 된다. 하지만 이는 먼 미래의 일이고 보면, 현실에서는 자본-노동의 관계의 녹색화 정도에 의해 약한 녹색자본주의 국가 대 강한 녹색자본주의 국가로 유형화된다.

〈그림〉 녹색국가의 발전경로와 유형화

국가형태의 조건 \ 국가유형의 조건		인간중심적 국가유형 ··▶ 생태중심적 국가유형
		약한 녹색자본주의 국가 ····▶ 강한 녹색자본주의 국가 ····▶ 녹색 탈자본주의 국가
		반생태적 자본-노동관계 ····▶ 생태적 자본-노동관계 ······▶ 인간종-생태종 간 관계
정부 중심	정책의 녹색화 정부의 녹색화 (강한 국가능력성)	① 환경친화적 정부 ······▶ 생태무정부주의 ·················▶ ? ② 생태권위주의 국가
정부- 의회 연계	민주주의의 녹색화 녹색정당화 (강한 국가자율성)	③ 녹색다원주의 국가 ④ 녹색정당국가 ⑤ 녹색복지국가
국가- 시민 사회 협력	제도와 권력의 녹색화 시민사회의 녹색화 (강한 국가자율성 +자율성)	⑥ 녹색시민국가 ⑦ 녹색자치국가 ⑧ 녹색연방국가
탈국 가화	생태종의 권리화	자연국가? 녹색해방국가?

적인 유형이 된다.

근자에 들어 많은 국가에서는 국가엘리트들에 의해 환경보전이 강압적으로 추진되는 경향도 없지 않은데, 이럴 경우 녹색국가는 일종의 생태권위국가로서의 특성을 띠게 된다. 그 어떤 유형이든 국가가 환경공유재를 배분하고 통제하기 위해 자본주의 경제에 개입하기 위해서는 그만큼 이를 강제할 수 있는 국가의 능력성(state capacity)이 요구되는데, 이 조건은 행정부중심의 정책집행의 효율화와 관련된다.

녹색다원주의국가, 녹색정당국가, 녹색복지국가

녹색국가의 다음 유형은 국가가 환경보전의 부담을 단순히 떠맡는 것을 넘어 사회세력들간의 다원적 경쟁을 통해 녹색주의자들이 국가체제

내로 편입되고, 그렇게 해서 녹색이나 환경의 가치가 '특수이익'으로 수용되는 '녹색다원주의 국가'이다. 하지만 시민사회 내에서 녹색주의자들이 정치세력화(혹은 녹색정당화)한 후 의회나 행정부의 권력부문으로 적극 진출하게 되고 이를 기반으로 녹색정파의 이념과 선호를 반영하는 국정이 실현된다면, 국가유형에서 이는 '녹색정당국가'의 출현을 가져오는 계기가 된다.

녹색정당국가에서는 녹색가치나 자연생태계의 보전이 본격적인 정치적 프로젝트로 설정된다는 데 중요한 변화가 있다. 그러나 이 단계를 지나 녹색국가가 환경약자를 위해 환경재를 복지재의 일환으로 공급하게 된다면 녹색국가는 이른바 녹색복지국가로 유형전환을 하게 된다. 환경과 생태적 가치보전을 위해 국가개입이 강화되는 것은 한편에서는 환경재의 재배분을 도모할 수 있는 국가의 자율성 신장 덕분이지만, 사회적으로 볼 때 이 자율성은 시민사회의 녹색세력들이 국가의 권력부문으로 진출할 때 비로소 제대로 담보될 수 있게 된다.

녹색시민국가, 녹색자치국가, 녹색연방국가

녹색국가 발달단계에서 다음의 녹색국가유형은 국가의 이데올로기적 기구나 법제도가 녹색의 가치를 보편이익으로 수용하게 되는 유형이다. 이 단계에서는 국가의 통치역량이 한계를 맞게 되면서 녹색가치의 보전과 실현이 시민사회성원들 사이에서 자발적인 협약을 맺어 이루어지게 된다. 이렇게 해서 등장하는 녹색국가는 '녹색시민국가'로 유형화될 수 있다. 국가역할자와 더불어 시민사회 내의 역할자들이 환경정의나 복지국가적 이상을 협력적 관계를 맺어 실현하고자 한다는 점에서, 녹색시민국가는 '녹색거버넌스 국가'라고도 할 수 있다.

한편 이보다 더 발전된 녹색국가유형은 국가권력이 생태적 원리에 맞게끔 분권화된 '녹색자치국가'이다. 지구화에 의해 열려진 지구적 생태공간에서부터 지방적 생태공간에 이르기까지의 다양한 생태공간의 통합적 관리는 녹색자치국가들의 연합에 의해 가장 효과적으로 이루어질 수 있다. 이 같은 국가역할을 수행하기 위해서는 국가의 '강한 능력성' 뿐 아니라 '강한 자율성'(state autonomy)을 동시에 필요로 하며, 이런 조건이 구비된 국가상태에서는 '생태민주주의'와 '생태권력'이 구체적인 실체성과 영향력을 갖게 된다.

자연국가, 녹색해방국가

계급관계의 기반이 되는 자본-노동의 관계가 호혜와 공존을 원리로 하는 생태율에 순응하는 것으로 재구성되는 단계의 자본주의를 우리는 '강한 녹색자본주의'라 한다. 지배와 착취를 내재적 기제로 하는 자본-노동관계가 생태적인 관계로 재구성되는 것은, 그 자체로서 자본주의적 생산양식의 변화를 의미하는 것이다. 자본-노동관계의 생태적 재구성은 자본가와 노동자 모두 자연공생계에서 차지하고 있는 생명적 위치가 위협받는 데 대해 공동으로 성찰·대응한 결과로 실현된다. 다시 말해 생태중심주의적 가치를 인간의 새로운 내재적 존재가치로 수용하는 정도에 의해 계급관계의 녹색화가 결정된다는 뜻이다.

이러한 생태적 혁명이 더욱 진전이 되면 인간종 내의 계급관계는 무력화되는 대신 인간종과 생태종의 호혜적인 관계가 이룩되는 녹색 탈자본주의가 출현하게 되고, 이를 통해 녹색국가는 생태중심적 국가유형으로 완성이 된다. 생태중심적 녹색국가는 심층생태주의자들이 말하는 생물평등주의를 바탕으로 자기실현으로 이룩되는 국가상태를 말한다(최병두 2001). 즉 그간의 인간중심 국가단계를 초월하여 인간사회와 자연계가 통합되는 상태에서 형성되는 자연국가로서의 의미를 띠며, 이 상태에서는 사적 소유관계를 바탕으로 형성된 계급관계는 해체되며 자연의 자율성과 고유성에 따른 평등과 호혜적 관계가 인간 내뿐만 아니라 인간-자연의 관계 전체에서 실현된다. 따라서 이런 상태의 국가를 달리 녹색해방국가라 할 수 있지만, 지금으로서 이 유형은 이상형적 국가

유형에 불과하다.

녹색국가로의 이행조건

지금까지 살펴본 녹색국가의 유형화는 유형의 단순한 차이라기보다 녹색국가의 단계별 발전정도와 그에 따른 유형화라 볼 수 있다. 현실에서 녹색국가화는 정치권력과 제도적 질서가 지닌 반녹색성으로 인해 많은 저항과 갈등을 수반한다. 따라서 근대국가의 등장과 발전이 계몽주의적 근대시민계급의 등장과 그들의 자의식 실천에 의해 가능했듯이, 인간중심의 기존 국가를 생태중심의 녹색국가로 전환시키기 위해서는 녹색의 가치를 신봉하고 실현하고자 하는 새로운 계몽주의적 녹색세력이 출현해야 한다. 아울러 근대국가의 제도화가 지배와 피지배를 둘러싼 근대주체들간의 사회계약을 통해 이루어졌듯이, 녹색국가의 제도화도 신계몽주의적 녹색주체간의 '녹색계약'을 통해 실현되어야 한다.

이 녹색계약은 권리와 권력 관계의 범주 속에 인간종뿐 아니라 생태종도 함께 포함시키는 것을 전제로 하며, 평등과 호혜의 원리를 인간 내부로부터 찾기보다 인간계 밖 자연계의 생명원리로부터 찾아야 한다. 뿐만 아니라 사회계약이 근대국가의 삼권분립과 민주주의적 제도로 구체화되었듯이, 녹색계약도 녹색국가를 구성하는 권력단위나 기능적 기구들간의 관계와 제도로 반영되어야 하며, 특히 국가통치의 헌법적 체계 속에 구현되어야 한다.

생태환경의 번영과 평화를 위한 통합적 조절자로 녹색국가는 국가의 존재를 거부하고 초월하기보다 국가가 가지고 있는 법제도적 자원과 역량 그리고 긴 역사를 통해 축적해 온 통치 기술과 기구들을 녹색의 가치를 실현하는 새로운 '지배와 통치'의 기구로 삼는 것을 전제로 한다. 이런 점에서 녹색국가론은 무정부주의와는 구분된다. 따라서 녹색국가론의 구성은 기존 국가의 조건과 한계를 녹색국가 건설의 출발점으로 삼는다. 다시 말해 녹색국가의 이념형적 유형은 생태중심성을 바탕으로 하는 급진성을 띠지만, 현실에서 녹색국가의 건설은 일상에서 꾸려지는 자본주의적 생산이나 소비과정을 바꾸는 국가의 일상관리의 녹색화로부터 시작되어야 한다는 뜻이다. 녹색국가의 건설은 따라서 '과정과 단계'로 접근되고 실현되어야 할 것이다(문순홍 2001).

하지만 이러한 주장이 근대국가의 등장을 가져왔던 시민혁명 같은 녹색혁명의 출현에 대한 기대를 저버리는 구실이 되어선 안 된다. 결국 이 모든 것의 가능성은 기존 정치적 질서와 권력배열 속에서 녹색의 가치를 신봉하는 대안세력들이 어느 정도 출현하고 영향을 끼치느냐에 달려 있다.

5. 맺음말

이 글에서 우리는 국가론의 반녹색성을 비판하면서 대안적 국가론으로서 녹색국가론의 가능성을 탐색해 보았다. 국가론은 인간계 내의 지배와 통치의 문제를 다루는 전형적인 인간중심적 지식이다. 하지만 오늘날 지배와 통치의 관계는 인간사회계 내에서만 끝나는 게 아니라 이를 매개로 지구상의 다른 생태종에까지 확장되어 인간의 생명적 기반이 되는 생태환경의 유기적 파괴를 초래하고 있다. 이런 점에서 인간중심의 국가론은 새롭게 씌어져야 할 것임을 우리는 주장해 왔다.

가장 이상적인 녹색국가론은 인간과 생태종 간의 호혜로운 공존을 다스리는 생태중심적 국가유형이다. 생태중심적 녹색국가는 심층생태주의자들이 말하는 생물평등주의를 바탕으로 자기실현이 이룩되는 이른바 '자연국가'로서 하나의 이상형적 국가유형이라 할 수 있다. 이에 견준다면, 지금의 지배적인 국가유형은 분명 반생태적이다. 하지만 인간과 인간의 평등뿐 아니라 인간종과 생태종의 호혜적 공생관계를 회복하고 관리하기 위해선 국가의 존재가 필히 전제되어야 한다. 국가의 녹색화는 이런 조건을 반영하는 국가론의 재구성을 위한 시도이다. 녹색국가에는 녹색의 가치를 도구적으로만 취급하는 약한 녹색국가 유형으로부터 통치의 내재적 가치로 설정하는 강한 녹색국가 유형이 포함되어 있어, 현실적인 유형은 나라별 발전상황에 맞추어 모색되어야 한다. 그 어떤 유형이든 녹색국가화의 가능성은 녹색의 가치를 새로운 정치적 이념과 대안적 권력으로 구현하는 정도에 의해 좌우된다면, 녹색국가에 이르는 출발점은 녹색의 정치세력화와 이의 제도화라 할 수 있다.

참고문헌

이상헌 (2001), 「낭만적인 정치생태학 산책」, 『공간과 사회』 통권16권.
이해영 (2000), 「지구화와 민족국가」, 국제정치경제포럼 주관 "신자유주의와 그 대안"의 발제원고.
문순홍 (2001), 「녹색국가 논의의 구조와 과정」, 바람과 물 연구소 주관 "한국사회의 녹색화, 어디까지 왔나?"의 발표논문.
조명래 (1995a), 「국민국가의 이중적 해체와 계급적 의미」, 한국공간환경연구회 편, 『일상공간과 생활정치』, 대윤.
_____ (1995b), 「포스트포디즘의 정치적 양상」, 『한국정치학회보』 제29집 4호.
_____ (1999a), 『포스트포디즘과 현대사회 위기』, 다락방.
_____ (1999b), 「시장지배사회의 등장과 녹색정치의 재설정」, 『환경과 생명』 제22호.
_____ (2000), 「지구화와 국민국가체제의 위기의 재조명」, 학술단체협의회 편, 『전환기시대의 한국사회』, 세명서관.
_____ (2001a), 『녹색사회의 탐색』, 한울.
_____ (2001b), 「소비의 지구화와 그 생태적 지배」, 『환경과 생명』 제28집.
_____ (2001c), 「신자유주의 지구화와 환경담론의 대응」, 『환경과 생명』 제29집.
제솝 (2001), 「발전주의 국가와 지식주도 경제」, 『공간과 사회』 통권15호.
최병두 (2001), 「심층생태학과 생물평등 및 자아실현으로서의 환경정의」, 『공간과 사회』 통권16호.

캐롤린 머천트 (2001), 『래디컬 에콜로지』, 허남혁 옮김, 이후.
Beck, W. (2000), *What is Globalization?*, Cambridge: Polity.
Bookchin, M. (1987), "Thinking Ecologically: A Dialectical Approach," *Our Generation* vol. 18/no. 2.
Brenner, N. (1999a), "Globalisation as Reterritorialisation: The Re-scaling of Urban Governance in the European Union," *Urban Studies* vol. 36.
_____ (1999b), "Beyond State-Centrism?: Space, Territoriality, and Geographical Scale in Globalization Studies," *Theory and Society* vol. 28/no. 1.
Dryzek, J. (1997), *The Politics of the Earth: Environmental Discourse*, Oxford: Oxford Univ. Press.
Eckersley, R. (1992), *Environmentalism and Political Theory: Toward an Ecocentric Approach*, London: UCL Press.
Giddens, A. (1990), *The Consequences of Modernity*, London: Polity.
Jessop, B. (1982), *The Capitalist State: Marxist Theories and Methods*, Oxford: Blackwell.
_____ (1999), "Reflections on Globalisation and its (Il)logic(s)," K. Olds et. al. eds., *Globalisation and the Asia-Pacific*, London: Routledge.
Keil, R. (1998), "Globalization Makes States: Perspectives of Local Governance in the Age of the World City," *Review of International Political Economy* vol. 5/no. 4.
Luke, T. W. (1997), *Ecocritique: Contesting the Politics of Nature, Economy and Culture*, London: Routledge.
Ophuls, W. (1977), *Ecology and the Politics of Scarcity*, San Francisco: Freeman.
Paehlke, R. & D. Torgerson eds. (1990), *Managing Leviathan: Environmental Politics and the Administrative State*, London: Belhaven Press.
Sessions, G. ed. (1995), *Deep Ecology for the 21st Century*, Boston: Shambhala.
Smith, M. J. (2000), *Rethinking State Theory*, London: Routledge.

한국에서 녹색정부의 제약요인과 가능성

문 태 훈*

1. 머리말

『우리들의 미래』(*Our Common Future*)로 더 잘 알려진 브룬트란트 보고서가 1987년 출간된 이후 지탱 가능한 발전이라는 개념은 환경과 경제 문제에 관심을 가진 많은 사람의 중요한 관심사가 되었다. 1992년 브라질 리우회담에서 의제21이 채택되고 1995년 덴마크의 코펜하겐선언과 행동프로그램이 채택된 이후 지탱 가능한 발전의 중요성에 대한 관심과 인식은 그 어느 때보다 높아졌다.

환경과 경제개발 간의 균형의 중요성에 대한 인식은 의제21의 서문에도 "환경문제와 경제문제의 통합은 인간의 기본 수요를 충족시키고 삶의 질을 향상시킬 것이며 자연생태계를 더 잘 보호하고 관리하게 할 것

---

* 중앙대학교 도시및지역계획학과 교수(thmoon@post.cau.ac.kr)

이며 더 안전하고 풍요로운 미래를 약속할 것이다"라는 말로 분명히 표현되고 있다.

지탱 가능한 발전에 대한 국제적인 관심과 각 국가들의 관심은 환경문제를 정책형성의 주류로 편입시키기 위한 관심이었다고 볼 수 있다. 이제 지탱 가능성은 하나의 유행어처럼 되어 인간활동의 가이드라인이 되고 있다. 그러나 다른 유행어들이 그런 것처럼 이 지탱 가능한 발전이라는 용어 역시 많은 오해를 불러일으켰고 잘못 사용되기도 하였다. 어떤 경우에는 기업의 이익을 신장시키기 위한 광고문안으로 사용되기도 하고 심지어 환경파괴적인 개발을 지탱 가능한 개발이라는 이름으로 호도하기도 하였다.

환경문제와 경제문제에 대한 의사결정의 통합이 중요하다는 것에 대해서는 모두가 동의하였으나 실제로 그러한 통합은 여전히 요원한 과제로 남아 있다. 대기, 수질, 폐기물, 유해화학물질, 환경호르몬 등 각종 환경오염으로 인한 건강상의 위해, 그리고 자원고갈의 문제는 여전히 환경부서만의 전담업무로 인식되었고 경제정책과 개발정책은 환경정책과는 완전히 별도의 논리와 체계 속에서 형성되고 집행되고 있는 것이 현실이기도 하다.

지구상의 모든 나라가 환경관련 부서를 두고 있으며 환경정책을 펼치고 있다. 그러나 지탱 가능한 발전은 환경관련 부서와 환경정책으로 달성될 수 있는 것이 아니다. 통합된 제도적 장치·정책·가치가 전제되어야 달성 가능하다.

가장 발달된 민주주의 체제를 택하고 있는 정부가 내리는 정책결정이 지탱 가능한 발전과 부합하는 정책이라고 우리는 확신할 수 있는가? 우리는 종종 가장 민주적이며 환경문제를 잘 인식하고 있는 지도자라 할지라도 정치적 지도자들은 대중의 요구나 강력한 산업체의 로비에 의하여 입장이 자주 그리고 치명적으로 약화되는 경우를 많이 보아왔다.

이미 우리는 전통적으로 민주정부가 의존해 온 대규모 정치조직이 경제적 이해관계, 다국적기업의 영향력, 세계화로 만들어진 국제적 기구나 지역기구들에 의하여, 그리고 새로운 국제질서에 의하여 흔들리고 있는 것을 목격하고 있다. 이러한 위협은 정당조직을 소수의 경제집단이나 이익단체의 영향력에 민감하게 반응하도록 만든다. 정부는 이들과 동반자적 국정운영을 시도하게 되고 이 과정에서 정당은 대중의 충성이나 지지를 확보하는 데 실패하게 된다. 시민참여에 의한 정치적 지지의 결여는 역설적으로 수많은 시민단체를 양산하는 결과를 빚고 있는 것이다.

민주적인 정부가 이런 위험에 빠져 있을진대 여전히 민주화과정에 놓여 있는 정부는 어떠하겠는가? 우리는 과연 지탱 가능한 발전을 지향하는 녹색정부를 가질 수 있을 것인가?

2. 녹색정부와 지탱 가능성의 개념

녹색정부

지탱 가능한 발전에 대한 개념적인 논란은 수없이 이어져 왔다. 그러나 단순화하면 지탱 가능한 발전은 환경보전, 경제발전, 사회발전 세 부문이 균형 있게 발전하는 상태와 과정이며, 보다 구체적으로는 첫째 모든 사람의 요구를 충족시키는 사회발전, 둘째 효과적인 환경보전, 셋째 신중한 자연자원의 이용, 넷째 안정적인 경제성장과 고용을 유지하는 발전의 상태를 의미한다(DETR 2000).

이렇게 보면 녹색정부란 지탱 가능한 발전에 대한 광범위한 사회적 인식과 합의를 바탕으로 정부의 모든 정책과정과 정책내용에서 지탱 가능한 발전을 추구하는 것이 우선적인 가치·목표·내용이 되고 이의 실현을 위하여 각 사회구성체들과 함께 노력하는 공동체적 정부라 볼 수 있다.

공동체적 정부라는 의미에서 녹색정부의 국정운영은 녹색국정운영(green governance)을 전제로 하며, 여기서 녹색국정운영은 환경문제를 둘러싸고 관련단체들의 합의와 협력을 위한 네트워크의 구성을 의미한다. 즉 환경문제를 해결하기 위한 정책구상에서, 단선적인 정부의 결정이라 할 수 있는 규제중심에서 탈피하여 환경을 둘러싼 모든 행위주체들의 공존 또는 공생 중심의 네트워크 구성이라는 의미를 지니게 되는 것이다.

국정운영(governance)은 대체로 정치체제(political regime)의 형태, 경제 및 사회자원의 관리를 위하여 권력이 행사되는 과정, 정책을 형성·입안·집행하는 정부의 역량 등 세 가지 차원으로 나눌 수 있다(Norvatis… 2001). 이 세 차원을 바탕으로 할 때 바람직한 국정운영은 정부의 정통성(민주화의 정도), 정부의 정치적 및 행정적 책임성(언론자유, 의사결정의 투명성, 법적 책임 accountability의 구조), 정부의 정책형성과 서비스 전달의 전문성, 인권과 법치의 존중(개인 및 집단의 권리와 안전, 경제 및 사회 활동의 기본적 틀, 참여)이 실현되는 국정운영이다. 이렇게 보면 녹색국정운영이 되기 위해서는 정치체제와 정부의 정통성, 권력행사의 과정과 책임성, 정부의 역량, 인권과 법치의 존중이 지탱 가능성에 기반을 두고 이를 지향하는 국정운영이어야 한다. 우리는 이런 의미에서의 녹색정부를 가질 수 있는가?

지탱 가능성의 개념과 차원

발전이라는 것은 일반적으로 인간의 삶의 질을 향상시키는 모든 행위의 과정을 의미한다. 삶의 질을 향상시키기 위해서는 물질적인 욕구의 충족도 필요하겠으나 동시에 비물질적인 욕구, 즉 정신적인 욕구의 충족도 필요하다. 따라서 발전은 사회간접자본을 구축하고 상품을 팔고

사는 물질적인 행위에 국한되는 것이 아니라 건강·사회보장·교육·자연보전·문화·예술 활동 등 비물질적인 측면을 모두 포함하는 광범위한 개념이 된다. 바로 이 후자, 인간중심적인 삶의 질의 개선에 주목하는 것이 지탱 가능한 발전의 중요한 개념적 차원이라 볼 수 있다. 발전의 중심에 인간을 두자는 것이다.

이렇게 보면 지탱 가능한 발전은 세 가지 축으로 구성된다. 즉 경제발전, 사회발전 그리고 환경보전이라는 세 가지 축이 동일한 중요성을 가지고 동시에 추구되는 발전의 과정이자 목표라 할 수 있다.

지탱 가능한 발전의 환경적 측면은 주로 지탱 가능한 자연생태계의 보전과 관련된다. 이것은 곧 환경용량의 개념과 직결되는 것으로 자연의 재생산능력을 해치지 않는 범위 내에서 허용될 수 있는 인간활동의 최대 크기를 의미한다. 지탱 가능한 발전의 경제적 측면은 편익과 비용의 비교에서 편익이 비용보다 최소한 같거나 커서 사업이 지속적으로 계속될 수 있음을 의미하며, 지탱 가능한 발전의 사회적 측면은 사회적으로 용인될 수 있는 발전의 범위를 뜻한다. 인간활동이 사회적 규범에 적합하거나 변화의 폭이 사회적으로 용인될 수 있는 범위 내의 것이라면 그것은 사회적으로 지탱 가능한 행동이 될 수 있으나 그렇지 않다면 지탱 가능한 행동으로 간주될 수 없다는 것이다(Monro 1995).

따라서 가난을 묵인하고 높은 실업을 방치하며 사회적 통합을 저해하거나 사회적 정의를 무시하는 발전은 지탱 가능한 발전이 될 수 없다. 결국 지탱 가능한 발전은 전통적인 경제발전개념을 포함하는 것일 뿐 아니라 더 광범위하게 인간중심적이고 환경중심적인 발전개념 또한 포함하는 대단히 포괄적인 개념이다. 그러나 국제적으로나 국가적으로 그리고 지방 차원에서 이러한 지탱 가능한 발전의 추구는 쉬운 일이 아니었다(Bartelmus 1994).

3. 한국의 경제성장과 지탱 가능성

지탱 가능한 발전이라는 것이 경제·사회·환경의 조화로운 발전으로서 인간중심의 발전을 의미하는 것이라면 한국에서의 녹색정부의 구현 가능성에 대한 탐구는 우리나라의 발전전략과 경제성장에 대한 검토에서(문태훈 1992; 1993) 시작되어야 한다.

경제성장과 지탱 가능성

1960년대 초반 박정희 대통령이 정권을 장악한 이후 1997년 외환위기를 겪기 전까지 한국의 경제성장은 괄목할 만한 것이었다. 60년대 이전까지만 해도 한국은 전형적인 미개발 농업국가로서 한국경제의 가장 큰 부분은 귀속재산의 불하로 성장하기 시작한 몇몇 대기업과 미국의 원조재원에 의존하고 있는 실정이었다. 그러나 60년대 이후의 급속한 경제성장정책은 이러한 한국경제구조를 근본적으로 바꾸어놓는데, 지난 30여 년 동안 한국의 경제성장률은 연평균 8%를 상회하였고 GDP 규모는 1961년 21억 달러에서 1996년 4840억 달러로 증가하였다. 그리고 같은 기간 1인당국민소득은 82달러에서 1만 543달러로 비약적으로 발전하였다(The Bank of Korea 1998).

한국의 경제성장정책은 크게 60년대와 70년대의 성장우선정책기간, 80년대의 안정성장과 자유화 기간, 그리고 90년대의 세계화기간 등 세 기간으로 나눌 수 있다. 특히 60년대 이후 한국의 경제성장정책은 그 특징이 OIG전략, 즉 외부지향적(outward oriented), 산업지향적(industry oriented), 성장지향적(growth oriented) 발전정책으로 압축적으로 설명되기도 한다(Song 1997, p. 88). 정부는 1961년부터 경제개발5개년계획을 강력하게 추진하면서 사회간접자본의 구축과 급속한 산업성장을 위한 기초산업의 발전에 전력을 기울였으며, 수출을 최대한 촉진하기 위하여 수출산업에 대한 수출금융특혜, 세금감면, 수출보조금 지급을 비롯하여 각종 행정적·재정적 지원을 아끼지 않았다(Song 1990, p. 136). 1972년부터 중화학공업 육성기로 들어서면서 정부는 60년대의 경공업 위주의 수출주도정책에서 벗어나 중화학공업부분을 집중적으로 육성하기 시작하는데, 중화학공업부분에 대한 정부의 지원은 재정지원, 산업보호, 대규모투자로 이어지는 다양한 정책들이었다.

이 기간 동안 정부 경제발전정책의 주 수혜자는 물론 대기업이었다. 재벌로 불리기도 하는 한국의 대기업들은 60년대에 발전을 거듭하여 70년대에는 중화학공업 육성기를 거치면서 공고화되어 간다. 중화학공업에 참여하면 막대한 재정지원이 보장되었던 당시 대기업들은 경제적 효율성을 따질 겨를도 없이 이 부분에 경쟁적으로 참여하였고 그 대가는 기업규모의 엄청난 성장이었다. 예를 들어 한국 10대재벌의 자회사 수는 재벌당 1972년 평균 7.2개에서 1979년 25.4개로 늘어났으며, 제조업 분야 10대재벌의 자산규모는 3620억에서 5조 2630억으로 무려 1400%가 증가하였다. 경제력집중이라는 우리나라 경제구조의 고질적인 병폐는 이 기간 동안 구축되어 우리에게 남겨진 유산이었다.

1980년 전두환정권에 의하여 우리나라의 경제발전정책은 비록 점진적이긴 하지만 '정부주도의 경제정책'에서 '시장주도의 경제정책'으로 큰 전환을 맞게 된다. 이러한 정책전환은 이미 70년대 말부터 한국경제 규모가 정부주도로 성장되기에는 이미 그 덩치가 너무 커지고 있다는 인식에 따른 것이기도 하였으며, 시장기구에 의존하고 시장의 자유화를 촉진하는 것이 경제적으로 효율적이라는 인식에 따른 것이기도 하였다(Lee 1991, p. 298). 또 한편으로는 정치적 정통성을 결여하고 있던 전두환정권의 차별화전략이기도 하였다. 발전정책기조를 안정성장정책으로 변화시킨 정부는 물가안정, 산업구조조정, 무역자유화, 경쟁력강화 등의 정책을 실행하였다. 경제안정화정책은 시장에서 정부의 간섭을 서서히 축소하는 방향으로 진행되었으며 기업에 대한 정부의 지원정책은 박정희정권 기간과 비교하여 줄어들기 시작하였으며, 이와 동시에 무역자유화조치는 국내시장을 외국시장에 점진적으로 개방해 나감으로써 국내 산업에 대한 보호조치는 약화되기 시작하였다.

경제안정화정책은 국제적 경제사정의 호전에 힘입어 1986년에 이르러 고성장, 물가안정, 무역흑자의 동시달성이라는 한국경제의 큰 전기를 마련하게 된다. 60년대에 산업화가 시작된 이후 최초의 무역흑자라는 호기를 맞게 된 것이다. 그러나 노태우정권에서 무역흑자는 다시 무역적자로 반전되고 민주화의 급속한 진척은 오랫동안 억눌려오던 국민의 각종 요구가 폭발적으로 분출하면서 고비용·저효율[1]이라는 어려운 경제상황에 직면하게 된다.

1990년으로 접어들면서 한국경제는 고비용 저효율의 경제구조 아래서 해외에서 치열한 경쟁에 직면한다. 고임금, 고물가, 높은 토지가격, 물가의 불안정은 당시의 고질적인 경제문제였다. 기업은 앞장서서 부동산을 매입하면서 여전히 고도성장정책에 집착하고 있었다. 국내 금융시장의 구조는 급속히 악화되기 시작하는데 이는 경제력집중이 심화된 경제구조하에서 부실대출의 증가 그리고 정치적으로 유착된 기업에 대한 특혜금융이 기업부실화, 부실금융으로 이어지고 있었기 때문이다. 부동산가격의 급상승은 기술발전에 대한 투자를 게을리 하게 하였고 결국 국내기업은 외국기업과 개발도상국가들의 급성장으로 심각한 경쟁력 위기에 빠져들게 된다. 더구나 WTO의 출범과 OECD가입을 위한 김영삼정권의 급속한 국내시장 개방은 치열한 국제경쟁 앞에 국내시장을 그대로 노출되게 하였다.

이러한 급격한 변화 속에서 한국경제의 생존은 강력한 경제안정화정책과 구조조정에 의한 경쟁력 제고에 그 성패가 달려 있었다. 그러나 구조조정정책은 정치적 이유로 진전되지 못하였고 이 과정에서 경제정

---

1) 높은 토지가격, 고물가, 고임금, 저생산성.

책은 성장일변도였던 정부정책의 관성(inertia), 기업의 개혁에 대한 저항 그리고 정치적 이유로 다시금 성장위주의 정책으로 회귀하게 된다.

경제성장이 과도하게 추진되면서 외채규모는 기하급수적으로 늘어나, 1989년 294억 달러이던 외채규모가 1996년 말 1047억 달러라는 천문학적 숫자로 불어난다. 문제를 더욱 어렵게 만든 것은 1997년부터 급증한 금융권의 부실대출규모였는데 이는 대기업의 연쇄적인 지급불능상태 때문이었다. 한보사태를 비롯한 정치권의 비리와 삼성의 자동차산업 진출을 위한 기아자동차에 대한 집요한 노력 그리고 이를 둘러싼 지리한 공방전은 결국 외국투자자들의 한국경제에 대한 신뢰도를 의심하게 만들었고 이들은 서둘러 한국에서 자본을 철수하기 시작한다. IMF 외환위기는 이렇게 진행되었다.

아이러니컬하게도 우리나라의 경제성장에 가장 큰 역할을 했던 성장위주의 경제정책과 대기업과의 밀착관계는 결국 한국전쟁보다 더 큰 피해를 가져왔다는 외환위기를 부르는 주원인이 된 것이다. 이렇게 한국의 발전전략은 성장일변도의 전략이었다는 점에서 경제축만이 문제가 되었고 사회발전·환경보전이라는 두 가지 축은 안중에도 없었던 것으로 보인다. 경제문제에의 집착이 오히려 경제기반을 붕괴시키는 아이러니를 가져왔을 뿐 아니라, 결국은 사회적 측면과 환경적 측면의 발전기반, 지탱 가능한 발전의 기반을 붕괴시키는 결과를 가져온 것이다.

환경정책의 발전과 지탱 가능성

1963년 공해계로 출발했던 우리나라의 환경정책은 80년 보사부 외청 환경청이 발족하면서 큰 전기를 맞게 된다. 전두환정권의 출범과 더불어 제5공화국헌법은 환경권을 헌법상의 권리로 포함하였고 79년 제정된 환경보전법은 81년, 86년을 거치면서 강화되었다.

그러나 80년대의 환경정책에 대하여 전 보사부장관은 다음과 같이 평가하고 있다.

우리나라의 환경정책은 실질적으로 발전해 왔다기보다는 수사적으로만 발전해 왔다. 더구나 대기업들의 영향력은 근래에 급증하고 있는데 이는 기본적으로 우리나라의 경제에 이들이 결정적인 비중을 차지하고 있기 때문이고 정부 또한 이러한 점을 충분히 알고 있기 때문이다. 이렇게도 심각한 대기오염과 교통문제에 대하여 정부는 그에 상응하는 강력한 조치를 취하고 있지를 않다. 물론 자유시장 경제체제에서 정부는 기업의 경제활동을 억제할 수 없고 국민의 욕구를 억압할 수 없다. 그러나 정부가 필요한 강력한 조치를 취하지 않는 데는 또 다른 이유가 있다고 본다. 이는 정부가 대기업들의 경제활동을 간섭하지 않으려 하기 때문만이 아니라 그렇게 할 수도 없기 때문이다.
(문태훈 1992에서 재인용)

90년에는 환경처가 장관급 부서인 환경부로 격상이 되었고 같은 해에 단일 환경법체계는 복수 환경법체제[2]로 진일보하게 된다. 이후 환경법체계는 발전을 거듭하여 2000년 8월 현재 환경부가 직접 관장하는 환경법은 총 30개, 관련부처 15개부처 소관의 환경관계법은 총 50여 개에 달하고 있다(환경부 2000).

한국에서 지탱 가능한 발전에 대한 관심은 1992년 지구정상회담 이후 생겨나기 시작하였다. 이후로 환경부는 환경문제를 체계적으로 접근한다는 계획으로 장·단기 환경계획을 수립하는데 96년에는 최초로 장기적인 환경종합계획인 그린비전21을 제정하고 김영삼 대통령이 환경복지비전을 발표하였다. 이는 다가오는 환경시대에 새로운 사회와 친환경적인 삶의 방식을 선언한 것이었다. 그리고 2000년 6월 5일 환경의 날에는 김대중 대통령이 새천년국가환경비전선언을 발표하면서 '인간과

---

[2] 환경정책기본법, 대기환경보전법, 수질환경보전법, 소음진동규제법, 유해화학물질관리법, 환경분쟁조정법 등 6개 환경개별법이 제정되었다.

자연이 더불어 사는 생명공동체'의 구축을 선언한다. 그리고 비전의 실현을 위하여 사전예방중심의 환경정책, 시장경제와 민주주의에 입각한 환경정책, 환경정책과 경제정책의 통합적인 운영체계의 확립, 지구환경문제 해결에의 주도적 참여, 대통령 자문기구 지속가능발전위원회의 설치 등을 선언하였다(새천년국가환경비전선언). 같은 자리에서 경제5단체는 공동으로 '경제계환경경영헌장'을 선포하고 시민단체들은 '민간환경선언2000'을 발표하였다.

그러나 환경정책만큼 선언된 내용과 집행되는 정책의 차이가 큰 정책분야도 없는 듯하다. 지탱 가능한 발전을 위한 요란한 수사와 정책선언은 지금도 경제정책 우선의 정부정책, 산업자원부·건설교통부·행정자치부 등 타정부부서의 비협조 그리고 기업의 규제 불순응으로 어려움을 겪고 있다. 대통령 선언에 의한 환경정책과 경제정책의 통합운영체계의 확립은 아직도 요원하며 환경문제에 대한 관심은 여전히 환경부에만 머물고 있다. 뿐만 아니라 중앙부서간의 이해관계의 차이는 환경정책을 둘러싼 환경갈등으로 발전되고 결과는 경제부서의 의견이 지배적인 결정이 되는 경우가 대부분이다(문태훈 2001).

각종 환경관련 상황을 보면 문제는 더 심각해진다. 2000년 기준으로 우리나라의 총 환경관련예산은 정부예산의 2.32%, GNP대비 0.66%이며, 환경부예산은 정부예산 대비 1.04%에 머물고 있다. 환경부의 예산이 최초로 정부예산대비 1%를 넘었던 1996년의 1.04%와 같은 수준이다. 환경부예산 중에서 가장 큰 비중을 차지하는 것은 상수도(18%), 수질보전(31%), 폐기물관리(22%)로 이 세 가지 부분이 환경부 전체예산의 71%를 차지하고 있다. 이것은 환경예산으로 반영되는 정부의 환경관심은 여전히 1%대에 머물고 있다는 것을 의미하며 그나마 대부분의 환경예산은 상수도, 수질보전, 폐기물관리에 투입되고 있다. 지탱 가능성과 관련하여 가장 중요한 관심을 끄는 자연보전에는 환경부예산의 5.6%만이 사용되고 있는 실정이다.

1995년 이후 지방자치제도가 본격적으로 시행되면서 지방의제21의 형성과 추진이 활발해지고 있는 것은 고무적이다. 2001년 9월 현재 지방의제21을 수립한 지방자치단체는 149개소(60%), 현재 추진중인 자치단체는 48개소(19.4%)로 총 197개 지방자치단체가 지방의제21을 수립하였거나 작성중에 있다(환경부 2001). 그러나 문제는 대부분의 지방의제21의 행동계획은 집행되지 않고 단지 문서로만 남아 있는 경우가 많다는 점이다. 이것은 지방자치단체가 지역개발에 우선순위를 부여하고 있기 때문인 것으로 해석되고 있다.

뿐만 아니라 정부의 규제완화의 흐름과 더불어 환경관련규제가 완화되어 나가면서 지방의 환경파괴는 지속적으로 가속화되고 있다. 예를 들면 팔당상수원지역 지자체들의 인허가권 남용으로 숙박업소와 음식점의 허가가 남발되면서 상수원 오염문제를 가속화시키고 있다는 등의 지적들(『문화일보』 2000. 7. 1;『중앙일보』 2000. 7. 1)은 환경파괴적 개발의 한 사례에 불과하다.

김대중정부의 환경정책은 환경비전의 선언에서 보이는 모습과 판이하다. 30년 이상 도시의 확장과 환경보전을 위하여 비교적 성공적으로

〈표〉 팔당상수원특별보호구역의 오염물질배출원과 배출량(2102km^2)

구분	1990	1997	증가율(%)
호텔, 음식점	2585	8956	246
산업체	143	510	257
가축	272000	378000	38.9
인구	400000	513000	28.3
아파트	2677	34418	1185
생활하수	100000ton/day	142600ton/day	426
공장폐수	49000ton/day	56500ton/day	15.3
축산폐수	4200ton/day	5800ton/day	38.1

* 자료:『서울신문』 1998. 5. 7.

보전되어 왔던 개발제한구역을 7개 중소도시에서는 완전히 해제하기로 하였고 서울시와 광역시의 개발제한구역은 규제완화를 발표하였다. 덕택에 김대중 대통령은 환경단체들에 의하여 1998년도 '올해의 공해인'으로 선정되기도 하였다(Korea Herald 1998. 12. 19).

환경문제에 대한 인식 역시 계속 악화되고 있는 것으로 보인다. 1997년 통계청에서 실시한 조사에 의하면 환경문제가 악화되고 있다는 응답자가 70%, 변함이 없다는 응답자가 28.3%, 개선되고 있다는 응답자는 1.7%에 불과했다(NSO 1998, p. 377). 99년에 녹색연합에서 시행된 유사한 내용의 조사결과는 상황이 더 악화되고 있음을 보여준다. 응답자의 94.6%가 환경문제가 심각하다고 답하고 있으며 4.63%만이 괜찮다, 그리고 0.66%만이 심각하지 않다고 답하고 있다. 환경악화의 주원인을 묻는 질문에는 53%의 응답자가 정부의 개발우선정책을 그 이유로 꼽고 있으며 16.8%가 대통령의 환경문제에 대한 관심부족, 15%가 대중의 관심부족을 그 이유로 들고 있다. 정부정책의 만족도를 묻는 질문에는 68.2%의 응답자가 김대중정부의 환경정책에 대해 불만이며, 1.98%만이 만족하고 있다. 또 김영삼정부에 비교하여 정부의 환경정책이 나아진 것이 전혀 없다는 응답이 47%, 정부의 환경정책이 오히려 후퇴했다고 보는 응답이 41%를 차지하였다(Green Korea United 1999).

4. 녹색정부를 향한 우리나라 정부의 제약과 문제점

지탱 가능한 사회란 현재 세대의 욕구를 충족시키되 미래세대가 그들의 욕구를 충족시킬 수 있는 기회를 훼손하지 않는 사회라 하였다. 따라서 한 사회가 지속 가능하게 되기 위해서는 경제적 발전과 사회적 발전을 같이 달성하고 있어야 할 뿐 아니라 이러한 발전이 경제적-사회적 발전의 궁극적인 기반이 되는 환경을 훼손하지 않는 발전이어야 한다.

경제, 사회, 환경 세 개의 축이 병행발전하는 사회가 이상적인 지탱 가능한 사회의 상태라는 것이다.

외환위기를 맞기 전까지 한국경제는 급속한 경제성장을 거듭해 왔다. 그 덕분에 우리는 1인당국민소득이 60년대 초 60달러에서 97년 1만 달러가 넘는 눈부신 소득증가를 달성하였고 '잘살기 위한' 국민적 열망을 비교적 성공적으로 이룩할 수 있었다. 그러나 바로 이러한 성공적인 경제성장은 다른 한편으로 한국사회를 지탱 가능하지 않은 사회로 만드는 여러 근원적인 유산들을 남기게 된다. 결국 한국사회의 지탱 가능한 발전의 제약요인은 한국의 경제성장에서 그 원초적 뿌리를 찾지 않을 수 없다. 이와 더불어 전세계적인 세계화의 물결은 한국사회의 지탱 가능한 발전에 또 다른 제약요인으로 작용하고 있다. 이러한 제약요인들을 설명의 편의를 위하여 구분한다면 국제적 차원의 제약요인, 국가적 차원의 제약요인, 지방적 차원의 제약요인으로 나눌 수 있다.

국제적 차원의 제약요인

세계화논의는 80년대 말 소련, 동독 등 공산주의 국가들이 붕괴하면서 대두되기 시작하였다. 경제난을 극복하지 못한 것이 이들 공산국가들이 붕괴된 가장 큰 이유로 밝혀지면서 서구 자유무역주의자들은 자본주의 체제의 우월성을 소리 높이 외치기 시작하였고 90년대 말경에는 이제 세계화는 거역할 수 없는 이념이 되어버렸다. 신자유주의 이론으로 무장한 세계화는 미국을 중심으로 한 서구 몇몇 자본주의 국가들에 의하여 새로운 세계질서의 핵심적인 요소로 강력하게 추진되기 시작하였다. 세계화는 경제적 번영과 사회적 안정을 위하여 자유화, 규제완화, 민영화를 처방으로 제시한다.

우리나라에서 세계화의 물결은 김영삼 대통령에 의하여 1994년부터 추진된다. 그러나 소수 재벌기업으로의 경제력집중, 재벌기업과 정부의 영향권하에 놓여 있는 금융기관의 취약성 등으로 특징지어지던 한국경제는 결국 97년 IMF외환위기라는 전대미문의 국가적 환난에 직면한다.

세계화에는 긍정적인 측면과 부정적인 측면이 동시에 존재한다. 긍정적인 측면으로 보면 세계화는 우선 정부의 불필요한 규제를 없애고 무역장벽을 철폐하고 경제적 효율성을 가져오게 하여 궁극적으로 경제적 번영을 달성한다고 주장한다. 그러나 한국정부는 세계화의 효과에 대하여 지나치게 낙관적이었으며 세계화의 부정적인 측면을 보지 못하였다. 세계화는 경제적 원칙에 입각하여 모든 의사결정을 내리게 하고, 경제적 효율성의 중요성을 지나치게 과장한다. 정책결정자들은 정책이나 발전전략을 결정할 때 대부분 경제적 논리에 입각하고 있다. 그러나 경제적 원칙이 의사결정의 가장 중요한 지침이 되는 경우 사회정책이나 환경정책은 언제나 비효율적인 것으로 간주되고 결국은 무시되어 버린다. 모든 의사결정에 경제적 원칙을 가장 중요하게 고려하고 경제문제를 모든 문제의 우선순위에 두는 이른바 '경제주의'(economism)는 빠져나오기 힘든 함정이 된다. 특히 경제적으로 어려운 시기나 구조조정의 시기에는 모든 정책결정에서 경제적 요인의 비중은 더욱 커지게 마련이다.

뿐만 아니라 기업간의 치열한 생존경쟁이 불가피해지고, 그 결과 부자와 가난한 자들, 산업부문과 비산업부문 간의 격차는 더욱 벌어지게 된다. 더구나 기업 사냥과 합병이 치열해지면서 소수에 의한 부와 권력의 집중현상은 더욱 심하게 진행되고 근로계층은 널리 퍼진 실업과 직장불안으로 점차 그 힘이 약화된다. 자연환경은 경제적 효율성이라는 이름 아래 남용되면서 파괴되고 정치적·사회적·문화적인 모든 측면에서 그간 이룩했던 사회운동의 성과들은 점차 잠식당한다. 세계화는 민주주의를 위협할 수도 있다. 경제지상주의는 다른 모든 비경제적인 가치들을 말살해 버리고, 국가주권은 국제금융기구나 세계은행 등과의 쌍무협정, WTO체제나 다른 지역기구들과의 다자간협상 등으로 점차 그 영역이 축소되어 나간다. 지탱 가능한 발전을 위한 세계의 축——경제, 사회,

환경——중에서 오직 경제축만이 지대한 관심의 대상이 되고 나머지 사회·환경 문제는 이러한 경향 속에서 간과되어 가게 마련이다.

국가적 차원의 제약

성장제일주의 정책성향

지난 4반세기 동안 한국의 경제성장과정에서 경제성장에 대한 정부의 관심은 모든 정책의 영역에서 일관성 있게 높은 비중을 차지하고 있었다. 물론 간헐적으로 성장일변도의 정부정책에 내부적인 비판과 자성의 소리가 없었던 것은 아니었다. 시장기구에 대한 정부의 지나친 개입에 대한 반성은 80년대 우리나라 경제정책기조의 수정으로 나타난다. 즉 정부는 60, 70년대의 기조를 이루었던 정부주도의 경제정책을 1980년부터 민간주도의 경제정책으로 그 기본적인 기조를 변화시킨다. 그리고 비록 급격한 변화는 아니었으나 시장기구에 대한 간섭을 점진적으로 줄여나가기 시작하였다. 이와 더불어 정부는 안정위주의 경제정책으로 정책기조를 전환하고 그 동안 등한시하였던 복지정책, 환경정책 등을 강화하여 사회정의를 향상시킬 것이라 선언한다.

그러나 이러한 정책기조의 선언적 변화는 그에 상응하는 실질적인 정책변화로는 이어지지 못하였다. 경제성장에 대한 정부의 깊은 관심은 거의 모든 정책영역에서 뿌리깊이 제도화되고 있었기 때문이다. 급속한 경제성장에 대한 정부의 깊은 관심은 한국경제의 성장에 큰 공헌을 한 것도 사실이지만 바로 이러한 성장에의 관심이 오히려 사회정책이나 환경정책 등 비경제정책들의 발전을 저해하는 주요한 원인이 된 것도 사실이다. 이러한 사정은 1997년 외환위기 이후 더욱 심화된다.

경제력집중과 기업의 영향력: 기업 영향력의 전방위적 증대

성장위주의 경제정책은 정부의 각종 정책에 대한 기업의 영향에서도 기인하는 바가 큰 것으로 보인다. 60년대 이후 정부는 대기업을 경제성장의 견인차로 간주하여 왔다. 기업은 기업의 성장을 위하여 정부지원이 필요했고 정부는 경제성장을 위하여 기업이 필요했던 것이다. 정부의 정치적인 정통성이 약할수록 경제성장의 중요성은 정치적인 지지기반의 확보를 위하여 중요하였으며 그에 따라 기업의 중요성도 그만큼 커져나갔다. 따라서 대기업은 우리나라 발전정책의 주 수혜자였으며 대기업에 경제력이 집중되기 시작한 것도 어찌 보면 자연스러운 결과였다. 서로가 필요했던 양자의 관계는 그래서 정부-기업의 관계에 대한 피상적인 관찰이 정부의 일방적인 우위였다는 일반적인 결론보다 더 복잡한 관계를 보여준다. 표면적으로는 기업은 늘 정부의 명령과 지시에 따르는 충실한 경제성장의 엔진이었을지 모르나 경제성장을 달성하는 주체로서 기업은 정부의 각종 정책에 경제성장이나 수출에 저해가 된다는 명분을 들어 강한 영향력을 행사하였다. 정부의 각종 정책에 대한 기업의 영향력은 분야별 정책에 대한 기업의 정책건의와 최종적으로 결정된 정책내용을 비교하여 보면 뚜렷이 감지할 수 있으며 정책사례를 통해서도 알 수 있다(문태훈 1992).

대기업의 경제력집중에 대한 문제는 늘 국민적 비판이 되어왔으며 따라서 중요한 정책의제였다. 경제력집중을 억제하기 위한 종합적인 대책은 1981년 독과점규제및공정거래법이 만들어지면서부터였으나 이 법의 제정과정을 보아도 정부의 대기업정책이 얼마나 어려운 것이었는지를 짐작할 수 있다. 그러나 법이 제정된 후에도 정부의 정책의도는 제대로 실현되지 못하였다. 정부는 대기업으로의 경제력집중을 억제하기 위하여 동법에 근거한 대기업 경제력집중억제책을 시행하였으나 결과는 미미하였다. 정부는 지속적으로 강화된 대기업의 경제력집중을 억제책으로 대응하였으나 대기업으로의 경제력집중은 완화되기는커녕 계속 강화되는 경향을 보였다.

이러한 현상은 정부의 대기업에 대한 영향력이 상당 부분 상실된 것을 의미한다. 문제는 한국경제의 핵심적인 동력이었으며 경제발전과정에서 급속히 성장한 기업은 이러한 경제력을 바탕으로 경제적으로나 정치적으로 정부정책으로부터의 상당한 자율성을 확보하게 되었다는 점이었다. 예를 들어 환경정책의 경우를 보더라도 대기업의 환경정책에 대한 정책건의는 주로 경제성장을 저해한다는 논지가 주류를 이루었고 이러한 기업의 끈질긴 반대는 환경정책의 발전을 가로막는 주요한 요인이 되었다.

대기업은 언제나 자신들의 이해관계를 전국경제인연합회 등 경제인 이익단체를 통하여 효과적으로 정부에 전달하거나 평소 후견자의 역할을 하던 정부의 경제부서를 통하여 표출하였고 결과는 거의 대부분이 초기 정책의 강도가 약화되거나 완화되는 것이었다. 환경부서에 이들 기업들은 직접적으로 반대를 하기보다는 상공부나 경제기획원들을 통하여 간접적으로 대기업의 환경정책에 대한 반대의견을 표출하였고, 정부 내에서 신생 부서로서 취약한 위상을 가진 환경부서로서는 경제성장을 저해한다는 이들의 논리를 효과적으로 방어할 수 없었다. 심지어 약화된 환경규제에 대한 기업의 순응 정도도 미약하였으며 규제의 강제집행에서 기업들은 번번이 규제를 회피하게 된다. 결과는 요란한 정부의 환경보전 의지의 표명에도 불구하고 80년대, 심지어 90년대까지도 환경정책은 대체로 상징적인 정책의 정도에 머물게 된다.

지방 차원의 제약

1995년 6월 27일 자치단체장선거를 기점으로 지방자치제도가 본격적으로 시행되면서 지방자치제의 실시에 따른 견해는 대체로 두 가지 부류로 갈라졌다. 한 부류는 낙관론이었다. 이들은 정치, 경제, 사회, 문화 등 모든 분야에서 중앙이 독무대를 차지해 오던 것이 앞으로는 민선단체장을 중심으로 각 지역으로 그 무게의 중심이 이동해 갈 것이라 보았다. 따라서 정치는 중앙 계보정치의 단순한 연장이 아니라 환경, 교통, 주택, 물가 등이 주된 이슈가 되는 생활정치중심으로 변화해 갈 것이며, 경제는 재벌중심의 경제가 아니라 적어도 지역기업이 주도적인 참여자가 되어 지역경제가 활성화될 것으로 주장하였다. 또 행정은 중앙집권적인 관료제의 틀을 벗어나 주민의 요구에 신속하고도 적절히 대응해 나가는 상호 경쟁적인 주민 우선의 행정으로 변화해 갈 것이고, 문화활동 역시 지역의 고유한 역사와 전통을 기반으로 한 지역 특유의 문화가 번창해 오히려 중앙으로 문화의 역수출이 가능해질 것으로 기대하였다.

그러나 이러한 장밋빛 미래상에 대한 비판과 비관론도 만만치 않았다. 현재의 지방자치제도와 지방의 경제적 현실을 감안해 볼 때 지방자치는 명분에만 그칠 것이라는 논리이다. 시·도의회 원구성에 대한 중앙당의 영향력이 엄존하고 있어 중앙정치권의 대립과 갈등이 지방으로 쉽게 파급될 수 있는 정치구도하에서, 지방정부의 정책조정·감사·예산의 3대 권한이 중앙에 장악되어 있는 현실에서, 그리고 지방정부의 조직개편과 지역개발에 대해서도 중앙부서의 승인을 받아야 하며 지방자치단체의 업무중 자치단체의 고유업무가 전체 소관업무의 13%에 불과하고 그것도 대부분이 민원관련 단순업무에 불과한 현실에서, 또 지방세로 자치단체 공무원의 인건비조차 충당하지 못하는 기초자치단체가 전국 250곳 중 190개나 되는 열악한 재정상황에서 지방자치의 앞날은 결코 밝지만은 않다는 주장이었다.

지방자치제에 대한 이러한 기본적인 시각차이는 지역의 환경문제에도 그대로 적용된다. 자치제 낙관론자들은 본격적인 지방자치의 실시는 지역 특성에 적합한 창의적 정책시도의 기회를 넓힐 것이므로 오염의 억제에 머물던 종래의 소극적인 '환경보전'에서 삶의 쾌적한 공간을 적극적으로 추구해 나가는 '환경창조'로 획기적인 전환을 이룩할 수 있을 것이라 보았다. 그러나 자치제 비관론자들은 경제적 이해관계에 민감하게 영향받을 수 있는 지방자치단체가 재정적 곤란과 더불어 개발위주의

자치행정으로 나아가기가 쉬우며, 따라서 환경파괴는 더욱 심화될 것이라 주장하였다. 지방자치단체의 빈약한 재정사정, 지역경제 발전의 중대성, 경제단체와 비교하여 절대적으로 왜소한 시민단체의 영향력, 지역간 이해관계의 상충 등이 자치환경행정에 부정적인 영향을 미칠 것이라는 논지였던 것이다.

그러나 이러한 희망과 기대는 지방자치가 본격적으로 시행된 지 6년을 지나는 현재의 시점에서 보면 지방자치제의 시행에 대한 평가, 특히 지역환경문제와 관련해서는 비관론에서 제기되었던 우려를 크게 벗어나지 못하고 있는 것으로 보인다. 그중 가장 대표적인 비판이 "개발위주의 행정으로 지역의 환경파괴가 가속화되고 있다"는 지적이다. 예를 들면 경기도 용인에서는 임야 20만 평이 95년 지자체 실시 이후 택지개발로 파헤쳐졌고, 울창했던 고양시 풍동 숲과 일산 탄현지구 녹지 23만여 평 역시 택지개발로 훼손될 위기에 처해 있으며, 팔당상수원지역도 인근 지자체들의 인허가권 남용으로 숙박업소와 음식점의 허가가 남발되면서 상수원 오염문제를 가속화시키고 있다(『문화일보』 2000. 7. 1; 『중앙일보』 2000. 7. 1). 이러한 상황에 직면하여 경기도는 그간 인허가 업무 대부분을 시·군에 위임한 결과 민원 등에 밀려 수도권 난개발이 심화되었다고 보고 위임했던 인허가 업무 중 상당 부분을 회수하거나 환수키 위한 준비에 착수하고 있다. 지방자치제도의 본격적인 시행에 따른 분권화의 촉진은 지역경제 활성화를 우선적으로 추진하는 지방자치단체의 성향 때문에 환경훼손을 가속화시킬 수 있다는 우려가 현실로 드러난 것이다. 사실 환경행정의 경우 오염물질은 행정구역을 초월하여 일정한 영향권 안에 광범위하게 확산되어 상호영향을 미치게 되는 만큼 단일 지방정부의 노력만으로는 성공적인 지역환경관리가 불가능하다. 따라서 지방정부간의 긴밀한 협조를 이끌어내고 지방정부의 다양한 이해관계를 통합할 수 있는 중앙정부의 정책조정 및 통합능력이 어느 때보다도 중요한 과제로 지적되고 있다.

지역의 지탱 가능한 발전을 위하여 자치단체, 주민, 기업, 청년, 여성, 전문가 들과 긴밀한 협의를 거쳐 만들고 실천하도록 되어 있는 구체적인 환경행동계획인 지방의제21의 사정도 크게 다르지 않다. 유엔의 조사에 의하면 1996년 말, 전세계적으로 64개국 1812개의 지방정부가 지방의제21을 이미 집행중이거나 작성중에 있으며[3] 우리나라도 자치단체의 79%에 해당하는 197개의 자치단체가 지방의제21을 수립하였거나 수립중에 있으니 대부분의 지방자치단체가 지방의제21을 진행하고 있음을 알 수 있다.

그러나 지방의제21의 집행결과에 대한 평가는 그리 밝지 않다. 지방의제21을 주도해 온 국제환경자치체협의회(ICLEI)는 1991년 이후 전개된 지방의제21의 집행상황을 다음과 같이 평가하고 있다(ICLEI 1997). 첫째, 지난 수년간 세계 각국 지방정부에서 수행되어 온 지탱 가능한 개발을 위한 전략과 사업들은 도시정부의 예산, 개발계획, 토지이용계획, 경제개발활동 들과 밀접한 연계를 맺지 못한 채 분리되어 수행되어 왔다. 그 결과로 지방의제21과 같은 지탱 가능한 개발을 위한 전략들은 매우 제한된 분야에서만 도시개발의 경향을 의미 있게 바꾸는 성과를 거두는 데 그치고 있다. 둘째, 지난 수년간 많은 국가들의 중앙정부는 환경보전과 사회개발의 책임들을 지방정부로 이양하여 왔는데 이러한 경향은 국가의 재정적인 어려움 때문이었다. 그러나 이러한 중앙정부 책임의 지방정부로의 이양은 그에 상응하는 재정지원이나 지방정부의 수입을 증가시킬 수 있는 권한들이 같이 이양되지 않으면서 진행되고 있다. 결국 지방정부의 재정부담 증가는 지탱 가능한 개발을 위한 지방정부의 각종 전략들의 집행을 어렵게 하고 있다. 셋째, 동시에 국가 차원과 중앙정부 차원에서 위축된 경제활동은 지방정부의 영역 내에서 활동하고 있는 기업체나 관련단체들의 행동이 가지고 올 환경과 사회 면

---

3) 1996년 11월 말 ICLEI의 조사(ICLEI 1997).

에 대한 부정적인 영향을 억제할 수 있는 능력을 그만큼 저하시키고 있다. 넷째, 중앙정부·광역지방자치단체·지방자치단체 들은 여전히 전통적인 정책과 보조금 그리고 재정적인 틀에 의존하고 있어 지방 차원에서의 자원의 효율적인 이용과 개발을 저해하고 있다. 다섯째, 초국적 기업들이나 각종 개발기구들이 지방정부의 지탱 가능한 개발을 위해 기여할 수 있도록 하는 유인책이 거의 없다. 지방정부는 그 관할영역 내에서 생산·소비되고 폐기되는 유독성물질, 자원의 효율적인 이용, 소비재의 포장 등에 대하여 거의 아무런 통제권한을 가지고 있지 못하다.

　ICLEI의 평가는 전세계의 지방정부를 대상으로 한 것이지만 사정은 한국도 유사하다. 지방 차원의 장애요인으로는 성장 지향적인 기존의 정책과 제도, 지방정부의 부족한 재정력, 규제완화의 흐름 들을 꼽을 수 있다.

　우선, 기존의 정책과 제도가 지탱 가능한 개발을 위한 자원의 효율적인 이용에 장애요소로 작용하고 있다. 지방정부 차원에서 이러한 장애요소들로는 지방의제21의 전략과 행동방향을 고려하지 않는 도시개발계획, 예산배정의 우선순위 등을 들 수 있다. 또 대부분의 지방정부들은 전통적인 토지이용정책, 건축 및 빌딩 관련 규제, 대중의 건강보호를 위한 보건정책 등을 적용하고 있어 새로운 기술을 이용한 물·에너지 관리의 효율성을 저해하고 있다. 국가나 광역자치단체들이 적용하고 있는 보조금이나 경제적 유인책들은 오히려 지탱 가능한 개발을 저해하는 방향에서 이루어지고 있는 경우가 많다. 예를 들면 중앙집중적인 예산관리와 자원관리, 국가투자계획과 지방투자계획의 우선순위의 불일치 등은 지탱 가능한 개발을 위한 지방정부의 노력의 효과를 반감시킨다. 또 오염배출행위에 대한 느슨한 강제나 규제완화조치는 지방의제21의 효과를 더욱 약화시킨다. 둘째, 지방정부의 재정력 부족은 지탱 가능한 개발의 가장 큰 장애요인이라 볼 수 있다. 지방정부의 세수증대를 위한 각종 노력들은 중앙정부에 의하여 제한되면서도, 중앙정부의 각종 업무들이 지방정부로 이관됨에 따라 지방정부의 재정부담은 가중된다. 재정 능력의 확충을 위한 중앙정부의 권한이 지방정부로 이전되지 않는 상태에서 지방정부에 사회·환경 문제의 해결을 위한 책임을 전가하는 것은 새로운 사회 및 환경 문제의 해결을 위한 지방정부의 능력을 약화시킬 따름이다. 셋째, 경제회복을 위한 규제완화의 흐름은 지탱 가능한 개발에 중요한 장애요인이 되고 있다. 대기오염기준, 수질기준, 폐기물감량, 공해방지 등 국가 차원에서의 규제기준의 확립과 강제는 많은 분야에서 지방정부의 지탱 가능한 개발을 위한 능력을 증대시킨다. 규제로 인한 문제점이 없는 것은 아니나 이것은 규제개혁의 이유가 되지 규제폐기의 이유가 되지는 못한다. 이러한 관점에서 규제완화는 지방정부에게 지탱 가능한 개발을 위한 또 다른 장애요소로 작용할 가능성이 있다. 규제완화는 사회적·환경적인 문제를 야기하는 각종 행동들에 대한 정당성을 부여해 줄 수 있으며 이러한 문제를 야기하는 조직들에 대하여 지방정부가 책임을 물을 수 있는 입지를 약화시킬 수 있다. 이외에도 경제개방으로 인하여 가속화되고 있는 초국적기업들의 자본투자와 개발행위, 지방정부가 제어할 수 없는 환경 친화적이지 않는 소비재의 설계나 포장 등은 지방정부의 지탱 가능한 발전을 저해하는 중요한 장애요인들이다.

개인 차원의 제약

지탱 가능한 사회를 실현하기 위해서는 생활스타일의 혁신 역시 필요하다. 지금까지 소비자들의 소비패턴은 편리하고 안락한 생활스타일만을 추구해 왔다. 가전제품은 사용되지 않을 때도 항상 전기가 들어와 있는 상태에 있으며, 자동차와 냉장고는 필요 이상으로 크고, 에어컨은 필요 이상으로 찬바람을 내고 히터는 너무 덥게 가동되고 있다. 과일과 채소는 계절에 관계없이 온실에서 재배되고 공회전하는 자동차는 계속

늘고 자동판매기는 24시간 각종 제품을 판매하고 있다. 이러한 생활스타일은 그것 자체로 엄청난 화석연료를 소비하게 된다. 그러나 한정된 자연과 자원을 생각하면 이러한 생활스타일이 언제까지나 지속될 수 없는 것이다. 소비자의 소비패턴은 이러한 관점에서 전면적으로 재고되어야 한다. 소비자들은 지금까지 지나치게 질 좋은 제품만 선호해 왔으나 이 역시 자원낭비를 가져온다. 예를 들면 10년 전만 하더라도 화장지는 100% 재생용지였으나 지금은 화장지의 대부분이 펄프 원재료로 만들어지고 있으며, 재활용된 페트병은 기능상·건강상 아무런 문제가 없는데도 불구하고 단지 모양이 좋지 않다는 이유만으로 소비자들로부터 외면당하면서 자원을 낭비하고 있다. 지금과 같은 소비패턴이 근본적으로 바뀌지 않는 한 지탱 가능한 사회의 달성은 불가능하다(한국행정학회 2001, 72쪽).

5. 지탱 가능한 발전을 위한 외국정부의 노력

세계 각국의 환경정책을 살펴보면 극단적으로 대조적인 형태의 환경정책을 구사하고 있는 두 국가를 발견하게 된다 바로 영국과 미국의 환경정책이다(문태훈 1999). 영국의 환경정책은 의사가 환자를 돌보듯 하고 미국의 환경정책은 경찰이 도둑 잡듯 한다고 두 나라의 환경정책의 스타일이 비교되기도 한다(Vogel 1986). 미국의 환경정책은 피규제자에 대한 철저한 불신을 바탕으로 하고 있고 영국의 환경정책은 상호신뢰의 바탕 위에서 성립되고 있다. 그러나 두 나라의 환경정책은 최근 들어 서로 근접해 가고 있다. 영국은 보다 엄격한 규제를 도입하고 있는 반면, 미국은 피규제자에 대한 신뢰에 바탕을 둔 환경정책을 확대하고 있다.

영국의 환경정책은 기업주의(조합주의)적인 체계에서 이익단체들의 이익이 대표되어 나가는 반면, 미국에서는 상당히 가시적이고 대중의 접근이 용이하며, 상대적으로 불편한 관계 속에서 이익단체들의 이익이 대표되며 진행된다. 미국의 이익단체의 활동은 영국보다 더 다원주의적이다.

경제적으로 풍요한 일본이나 독일의 경우 환경문제에 대한 대중의 관심과 시민단체를 기존의 정치체계에 흡수하는 데 실패하였다. 그러나 경제적으로 오히려 가장 저조한 실적을 보인 영국은 이러한 새로운 정부-기업관계의 차원에서 성공적이었다(같은 책, p. 30).

최근 영국의 환경행정은 전통적인 환경행정의 원칙, 구조 그리고 스타일에서 많은 변화를 겪고 있다. 이러한 변화는 영국이 유럽연합의 회원국으로서 대륙국가들로부터의 압력과 영국의 내부적인 개혁의 압력의 결과로 해석되고 있다. 그러나 이러한 변화에도 불구하고 여전히 영국 환경행정의 특징은 행정부의 폭넓은 재량권, 비공식적이고 자발적인 협조, 계량화하지 않는 기준, 명백한 법적 기준과 법적 구속력이 있는 목표설정에 대한 거부감 등 전통적인 환경행정의 특징을 여전히 지니고 있다고 평가되고 있다(Jordan 1998, pp. 173~94).

영국정부의 지탱 가능성을 위한 노력

영국의 환경부서는 환경식품지역부(Department of Environment, Food and Rural Affairs, DEFRA)로 최근 기존의 환경교통지역부(DETR)의 환경보전기능, 야생동물과 전원지역(countryside)에 대한 기능, 농업·어업·식품부(Ministry of Agriculture Fishery and Food)의 모든 기능, 내무부(Home Office)의 동물에 대한 복지문제와 사냥과 관련된 문제들을 통합하여 새로이 탄생하였다.[4] DEFRA의 조직목표는 ① 지탱 가능한 발전과 향상된 삶의 질 ② 더 나은 환경, 다양한 야생동

---

4) 2001년 9월 28일까지 DEFRA의 목표, 전략, 세부목표들에 대한 광범위한 의견수립 작업을 진행중임.

물, 자연자원의 지탱 가능한 이용 ③ 지탱 가능한 농업, 어업, 식량생산을 통하여 소비자의 요구를 충족시키는 경제적 풍요의 달성 그리고 ④ 모든 사람이 향유할 수 있도록 농촌지역과 전원시골지역의 경제발전으로 잡고 있다. 환경부서의 조직 자체가 지탱 가능한 발전을 달성하기 위한 구조로 통합되어 있고 또 관심이 인프라의 구축에서 먹을거리의 안전으로 옮아가고 있음을 알 수 있다.

지탱 가능한 발전을 위한 영국정부 노력의 특징은 모든 부서의 모든 정책에서 최우선적으로 환경적인 고려를 할 수 있도록 정부의 조직구조와 운영절차가 마련되어 있다는 점이다. 환경문제를 환경부만 외로이 전담하고 있고, 정부의 모든 정책에서 경제정책이 철저하게 우선시되고 있는 우리의 경우와는 크게 대조적이다.

우선, 환경각료위원회(Cabinet Committee on the Environment, ENV)는 부수상이 의장이 되는 조직으로 정부의 모든 핵심 부서의 장관들로 구성되는데 이 위원회에서는 정부의 각종 환경정책들을 검토하고 정부의 정책들을 지탱 가능한 발전을 위하여 종합조정하는 역할을 맡는다.

녹색각료

정부의 각 부서에는 녹색각료(Green Minister)가 있어 해당 부서가 지탱 가능한 발전을 위하여 공헌할 수 있도록 노력하는데 첫째 정부 전 부서와 공공부분에서 지탱 가능한 발전을 통합적으로 추구할 수 있도록 촉진하고, 둘째 정책결정에 환경성 검토를 활용하도록 권장하며, 셋째 해당 부서의 건물이나 시설물들의 환경성과를 향상시키도록 하는 이른바 녹색운영(greening operation)을 위하여 노력한다. 이 녹색각료들로 구성되는 녹색각료위원회가 있는데 주기적으로 성과보고서를 발간하고 각종 프로그램들을 계획한다. 첫 보고서가 1999년에 발간된 바 있다.

녹색각료들은 지탱 가능한 발전을 위한 환경적인 측면의 노력에 초점을 맞추는데 정부의 부서들은 더 광범위한 방향에서의 지탱 가능한 발전을 추구하고 있다. 첫째 부서 내에 위원회나 이와 유사한 조직을 구성하여 지탱 가능한 발전과 환경이슈에 대한 책임을 지도록 하고 있으며, 둘째 지탱 가능한 발전을 위한 각종 노력과 성과에 대하여 감시하고 보고하며, 셋째 부서직원들의 지탱 가능한 발전에 대한 관심을 높이기 위한 전략들을 추진하며, 넷째 지탱 가능한 발전이 모든 부서의 업무와 정부부서가 아닌 공공기관에서도 통합적으로 추구될 수 있도록 행동계획을 작성하고, 다섯째 직원들의 교육훈련에 지탱 가능한 발전이라는 주제를 포함시키고 있다.

의회에는 환경감사위원회(Environmental Audit Committee, EAC)가 있으며 정부의 모든 부서에서 행하는 각종 정책들이 지탱 가능한 발전에 미치는 영향을 검토하는 한편, 녹색각료들의 업무를 연례감사를 통하여 파악하고 감시한다.

정부 각 부서의 지탱 가능한 발전을 위한 노력

① 환경성 검토

정부의 각 부서들은 내각사무국(Cabinet Office)에서 발행하는 문서, 메모작성 지침을 준수해야 하는데 이 지침에 따르면 새로운 정책이나 정책에 대한 수정이 일어날 때는 이로 인해 발생할 환경비용과 편익을 반드시 설명하도록 하고 있다. 그리고 환경식품지역부(DEFRA)의 지속가능발전팀(the Sustainable Development Unit)의 견해가 고려되도록 하고 있다. 특히 각 부서들은 정책의 초기단계에서 정책이 미칠 환경적인 비용이나 편익을 DEFRA의 정책평가와 환경에 대한 지침서(Policy Appraisal and the Environment)에 따라 평가하도록 하고 있다. 만약 이 평가에서 정책의 환경적 영향이 크다고 판단되면 전면적인 환경성 검토 작업을 해야 한다.

내각사무국은 지탱 가능한 발전을 지향하는 새로운 통합적 평가체제를 개발하고 있다. 이 통합적 평가체제는 정책이 개발되고 결정될 때 해당정책이 미칠 경제·환경·건강에 대한 영향과 특정 집단의 요구 등을 공정하고 광범위하게 수용할 수 있는 정도 등을 종합적으로 고려하는 것을 목표로 하고 있다.

② 환경경영체제
이외에도 영국정부는 모든 정부부서에서 적어도 한 가지 이상의 환경경영체제(environmental management system)를 도입하도록 하고 있다. 또한 각 부서들은 환경경영체제를 부서가 소유하는 각종 부동산에도 확대 적용하도록 하고 있다. 영국정부는 2001년까지 ISO14001의 인증을 받은 환경경영체제를 적어도 정부부서의 75%가 갖추도록 할 계획이다.

③ 환경보고서의 작성의무
영국정부의 모든 부서는 첫째 정부의 지탱 가능한 발전 연차보고서에 공헌할 것, 둘째 녹색각료의 연차보고서에 공헌할 것, 셋째 재무부의 요구사항인데 부서의 연차보고서에 해당 부서의 환경성과를 보고하는 독립된 장을 마련할 것, 넷째 이상의 내용을 독립된 별도의 연차보고서로 작성해야 할 필요성이 있는지를 검토할 것, 다섯째 해당 부서의 지탱 가능한 발전을 위한 전략을 위원회나 운영위원회에 보고할 것에 동의하고 있다. 영국의 모든 정부기관과 공공기관은 2001년까지 연차보고서에 환경문제를 포함시키거나 독립된 별도의 보고서를 제출하도록 하고 있다.

④ 정책모델과 모델정책프로그램의 활용
각 부서의 녹색각료들은 1998년에 정부의 환경친화적 운영을 위한 정책모델(model policy statement for greening government operations)과 이를 보다 구체화시킨 모델프로그램(model improvement programme)

을 활용할 것에 동의한다. 정책모델은 각 부서가 전략을 마련할 때 지켜야 할 원칙을 정해 놓고 있으며 모델프로그램은 부서의 각종 운영사항에 대한 구체적인 목표치를 제안하고 있다. 각 부서들은 이러한 모델정책과 모델프로그램을 이용하여 부서별로 환경친화적 운영을 위한 목표치를 설정하고 이를 위하여 노력하게 되는데 그 진척의 정도를 주기적으로 검토하도록 하고 있다.

⑤ 정부의 솔선수범: 에너지, 물, 폐기물, 자원재활용

2000년 4월부터 녹색각료들은 각 부서가 에너지를 지속적으로 절약하여 2000년부터 연간 1%의 에너지절약을 달성하고 정부 전체적인 차원에서 재생 가능한 에너지 구입목표량을 정하는 것을 검토하고 있다.

그리고 녹색교통계획(green transport plan, GTP)을 수립하여 자동차의 사용과 업무를 위한 교통량을 최대한 줄이도록 하고 있다. 더 구체적으로는 모든 부서의 본부 및 주요 기관의 빌딩에서는 1999년까지 녹색교통계획을 마련하고 이외의 주요 빌딩은 2000년 3월까지 녹색교통계획을 마련하도록 하였는데 대부분의 부서에서 이 목표를 달성하였다.

각 부서의 물사용량을 줄이는 효율적인 물사용을 위하여 전문가를 고용하여 누수를 조사하거나 지역 물회사와 물절약방법을 논의하게 하기도 한다. 그리고 수도계량기를 더욱 많이 부착하여 여기서 얻어지는 정보를 물절약 목표치를 정하는 데 활용한다. 또 우수재활용, 화장실 하수 재이용, 물탱크 등 물절약시설들을 활용하도록 하고 있다. 각 부서의 녹색각료들은 2000년 1월까지 각 부서의 물사용현황을 모니터링할 수 있는 방법을 확립하기로 하였으며 2001년까지는 각 부서의 물절약 목표를 제시하기로 하였다.

폐기물발생의 최소화와 폐기물관리를 위해서 영국정부는 꼭 필요한 물건만을 구입하는 것을 우선적인 원칙으로 하고 있다. 녹색각료가 발행한 첫 연차보고서는 사무실 폐기물의 40%를 재생하는 것을 목표로 하고

있으며, 적어도 재생량의 25%는 재활용된 것이어야 한다. 부서는 주기적으로 폐기물감사를 실행하고 종이, 캔, 병, 프린터 카트리지, 식용유, 자판기종이컵 등에 대한 재활용체계를 확립해야 하고 형광등이나 정보통신기기 등에 적용되고 있는 정부 차원의 폐기물처리계약에 참여하도록 하고 있다. 또 유해폐기물을 줄이고 폐기물 감시와 기록 체제를 향상시키고 폐기물처리계약의 내용을 가능하면 다시 재조정하도록 한다.

그리고 정부의 구매정책에 환경기준을 사용하여 환경성과를 향상시키도록 하고 있다. 녹색각료는 각 부서의 구매정책이 환경적인 요소를 고려하도록 노력한다. 각 부서는 구매지침서에 이러한 환경적 요소에 대한 고려를 삽입하여야 하며, 구매결정은 가격기준에 의하여 결정되기 보다는 상품의 생애주기적인 관점에서 환경비용을 가장 적게 유발하는 제품을 구매해야 한다. 이러한 구매가 오히려 장기적으로 비용 효과적이기 때문이다. 구매기준이 이렇게 바뀌면 정부의 엄청난 구매력은 조달업자들로 하여금 자원을 덜 사용하면서 동시에 폐기물의 발생도 줄일 수 있는 환경 친화적인 제품의 생산에 충분한 유인을 제공하게 될 것으로 기대하고 있다.

미국정부의 지탱 가능한 발전을 위한 노력

미국은 영국의 DEFRA가 환경·식품·지역 문제를 통괄하고 있는 것과는 대조적으로 단일 목적을 지닌 환경청에 의하여 각종 환경정책이 수행되고 있다. 종래 엄격한 규제 지향적이던 미국의 환경정책은 1990년대부터 피규제자에 대한 신뢰, 상호동의에 기반하여 규제의 순응성을 높이고 자발적인 참여를 높이는 지탱 가능한 발전을 위한 방향으로 수정하고 있다. 주로 환경청의 일선직원들의 경험과 정보를 충분히 활용하여 혁신적인 접근방식들을 개발하거나 기존 환경프로그램을 개선하는 방향에서 지탱 가능한 발전을 모색하고 있다. 이러한 목적을 수행하기 위한 핵심적인 조직으로 환경청은 환경청장 직속의 정책혁신실(The Office of Policy and Reinvention)을 설치하고 있는데 세부적인 정책내용은 다음과 같다.

기업 및 지역공동체의 환경보전전략의 혁신

기업부분에서 환경성과를 향상시킬 수 있는 새로운 전략과 수단들을 개발한다.

① 환경경영체제: 기업이나 다른 조직들의 환경성과와 환경규제 순응 그리고 폐기물들의 원천감량을 위한 환경경영체제와 관련된 정책과 업무를 수행한다.

② 환경을 위한 파트너십 개발: 7천여 개의 조직들과 협동하여 자발적 환경목표를 설정하고 이러한 목표들을 비용 효과적으로 달성하도록 노력한다. 법적으로 요구되지 않는 환경문제에 대한 목표를 세우고 이를 실행해 나갈 것을 약속하고 환경청은 이를 도와주는 것이 특징이다.

③ 산업분야별 접근: 산업분야별 환경성과의 향상을 위한 노력

④ 중소기업 옴부즈맨: 중소기업의 환경청 접근을 용이하게 하고 상호 의사교환을 촉진하는 통로로 활용한다.

⑤ 스마트성장 네트워크: 국가, 지역, 지방 들의 네트워크 연합으로 광역도시들이 환경적·재정적으로 건전하며 경제 및 사회적으로 건전한 발전을 이룩할 수 있도록 하기 위한 프로그램

⑥ 지탱 가능한 발전 지원금: 성공적인 지탱 가능한 발전케이스에 대한 재정지원과 이러한 재정지원을 어떻게 받을 수 있는지에 대한 상세한 정보를 제공한다.

⑦ 지탱 가능한 산업: 선택된 산업에 대하여 오염을 줄이는 새롭고 나은 방식을 개발하고 적용하도록 유인을 부여하고 환경개선을 위한 비용과 규제의 부담을 경감해 주는 프로그램

환경정책의 혁신

① 지역공동체에 기반한 환경보호: 고객들에 대한 서비스질의 향상. 환경청 고객들에게 더 나은 서비스를 제공함으로써 환경청의 목적인 공중의 건강보호와 환경보호를 더 잘 달성할 수 있게 한다.

② 각종 환경관련 허가과정을 새롭고 더 나은 관리방법으로 개선해 나간다.

③ 환경청과 주정부 간에 이루어지는 동의로 주정부가 환경규제의 혁신적인 발전, 실험, 집행을 위한 제안을 하고 이 제안에 대하여 환경청이 동의를 하는 것이다. 이러한 동의는 주정부가 더 나은 환경성과를 더 저렴한 비용으로 달성할 수 있는 혁신적인 방식을 시험해 볼 수 있도록 한다. 뿐만 아니라 주정부의 실험적인 시도를 지원하고 지도해 줌으로써 환경청의 동의는 환경보호 성과를 전국적으로 그리고 체제 전체의 성과향상으로 이어지게 한다.

④ 프로젝트 XL: 환경성과와 공중의 건강보호를 더 싸고 더 효과적으로 달성할 수 있는 혁신적인 방법을 적용하는 것으로 이 경우 규제프로그램을 감면해 주거나 절차적인 융통성을 부여해 준다.

⑤ 이해관계자들의 참여: 환경청의 의사결정으로 가장 많은 영향을 받을 이해관계자들을 의사결정과정에 참여시킨다.

규제관리

환경법과 규제 그리고 관련된 사항들에 관한 새로운 정보들을 게시한다. 그리고 정책혁신을 위한 각종 프로젝트들, 기본적인 프로젝트의 방향과 프로그램들을 관리하며 기존의 엄격한 규제에 융통성을 제공하여 더 나은 결과의 산출을 지향하고 있다.

① 융통성 제공으로 더 나은 결과들

프로젝트 XL, 지역공동체를 위한 프로젝트 XL, 상식에 기반한 환경정책(CSI), 지역공동체에 기반을 둔 환경보호, 산업공동체 프로젝트, 인쇄업자 프로젝트, 지탱 가능한 산업체프로젝트, 환경기술구상, 수질오염물질배출거래제도, 대기오염물질거래제도, 브라운필드, 살충제 유해물질의 그린화 등 기존의 엄격한 명령-강제방식 일변도의 규제를 보다 많은 융통성을 부여하면서 더 나은 결과를 산출하기 위하여 노력하고 있다.

② 프로젝트 XL

1995년 3월 클린턴정부는 정부개혁의 프로그램의 일환으로 환경청이 대중의 건강과 환경보호를 더 적은 비용으로 보다 효과적으로 달성할 수 있는 환경혁신프로그램을 추진하기 시작하였다. 프로젝트 XL(eXcellence and Leadership, EPA 1999a)은 공공부분이나 민간부분의 조직 및 단체들과 기존의 규제·정책·행정절차들을 대신할 수 있는 보다 비용-효과적인 대안들을 개발, 협의하고 상호동의하에 약속된 목표와 절차들이 잘 수행되는 경우 피규제자들에게 규제와 행정절차들을 면제해 주고 피규제자의 융통성을 극대화시켜 주는 정책이다. 여기서 시행된 성공적인 대안들은 환경청이 채택하여 환경보호프로그램의 효과를 혁신적으로 향상시키기 위한 프로그램으로 활용된다. 이 프로젝트XL은 50개의 구체적인 프로젝트를 실험적으로 수행하여 더 나은 환경성과를 경제적으로 효율적으로 수행하고, 이해관계자들과 지역주민들의 참여를 증대시키는 대안들을 모색하는 것을 목적으로 하고 있다. 99년 9월 현재 15개의 XL프로그램이 집행중에 있으며 35개의 XL프로그램이 개발중이다.

파트너십 형성

환경청은 주정부, 지방정부, 원주민, 지역공동체의 지도자, 기업, 시민들과의 강력한 유대관계를 구축하기 위하여 노력하고 있다. 파트너십의 향상을 위한 프로그램으로 이해관계자들의 의사결정에의 참여, 환경청과 주정부 간의 혁신동의, 파트너십 프로그램, 주정부와 원주민에게 융통성 있는 재정지원, 국가환경성과파트너십시스템, 소비자를 우선으로, 규제협상과 동의에 기반한 규칙의 제정, 폐기물프로그램, 33/50프로그램[5] 등이 있으며 지역공동체를 위한 프로그램으로 소규모 지역에 대한 규제준수유인책, 환경청의 지역체 프로그램과 자원, 지역에 대한 위험 분석, 지역을 위한 XL프로그램, 지탱 가능한 발전을 위한 재정지원 등이 있다.

규제준수 촉진

환경규제준수를 보다 용이하게 하기 위한 일련의 노력을 기울이고 있는데 이를 위한 활동들은 중소기업의 규제준수를 위한 유인책의 마련, 중소기업규제준수지원센터(Small Business Compliance Assistance Center)의 마련, 환경지도자프로그램, 산업체에 대한 융통성 있는 규제준수 동의, 감사 정보공개에 대한 유인책의 마련이 추진되고 있다.

관료적 형식주의(red-tape) 철폐

환경규제와 관련된 복잡한 관료적인 절차들과 페이퍼워크를 삭감한다. 이러한 노력들은 환경청 전체적으로는 원스톱 보고, 서류작업부담의 경감, 데이터 전자전송, 각종 환경관련 허가절차 개선팀의 운영, 대기·수질 오염물질 등 여러 종류의 오염물질 배출에 대한 복잡한 개별적인 허가방식을 지양하고 일회의 허가로 모든 매체별 오염물질배출을 허가하는 원스톱 다매체 허가 등을 추진하고 있으며 수질, 대기, 유해성

---

5) 17개 유해 화학물질(벤젠, 클로로포름, 카드뮴·납·수은·니켈과 그 화합물 등)에 대하여 1988년을 기준으로 하여 1992년까지 33%를, 1995년까지 50%의 배출과 이동량 감소를 목표로 한 자발적 프로그램(voluntary program)의 초기 프로그램이다. 환경청의 전통적인 명령강제방식을 보완하여 자발적인 프로그램이 환경목표를 더 빠른 시간 내에 달성할 수 있을 것인지, 그래서 기존의 명령강제방식과 함께 환경성과를 촉진할 수 있을 것인지를 가늠해보기 위한 프로그램으로 시작되었다. 33/50프로그램은 목표를 1994년에 달성하여 목표시한을 1년 앞당겨 달성하였다(EPA 1999b).

화학물질, 폐기물 등에 대해서도 각종 절차의 간소화를 위해 노력하고 있다. 특히 절차의 간소화와 융통성의 증대, 규제부담저감에 초점을 둔 개혁을 추진하고 있다.

환경정보 향상

환경청은 환경정보를 간단하고 이해하기 쉬운 형태로 만들어 주정부, 지방정부, 피규제자와 시민들이 쉽게 접근하여 잘 이해하도록 노력하고 있다. 인터넷의 힘을 최대한 이용하여 환경정보에 대한 대중의 수요를 충족시키고, 대중과 지역공동체가 환경상태와 지역의 환경정보를 모니터링하게 하여 지역주민의 힘을 환경보전에 동원하는 데 최대한 노력을 쏟고 있다.

OECD의 지탱 가능한 발전을 위한 전략

OECD는 지탱 가능한 발전을 위한 목표를 제시하고 이의 집행을 위한 전략을 제안하고 있다. 목표는 첫째, 효율적인 자연자원관리를 통해 생태계를 보전한다. 기후변화 억제, 깨끗한 물의 보전, 생물다양성이 확산되도록 한다. 둘째, 서비스기반 경제로의 이행, 생산성의 향상을 통하여 경제의 성장이 환경부하의 증가를 가져오지 않도록 한다. 셋째, 의사결정을 위한 정보를 향상시킨다. 지표를 이용하여 지탱 가능한 발전의 정도를 측정한다. 넷째, 사회와 환경의 상호작용, 즉 건강과 안전, 도시화, 공간개발, 환경정의, 환경과 고용, 참여와 환경교육 등의 문제에 보다 많은 관심과 자원을 집중한다. 다섯째, 지구적 환경문제에 대한 국정운영을 향상하고 협력을 강화한다. 지구화와 환경문제, 다자간 환경협상의 체결과 이행을 촉진한다.

이상의 여러 정책목적들은 환경관련부서에서만 달성할 수 있는 것이 아니라 다양한 다른 부서들에 의하여 집행되거나 타부서와 긴밀하게 협조할 때 달성이 가능한 정책들이다. 사실 환경정책의 집행은 환경정책 과정에서 가장 취약한 부분이다. 대체로 환경정책의 집행이 문제되는 것은 환경정책의 집행으로 인하여 특정 지역이나 산업부분 또는 특정 사회계층이 다른 부분이나 지역·계층에 비해 더 힘든 부담을 안게 되기 때문이다. 또 고용을 억제하거나 국제경쟁력을 약화시킬지 모른다는 우려 때문이기도 하다. 어떤 경우에는 환경정책의 과학적 기반이나 기술적 기반 그리고 제도적인 능력이 취약하기 때문이기도 하다.

OECD는 환경정책의 집행을 담보하기 위한 전략을 다음과 같이 제시하고 있다. 첫째, 분명하고 실현 가능한 목표를 설정하되 이를 지속적으로 모니터링할 수 있는 신뢰성 있는 지표를 개발하여야 한다. 데이터의 모집과 지표의 개발, 모니터링은 성공적인 정책집행에 필수적인 요건이다. 둘째, 성공적인 집행이 되기 위해서는 대중들뿐 아니라 주요 이해관계자들로부터 지지를 확보하는 것이 중요하다. 이를 위해서는 정책결정의 초기단계에 이해관계자들과의 충분한 정보교류와 토론이 필요하다. 셋째, 정책집행으로 발생할 부정적인 사회적 영향을 최소화하여야 한다. 예를 들면 정책집행이 고용감소나 저소득계층의 부담증가를 가져오게 된다면 이를 완화할 수 있는 조치가 반드시 마련되어야 하는데, 일시적인 보상수단이나 직접적인 보조금의 지급 등은 정책집행을 원만하게 할 수 있게 한다. 넷째, 효과적인 순응장치와 강제장치가 국가적 차원과 국제적 차원에서 마련되어야 한다. 마지막으로, 더욱 분권화되고 협동적인 정책 결정과 집행 체제가 필요하다. 예를 들면 산업체, NGO, 시민들과의 협동적인 정책 결정과 집행은 성공적인 환경정책의 집행을 촉진한다.

6. 맺음말: 녹색정부의 가능성을 위하여

지금까지 우리나라의 발전전략이 변화해 온 과정, 여기서 보여지는 지탱 가능한 발전의 제약요인 그리고 외국의 지탱 가능한 발전을 위한 노력들을 살펴보았다. 우리나라 경제발전과정의 유산으로부터 구조화되고 있는 제약요인들과 세계화의 흐름에서 파생하는 외부적 제약요인들을 극복하지 않고서는, 단순히 영미의 환경체계나 환경프로그램에서 볼 수 있는 정책개선이나 정부조직의 개선만으로는 지탱 가능한 발전을 지향하는 녹색정부를 달성하기란 요원할 것 같다.

일반적으로 부(富)라는 것은 물질이나 재화가 축적된 상태를 의미한다. 그래서 흔히 부는 다양한 물질적 재화의 풍부한 공급과 대량소비를 의미하는 것으로 받아들여진다. 그러나 진실한 부는 전혀 다른 곳에 놓여 있을 수도 있다. 어쩌면 물질적 부라는 것은 우리가 진실한 인간적인 부를 찾기 위한 수단에 지나지 않는지 모른다. 부에 대하여 이렇게 서로 다른 의미를 부여하는 것을 우리는 여러 곳에서 찾아볼 수 있다. 부에 대한 인식이 이렇게 서로 다르다면 어떠한 부를 얻기를 원하는가에 따라 이를 취하기 위한 전략도 달라져야 할 것이다. 경제학자 케이스 그리핀은 통화주의, 개방경제, 산업화, 녹색혁명, 재분배, 사회주의 등 여섯 가지의 발전전략을 구분하고 각 전략의 성과를 비교하였다. 결론은 어느 나라에나 같이 적용될 수 있는 최선의 발전전략이란 없다는 것이었다(Goulet 1995, p. 47에서 재인용).

1995년 덴마크의 코펜하겐에서 개최되었던 사회개발세계정상회의(World Summit on Social Development, WSSD)에서 한국의 발전모델이 다른 개발도상국가의 모델이 될 수 있는가에 대한 논의가 전개되었다고 한다. 의장의 요청에 의하여 발제를 준비한 국제경제성장센터(International Center for Economic Growth, ICEG)는 한국의 모델을 경제성장을 달성하고 빈곤을 극복한 가장 성공적인 케이스라고 평가하였다. 한국정부에서 파견된 대표 역시 한국의 모델을 다른 개발도상국가들에 모범이 되는 성공적인 케이스로 소개하였다. 그러나 민간단체의 대표는 이와 다른 의견을 제시하였다. 민간단체의 대표는 성장우선정책은 경제성장을 가져오기는 하였으나 인권의 보호, 환경보호, 계층간의 소득격차를 그 대가로 치러야 하였으며 이러한 모델을 결코 본받아서는 안 될 것이라는 견해를 피력했다고 한다.

한국이 빈곤을 극복하고 괄목할 만한 경제성장을 달성한 것은 사실이다. 한국은 투자할 자본이 충분하지 않았기 때문에 균형성장전략이 아닌 불균형성장전략을 택할 수밖에 없었으며 산업부문이 농업부문보다 더 많은 이윤을 창출하는 것이었으므로 산업 지향적인 성장정책을 택하였다. 또 한국은 국내시장이 협소하였기 때문에 수출 지향적인 발전전략을 택하였다. 이러한 발전전략의 선택은 그 당시의 시대적 상황으로는 불가피한 선택으로 보인다. 그러나 문제는 우리가 어떤 발전모델을 추구했는가가 아니라 사회경제적인 여건이 변화한 후에도 여전히 기존의 성장우선전략에 집착하였다는 데 있다. 정부의 발전전략은 파이를 크게 하는 데는 성공했으나 커진 파이를 변화된 상황에 맞게 나누는 것에는 실패한 것이다.

발전전략이 변화하는 상황에 맞게 적응하는 데 실패한 데는 많은 이유가 있을 수 있다. 정부관료는 물론 대중의 마음속까지 거의 제도화 (institutionalization) 수준에까지 이른 경제성장주의, 경제력집중으로 인한 기업의 정책형성 및 정책집행에 대한 영향력의 증대, 뚜렷한 국가발전에 대한 비전 없이 정치적 정통성과 정치적 지지를 경제성과에 의존하려 했던 정치인들의 단견이 모두 원인일 수 있다. 사실 경제적인 가치 이외의 다른 가치는 한국의 발전과정에서 심각하게 고려된 적이 거의 없었다. 공익을 위한 비전보다 사익을 위한 비전이 횡행하였고 신자유주의를 기반으로 하는 세계화는 이러한 경향을 더욱 가속화시켰다.

그러나 WSSD에 참여했던 NGO의 대안적 비전에서 선언하고 있는 것처럼 이러한 발전모델은 경제력집중을 가속화시키고 기술의 힘, 제도적의 힘, 식량을 비롯한 중요한 자원에 대한 통제력을 소수의 다국적기업이나 금융기관에게 집중시키는 결과를 낳는다. 또 이러한 발전모델은 "성장하되 직업이 없고, 근로자들의 권리를 약화시키며, 노동조합의 역할을 약화시키며, 환경파괴를 가속화시킬 따름"이다(http://iisd1.iisd.ca/pcdf/1995/cpendecl.htm). 그리고 사회정책의 범주를 사회적 안전망의 구축으로 축소시키고 정부의 가장 근본적인 역할을 축소시킬 따름이다.

결국 우리는 지금까지도 여전히 지배적인 경제발전모델을 근본적으로 재검토하고 지탱 가능한 발전을 위해 우리에게 적합한 모델을 찾아내야 한다. 세계적으로 획일적으로 적용될 수 있는 모델을 찾는 것이 아니라 모든 남녀가 평등하게 참여하는 가운데 새로운 기술은 물론 전통적 지혜로부터도 도움을 받으며 지역 저마다의 필요에 응답할 수 있는 지역적 해답을 찾아내야 하는 것이다.

이를 위해서 세계화에 대응하는 국가정책방향이 우리의 가치체계와 실정에 맞게 새로이 정립되어야 할 것이며, 국가정책기조와 부문별 정책에 대한 국정관리의 기본적인 변화와 파트너십이 형성되어야 할 것이다. 이것은 곧 경제성장우선정책의 방향전환이 필요하며 기업의 사회적 책임성을 제고하기 위한 부단한 노력이 필요하다는 것을 의미한다. 또 경제·환경·사회 부문의 균형적 발전을 지향하는 상생적 지방자치가 실현되어야 할 것이며 지탱 가능한 발전의 중요성에 대한 인식수준을 전반적으로 향상시킬 수 있어야 한다.

그러나 가장 기본적으로는 한국에서 지탱 가능한 녹색정부의 가능성을 높이기 위해서는 다음의 조건이 갖추어져야 할 것이다.

첫째, 발전의 궁극적인 목적을 한국사회의 고유한 가치체계 속에서 새롭게 찾아낼 수 있어야 한다. 우리는 무엇을 위하여 발전하려 하는가? 한국인이 지닌 삶과 죽음의 의미에 대한 이해, 시간과 공간에 대한 믿음 그리고 인간이 우주와 어떤 관계 속에서 존재하는 것으로 인식하고 있는가에 대한 이해 등 우리의 가치체계에 대한 깊은 이해를 통하여 우리가 바라는 이상적인 사회는 어떤 것이고 무엇이 바람직한 삶인가에 대한 뚜렷한 비전을 찾아낼 수 있게 되는 것이다. 새로운 기술이나 아이디어들은 적극적으로 수용되어야겠으나 우리의 고유한 가치체계에 비추어 과연 개인과 공동체의 건전한 발전에 기여할 수 있는가의 관점에서 비판적으로 수용되어야 할 것이다.

둘째, 경제적 지원에 모든 초점이 맞추어져 있는 정부의 역할이 재조명되어야 한다. 이 과정에서 지금까지 등한시된 사회발전과 환경보전에 대한 정부의 역할이 증대되어 경제, 사회, 환경의 세 축이 균형 있게 발전할 수 있도록 정부의 역할이 재조정되어야 할 것이다. 이런 점에서 우리는 앞에서 살펴본 영미의 지탱 가능한 발전을 위한 노력이나 OECD에서 제안하는 정책방향, 그리고 유럽의 각국들이 세계화에 대응하는 모습을 면밀히 살펴볼 필요가 있다. 유럽연합 회원국 15개국 중 영국, 프랑스, 독일을 비롯한 13개 회원국에서는 온건좌파정당이 정권을 잡고 있다. 물론 유럽사회도 1980년 이후 신자유주의에 입각한 개혁을 추진하면서 대규모 산업구조조정, 국가경쟁력을 제고시키기 위한 규제완화를 비롯한 각종 정책을 집행해 나가고 있다. 그러나 신자유주의에 입각한 개혁은 선택적으로 적용되고 있으며 그 과정에서 정부의 힘은 약화되었다기보다 오히려 더 강화되는 모습을 보이고 있다. 구조개혁을 활발하게 추진하면서 경쟁력 강화에 박차를 가하고 있으면서도 개혁과정에서 발생하는 사회적 갈등, 빈부격차의 심화, 사회적 약자에 대한 관심과 배려를 게을리 하지 않고 있는 것이다. 시장기구의 역동적인 힘을 이용한 경쟁력의 강화와 사회적 형평성과 정의를 동시에 구현하기 위하여 노력하고 있다. 유럽국가들의 세계화 방식은 철저하게 자유와 경쟁, 그리고 시장원리에 입각한 영미와는 다른 패턴을 보이고 있는 것이다(안병영 1998a, 21쪽; 1998b).

셋째, 시민사회의 역할이 강화되어야 한다. 정부 각 기관들의 정책형성과 집행 그리고 서비스의 전달이 효과적이었다면, 그리고 의회가 국민의 소리를 제대로 표출해 주었더라면 지금과 같이 많은 시민단체들이 만들어지지는 않았을 것이다. 이제 시민단체는 정부의 행위를 감시하고 잘못된 점을 비판하며 지역주민의 이익을 위한 서비스를 제공하는 중요한 역할을 담당하게 되었다. 뿐만 아니라 시민단체는 세계화의 어두운 측면으로부터 시민과 민주주의를 보호하는 가디언의 역할도 할 수 있다 (안병영 1998b). 근래에 전문적인 인사들로 구성된 독립적인 모임에서부터 종교모임과 시민단체들에 이르기까지 시민사회의 영향력은 급속히 확대되었다. 민주적 정부가 실패한 일을 비정부기구들이 해결하는 사례가 많아졌다. NGO는 정부보다 더 민주적인 경우가 많다. 그러나 좋은 주장이라 하여 소수에 의한 극단적인 주장은 오히려 다수결주의보다 더 큰 해악을 시민들에게 가져올 수 있다는 점 역시 함께 염두에 두어야 한다. 그럼에도 여전히 정책과정에 대한 시민단체의 참여는 제한되어 있다. 정부는 경제정책을 비롯한 모든 정책과정에 시민과 시민단체들의 충분한 참여를 보장하여야 할 것이다. 이것이 가능해지기 위해서는 법적·행정적 장치들이 마련되어야 할 것이다. 정당조직은 정당간의 논쟁에 이익단체들이 충분히 참여할 수 있도록 하는 구조를 만들어야 한다. 정부는 정책결정을 공개함으로써 다수에 의한 정책결정이 되도록 유도하여야 할 것이다.

넷째, 개인의식의 변화——생태적 감수성의 배양과 소비생활패턴의 변화——를 위한 노력이 필요하다. 세계적·국가적·지방적 차원의 제약 속에서 이를 극복하고 지탱 가능한 발전을 달성하는 길은 각 차원에서의 제약의 극복, 조직의 개편, 프로그램의 개선도 중요하겠으나 무엇보다도 중요한 것은 환경의 중요성에 대한 인식수준의 전반적인 향상이다. 지탱 가능한 발전을 위하여 생태계, 대기, 수질, 폐기물 등 분야별 환경정책이 개선되는 것도 중요하겠으나 더 중요한 것은 각종 정책들을 만들어내는 행정구조가 경제와 환경보전을 친환경적으로 통합할 수 있는 구조여야 한다는 것이다. 그러나 이러한 정책구조도 주민과 국민의 식의 반영물이라 할 수 있으므로 가장 중요한 것은 환경의 중요성에 대한 국민의식의 개선이다. 이러한 측면에서 가장 역점을 두어야 할 것은 환경의식 개선을 위한 교육의 지속적인 추진이다. 여기서 환경의식이라 함은 환경의 중요성을 일깨우는 일반적인 교육만이 아니라 자연생태계에 대한 친근감과 생명에 대한 깊은 외경심을 가질 수 있도록 하는 방향으로의 의식변화를 의미한다. 생태적 감수성을 어린 시절부터 체험토록 하여 우리 미래세대가 지탱 가능한 발전에 대한 믿음과 가치관을 기본적으로 가질 수 있도록 교육하는 것이다. 이것은 가장 느린 방법이지만 가장 확실하고 빠른 방법이기도 하다.

다섯째, 중·단기적인 과제들로서는 환경과 경제를 통합적으로 고려할 수 있는 통합적인 의사결정구조의 확립, 이를 촉진할 수 있는 프로그램의 보완, 환경조직의 개편, 중앙과 지방간의 역할분담 등을 생각할 수 있다. 영국의 DEFRA가 녹색정부 운영을 위하여 시행하고 있는 여러 시책들은 우리도 참고할 사항이 많다고 여겨진다.

참고문헌

문태훈 (1992), 「한국 환경보전정책연구」, 『한국정책학회보』 창간호.
_____ (1993), 「한국에 있어서 정부와 기업 간의 관계」, 『한국행정학보』 제27권 2호.
_____ (1999), 『환경정책론』, 형설출판사.
_____ (2001), 「보전과 개발을 둘러싼 중앙부서간의 환경갈등 원인과 저감방안에 관한 연구」, 『한국행정학보』 제35권 제1호.
안병영 (1998a), 「세계화를 다시 생각하는 이유 세계화와 그 신화의 극복」, 『사상』 겨울호.
_____ (1998b), 「세계화의 도전과 민주주의」, 『사회과학연구』, 연세대학교출판부.
_____ (1999), 「한국의 사회복지정책」, 김운태, 『한국정치론』, 박영사.

한국행정학회 (2001), 『새천년 녹색정부 구현을 위한 국가환경행정체계정립에 관한 연구』.

환경부 (2000), 『환경백서』.

_____ (2001), 『2001 지방의제21편람』.

Ahn, Byung-Young and Taehoon Moon (1999), "Reflections on Development and Sustainability, Past and Future: Korean Case," paper presented at the 13th Biennial General Conference, Association of Asian Social Science Research Councils, Seoul.

Bartelmus, P. (1994), *Environment, Growth and Development*, NY: Routledge.

Bender, W. H. (1997), "How Much Food will we need in the 21st Century?," *Environment* March, vol. 39/no. 2.

DEFRA(Department for Environment, Food & Rural Affairs) (2001), *A New Department A New Agenda Aim and Objectives*.

DETR (2000), *Green Minister's Annual Report 2000*.

Eizenstat, S. E. (1998), "The Kyoto Protocol: A Framework for Action," Excerpt of remarks made Feb 11, 1998 before the Senate Committee on Foreign Relations, USIS Information Service.

EPA (1999a), *Project XL Progress Report Intel Corporation*, Office of the Administrator, EPA 100-R-00-005.

_____ (1999b), *33/50 Program: The Final Record*, Office of Prevention and Toxics, EPA-745-R-99-004.

Glio, N. (1995), "Sustainablism and Twelve Other 'Isms' that Threaten the Environment," T. Trzyna ed., *A Sustainable World*, International Center for the Environment and Public Policy, California Institute of Public Affairs.

Goulet, D. (1995), "Authentic Development: Is It Sustainable?," T. Trzyna ed., *A Sustainable World*.

Green Korea United (1999), "Survey Report on Kim Dae Jung Government's Environmental Policy During the Past One Years," Proceedings of Seminar on Establishing National Sustainable Committee and its Operation in Korea, Seoul.

ICLEI (1997), "Local Government Implementation of Agenda21," http://www.iclei.org/la21/la211gov.htm.

Jordan, A. (1998), "The Impact on UK Environmental Administration," P. Lowe and

S. Ward eds., *British Environmental Policy and Europe*, London: Routledge.

Lee, Yong Woo (1991), "Uruguay Round and Restructuring Korean Economy," Yang Woo Jin et. al. eds., *Study on Capitalism,*. Seoul: Ilbbit.

Monro, D. A. (1995), "Sustainability: Rhetoric or Reality?," T. Trzyna ed., *A Sustainble World*.

Novartis Foundation for Sustainable Development (2001), "Sustainable Development and Good Governance," http://www.foundation.novartis.com.

NSO (1998), *Social Indicators in Korea*, Seoul.

_____ (1999), *Major Statistics of Korean Economy*. Seoul.

OECD (2001), *Highlights of the OECD Environmental Outlook*.

Song, Byung-Nak (1997), *The Rise of the Korean Economy* 2nd. ed., NY: Oxford Univ. Press.

The Bank of Korea (1998), "The Korean Economy," http://bok.or.kr.

Vogel, D. (1986), *National Styles of Regulation Environmental Policy in Great Britain and The United States*, Ithaca: Cornell Univ. Press.

녹색국가의 전망

구도완[*]

1. 머리말

우리가 바라는 나라는 어떤 나라인가? 이런 질문에 대해 1970년대 우리 국민들은 "온 국민이 잘먹고 잘사는 나라"라고 대답했을 것이다. 그래서 "잘살아보세"라는 새마을노래가 전국 방방곡곡에 거의 10년 가까이 울려퍼졌을지도 모른다. 그러나 21세기의 벽두인 2002년에 국민들에게 물어본다면 그 대답은 크게 달라질 것이다. 일자리, 소득재분배, 교육, 남북화해, 여가, 반부패, 복지, 환경보전 등 국민들의 관심은 인구수만큼이나 다양하게 나타날 것이다. 21세기 국가는 20세기의 국가와 달리, 경제성장이라는 목표를 달성하기 위해 군사작전하듯이 국민들을 동원할 수 없는 구조적 조건 아래 놓여 있다. 국가가 추구해야 할 목표

---

[*] 한국환경정책·평가연구원

와 정당성의 근거가 다원화되었을 뿐 아니라 국가중심의 체계에서 국가와 시민사회가 소통하는 체계로 전환되었기 때문이다.

그 변화의 중요한 구조적·주체적 조건 가운데 하나가 바로 환경문제와 환경운동이다. 폰 바이츠제커(E. U. von Weizsäcker)는 21세기는 "스스로 현실주의자라고 부르고 싶은 사람은 누구나 자신의 행동방식을 환경보전에 기여하는 것으로 정당화하지 않을 수 없는" 환경의 세기라고 말했다(바이츠제커 1999, 23쪽). 이 말은 우리의 주체적 의지와 관계없이 물리적 환경이 우리의 생존과 안보를 결정짓는 시대가 도래했다는 것을 의미한다. 미국의 부시행정부가 사실상의 온실가스 배출량을 늘리는 계획을 발표하는 동안 태평양의 섬나라 투발루 사람들은 해수면 상승으로 인해 영토포기를 선언했다. 기후변화는 장기적으로는 미국인의 삶에도 직접적인 영향을 미치는 실질적인 문제가 될 가능성이 매우 높다. 이제 지구환경문제는 경제문제이자 안보문제로서 국가의 개입을 요구하고 있다.

이 글은 전통적인 국가론으로는 접근하기 힘든 환경위기문제를 녹색국가라는 탐색적 개념을 통해 접근해 보고자 한다. 자본주의 국가이자 발전국가로서 한국의 20세기 국가의 특성을 살펴보고 대안적인 녹색국가를 유형화해 본다. 이러한 개념을 바탕으로 우리나라의 환경정책의 성과와 한계를 검토한 후 새로운 녹색국가의 비전을 전망하는 것이 이 글의 목표이다.

여기서 녹색국가란 민주주의와 환경주의 혹은 생태주의를 통합하는 국가이다. 정의와 형평성, 복지, 평화와 같은 사회적 가치와 생태적 합리성이라는 생태적 가치를 함께 지향하는 국가가 그것이다. 국가를 녹색으로 바꾸는 것은 시민사회와 경제의 녹색화와 긴밀히 연관되어 있다. 이를 위해 나는 녹색연대의 전략을 제시하고자 한다.

2. 녹색국가의 개념

근대국가: 자본주의국가 · 발전국가

근대국가론은 크게 다원주의 국가론, 마르크스주의 국가론, 제도주의 국가론으로 나누어볼 수 있다. 다원주의자들에 의하면, 권력과 자원은 널리 분산되어 있고 이것은 이익집단에 의해 효과적으로 표출된다. 다원주의의 관점에서 보면, 정부가 수립하는 공공정책이란 시민들과의 협상과 조정 과정의 산물이다. 이러한 다원주의 국가론은 이익집단이 잘 조직되어 있고 이들의 이해관심이 제도를 통해 비교적 잘 실현되는 사회를 설명하는 데 유용한 이론이다. 그러나 다원주의자들은 이해관계의 조정과 타협 뒤에 있는 권력의 불균형과 이익집단 형성능력의 차이를 무시했다는 비판에서 자유롭지 못하다. 한국의 국가처럼 오랜 기간 절차적 민주주의, 사회적 민주주의, 경제적 민주주의가 제대로 이루어지지 못한 국가에서 다원주의 국가론은 그 현실적합성이 매우 취약하다.

마르크스주의 국가론의 관점에서 본다면, 국가는 자본가계급의 국가로서 자본가계급의 이익을 반영하고 대변하는 기구에 불과하다. 마르크스주의 국가론은 국가가 지배계급의 도구라고 주장하는 도구주의적 국가론과 국가의 상대적 자율성을 강조하는 구조주의 국가론 등 다양한 형태가 있다.

한국의 환경문제를 자본주의 국가론의 관점에서 분석한 연구로는 최병두의 연구를 들 수 있는데, 최병두에 의하면 자본주의 국가는 "경제체계에 의해 물적으로 조건지어지지만, 국가는 이러한 조건 아래에서 자신의 역할을 수행함으로써 경제적 하부구조에 일정하게 반작용하여 전반적 사회체계의 유지 또는 전환을 위해 어떤 영향력을 행사할 수 있는 '상대적 자율성'을" 가진다. 즉 자본주의 사회경제발전과 함께 환경문제가 심각해지고 이에 따라 이러한 문제를 해결하기 위한 국가의 개입이 증대된다는 것이다. 그러나 "경제・사회적 발전은 점점 더 많은 자원과 환경을 요구하지만, 생태환경의 부담능력은 오히려 점점 더 감소하고 있다는 점에서, 이들은 상호 모순적 관계에 빠지게 된다".[1]

한국의 국가는 자본주의 경제체계를 재생산하는 정치체계이지만 서구자본주의 국가와는 다른 여러 가지 특성을 갖고 있다.[2] 한국국가의 특성을 설명하는 제도주의적 설명으로 우리는 발전국가론(developmental State)을 주목할 필요가 있다. 에번스(P. Evans)를 비롯한 발전국가론자들은 동아시아 경제성장의 요인을 '국가중심적 국가관'에 입각하여 설명하는데, 이들에 의하면 국가에 의한 효율적인 산업정책의 입안과 집행이 급속한 경제성장과 구조분화를 가져오는 데 크게 기여했다. 여기서 국가는 시민사회로부터 자율적인 특성(embedded autonomy)을 갖는다(임현진 2001, 85~86쪽). 발전국가론의 이론적 명제는 한국, 대만 등 동아시아국가들은 경제발전에 정책의 최우선을 두었고 이 목표를 성취하기 위해 국가는 적극적으로 시장에 개입하였고, 자원의 전략적 할당과 다양한 정책도구를 통해 민간부문을 지도하고 규율하며 조정하였다는 것이다. 이러한 국가의 전략적 개입과 성공은 정치적・사회적 압력으로부터 자율적인 합리적이고 유능한 관료들에 의해 보증되었다고 본다.[3]

---

1) 최병두 1999, 127~37쪽. 최병두는 김영삼정부와 김대중정부의 정책이 신자유주의에 기반하고 있다고 본다(같은 책, 138~39쪽). 세계적으로 볼 때, 1970년대 이후 서구의 경제 후퇴로 인하여 케인스주의 복지국가모델이 심각한 도전을 받고 80년대 이후 신자유주의 경향이 크게 강화되어 온 것이 사실이다.
2) 최장집은 한국의 국가를 "자본주의적 생산체제를 갖는 분단된 국민국가"라고 정의하면서 이 국가는 외생적 성격을 강하게 띠며 사회의 발전정도에 비하여 통치기구로서의 국가의 비대화라는 특징을 갖는다고 분석한다(최장집 1996, 47쪽). 분단이라는 역사적 조건은 민주화에 대한 억압과 강력한 권위주의 국가형성으로 이어졌다. 그러나 해방 이후 민주주의를 위한 여러 사회경제적 조건이 미성숙된 가운데 미군정에 의해 보통교육제도와 보통선거권이 도입되고 이러한 조건을 바탕으로 이른바 '조숙한 민주주의'가 형성되었다. 최장집에 의하면 이러한 역사적 조건들이 4・19혁명, 1987년 6월항쟁 등이 일어난 구조적 조건들이다.
3) 윤상우 2001, 159쪽. 발전주의 국가론은 한국 등 동아시아 후후발자본주의 국가들의 '발전'의 원인을 설명하는 데 유용성을 갖는다. 그러나 발전국가론은 지구화된 세계경제 속

이 글에서 우리가 주목하고자 하는 것은 권위주의적 발전국가의 뒷면에 민주주의의 억압과 함께 환경문제의 심화라는 또 다른 차원의 문제가 있다는 사실이다. 환경문제의 심화는 발전국가의 압축적 공업화전략의 필연적인 결과이다. 따라서 환경문제의 근본적인 해결은 발전국가의 특성을 변형할 때 가능하다. 이 때문에 우리는 대안적인 국가의 이념형으로서 녹색국가를 검토해 볼 필요가 있다.

녹색국가

녹색국가란 무엇인가? 전통적인 국가론의 관점에서 녹색국가를 정의하는 것은 쉽지 않다. 국지적인 환경문제나 전지구적 환경위기가 국민국가의 중요한 정치적 의제로 다루어진 것이 그리 오래 되지 않았고, 전통적인 근대국가는 환경문제를 여러 문제 가운데 하나의 문제로 인식하고 대응하기 때문이다. 경제성장과 인간중심적 욕구실현 자체가 조직의 목표인 근대국가에 녹색이라는 형용사를 붙이는 것 자체가 형용모순이라고 볼 수도 있다. 조명래(2001)는 국가론 자체가 "사회과학의 담론 중에서 그 어느 것보다 인강중심적이며, 그런 만큼 반생명적이고 반녹색적"이라고 본다. 그는 녹색국가를 "자연법사상에 의해 인간의 자연권을 위임받아 인간 전체의 공동체적 안녕을 도모하는 근대국가의 역할을 확대시켜 비인간종의 자연권을 위임받아 인간뿐 아니라 비인간종의 공동체적 안녕을 함께 도모하는 후대 근대국가의 한 전형"으로 정의했다. 그에 의하면 녹색국가는 생태무정부주의 국가에서부터 녹색다원주의 국가에 이르기까지 다양한 유형이 있다.

문순홍(2001)은 녹색국가에 대한 다양한 이론적 논의들을 검토하면서

에서 보호주의가 더 이상 가능하지 않은 시점에서 현실적합성이 약화된다. 배태된 자율성이 심각한 위협을 받는 조건 속에서 발전국가는 경쟁국가로의 전환을 요구하는 세계체제의 변화에 직면할 수밖에 없다(임현진 2001, 86쪽).

녹색국가를 국가의 목표와 권력의 주체에 따라 두 가지로 나누어 정의한다.

필자는 '지탱 가능한 발전을 추진하는 국가'로서의 녹색국가를 '인간존재의 조건변화로 인해 생태중심성과 인간중심성 그 사이에서 인간복지와 생태복지를 동시에 추구하는 국가'로 유형화한다. 그리고 권력과 정치주체 개념의 변화로 녹색국가는 '그 특성이 시간과 장소에 따라 변화하는 구체적이고 역사적인 구조들과 행위자들로 구성된 국가'로 이해한다. (같은 글)

이어서 그는 약한 녹색국가(최소한의 정의)와 강한 녹색국가(최대한의 정의)를 구분한다. 약한 녹색국가는 "'환경부담의 관리를 진지하게 떠맡는 국가'이면서 기존 국가체계에 어떤 형식으로든 '환경주의자들'을 참여시킨 국가이다." 반면 강한 녹색국가는 "이해당사자들이 참여할 수 있는 민주적 과정과 절차를 시민사회 내에 마련하고 이에 터해 스스로를 변형시키는 국가"이다. 다시 말하면 약한 녹색국가는 '환경주의자'들의 참여를 바탕으로 환경을 효율적으로 관리하면서 경제성장과 환경보전의 조화를 지향하는 국가라 할 수 있으며, 강한 녹색국가는 시민사회의 참여를 보다 활성화하면서 국가의 사회적 성격을 강화하고 대안적 경제, 사회구조를 지향하는 국가라 할 수 있다.[4] 이외에도 생태절대주의 국가와 생태자치연방이라는 이념형도 제시하고 있는데, 우리는 이러한 논의를 바탕으로, 지배유형과 환경정책유형을 기준으로 해서 국가유형을 다음과 같은 〈표〉로 분류할 수 있다.

권위주의적 발전국가는 경제성장을 국가의 최고목표로 지향하면서 민주주의를 억압하고 효율적인 관료체제를 동원하는 국가를 말한다. 반면 민주적 발전국가는 민주주의를 발전시키면서 경제성장을 통한 국가

---

[4] 시민사회 참여의 형태와 정도에 따라 강약을 구분하는 것은 오해를 불러일으킬 수 있다고 본다. 시민사회의 참여가 많으면서도 집행능력이 약한 국가도 있을 수 있기 때문이다.

〈표〉 국가유형

환경정책 유형 \ 지배유형	권위주의	민주주의
경제중심	권위주의적 발전국가	민주적 발전국가
경제-환경 조화	권위주의적 환경관리국가	민주적 환경관리국가
환경중심	생태권위주의(파시즘) 국가	생태민주주의 국가

경쟁력을 추구하는 국가를 말한다. 권위주의적 발전국가와 민주적 발전국가는 지배유형에서는 큰 차이점을 보이지만, 경제성장이 국가의 주요 목표라는 점에서는 매우 유사한 특성을 갖는다.

그러나 20세기 후반 환경문제가 전지구적인 관심으로 확산되고 정치·사회적 의제가 되면서 국가는 이 문제에 대응하지 않을 수 없게 되었다. 권위주의적 환경관리국가는 경제성장에 정책의 우선순위를 두면서 환경문제를 권위주의적 지배 아래서 관리하는 국가라고 정의할 수 있다. 반면 민주적 환경관리국가는 지탱 가능한 경제성장을 위해 민주적 지배를 통해 환경을 관리하는 국가이다. '지탱 가능한 발전'은 이 두 유형의 국가에서 지배적인 담화로 소통되고 이용된다. 물론 경제중심성이 강한 국가일수록 '지탱 가능한 성장'이 담화에서나 정책 속에서 구체적으로 실현되는 경향을 보인다.

우리는 앞의 네 가지 유형의 국가와 달리, 인간중심주의를 넘어서 생태중심주의적인 철학과 정책을 가진 이념형으로서의 국가를 생각할 수 있다. 생태권위주의 국가 혹은 생태파시즘 국가는 권위주의적 지배를 통해 환경보전과 생태계의 균형을 추구하는 국가를 말하는데, 하일브로너(Heilbroner)가 본 것처럼 민주주의를 통한 환경보전의 어려움을 깊이 인식할수록 생태권위주의 국가에 대한 기대가 커질 것이다. 이에 반해 생태민주주의 국가는 민주적 지배를 통해, 인간중심주의를 넘어서 생태계의 균형과 인간의 복지를 함께 고려하는 국가를 말한다. 이러한 국가는 경제성장을 위해 환경을 관리하는 것이 아니라 환경과 자연생태계 그 자체에 내재적 가치를 부여한다. 따라서 생태민주주의 국가는 생태계의 균형 자체가 국가의 주요한 정당성 근거이기 때문에 전통적인 국민국가의 영토 범위를 넘어서는 이해관심을 갖는다. 왜냐하면 지구 전체가 전지구적인 위험사회로 전화하면서 현대사회의 안보개념의 범위가 훨씬 넓어지기 때문이다.

나는 6개의 국가유형 가운데 민주적 환경관리국가와 생태민주주의 국가만을 녹색국가라고 부르고자 한다. 그 이유는 '녹색'이라는 소리(기호표현, signifier)는 '민주주의와 환경의 통합'이라는 의미(기호의미, signified)와 연결되어 현실역사 속에서 사용되어 왔을 뿐 아니라[5] 그것이 정치적으로 올바르기 때문이다. 환경이라는 가치가 아무리 중요하다고 하더라도 폭력과 억압을 통해 생태권위주의 국가를 건설하는 것은 정치적으로 올바르지 못하다.

녹색국가는 누가 지배하는가? 민주주의의 확장을 통한 국가와 시민사회의 소통과 균형을 통해 녹색국가는 억압과 지배의 주체가 아니라 자율과 관리의 담지자가 된다. 녹색국가는 무엇을 위한 국가인가? 인간 복지와 형평성, 사회통합이라는 인간중심적 가치와 생태계의 균형, 생물종의 종으로서의 권리를 배려하는 비인간중심주의적 가치를 함께 추구하는 국가가 녹색국가이다. 이렇게 볼 때 민주적 환경관리국가는 짙푸른 녹색이 아닌 것이 분명하다. 반면 생태민주주의 국가는 국민들의 토론과 합의를 통해 녹색을 더욱 짙게 만들어가는 국가이다. 생태민주주의 국가가 생태적 가치를 실현하면 할수록 국가의 억압적 성격은 점차 약해지고 생태 아나키와 공동체는 더욱 풍요롭게 성장할 것이다.

---

5) 독일의 녹색당이 그 전형적인 예가 된다.

3. 한국국가의 특성: 발전국가의 구조변동

박정희정부는 경제성장에 대한 광범한 이데올로기 동의에서 그 정당성의 근거를 찾았다. '빈곤의 악순환'을 깨고 근대화를 이루기 위해서는 '공해'는 불가피한 부산물이라는 이데올로기가 국가는 물론 국민들에게도 널리 내면화되어 있었다. 해방 후 1987년 이전까지 한국국가의 특징은 억압의 과잉동원, 급속한 자본주의화 그리고 돌진적 산업화로 요약할 수 있다. 이에 따라 사회통합의 훼손과 환경파괴 및 이로 인한 정당성위기가 일상화되었다. 이렇게 볼 때 60년대부터 1987년까지 한국의 국가는 자본주의 국가이면서 권위주의적 발전국가라고 볼 수 있다.

이러한 구조는 1987년 이후 커다란 변화를 겪게 되었다. 1987년 이후 자본주의화와 산업화는 일관되게 진행되었으나, 국가의 억압은 점차 약해지고 정치적 기회구조는 크게 개방되기 시작했다. 열린 정치적 기회구조 아래, 시민사회가 새롭게 형성되고 정당성을 획득해 나가기 시작했다. 경실련, 공해추방운동연합(환경운동연합의 전신), 배달환경연합(녹색연합의 전신) 등 시민운동조직들은 취약한 정치사회의 빈 공간을 메우면서 급속히 세력을 확장시킬 수 있었다. 90년대 이후 우리나라 민주주의는 진퇴를 거듭하면서 지속적으로 발전했다. 그러나 민주주의의 발전은 20세기 말 이후 전세계를 지배해 온 세계화의 물결 속에서 커다란 제약을 받을 수밖에 없었고, 따라서 1990년대 이후 한국의 국가는 자본주의 시장경제 속에서 국민국가의 경제성장을 위해 민주주의를 제약하는 경쟁국가의 속성을 강하게 가지게 되었다.[6]

민주주의 발전과 함께 환경정책은 꾸준히 발전했다. 1987년 이후 노태우정부는 급진적인 노동운동과 통일운동, 학생운동에 대해서는 억압을 유지하면서, 상대적으로 온건한 시민운동과 환경운동을 체제 안으로

---

6) 노동의 유연성 제고, 산업구조조정, 노동운동의 억압 등과 같은 1990년대 정책기조는 경쟁국가의 속성을 잘 보여준다.

포섭하는 전략을 폈는데, 1990년 환경처 승격과 환경원년 선언 등은 노태우정부의 이 같은 방향을 잘 보여준다. 그후 김영삼정부는 환경처를 환경부로 승격시키고 '환경대통령선언'을 통해 환경정책 강화를 천명했으며, 김대중정부는 2000년 '새천년 국가환경비전선언'을 통해 환경정책의 강화를 천명하는 것과 아울러 동강댐 백지화와 대통령자문 지속가능발전위원회의 설립을 선언했다.

이런 역사를 볼 때, 1987년 이후 자유화・민주화 과정을 거치면서 국가의 환경정책은 크게 개선되었다고 평가할 수 있다.[7] 그러나 90년대 한국국가가 발전국가가 아닌 새로운 국가형태로 전환했다고 보기는 어렵다. 왜냐하면 90년대 들어와서 민주주의를 진전시키면서 환경문제를 정치적이고 정책적인 의제로 채택했지만 환경과 경제정책을 효과적으로 통합하지 못했고 여전히 경제중심의 정책기조를 유지했기 때문이다.

4. 20세기 한국 환경정책의 평가

환경의 질

우리가 새로운 녹색국가의 비전을 갖기 위해서는 과거의 정부정책을 올바로 평가하는 것이 필요하다. 한국의 환경정책은 우리나라의 환경의 질을 개선하는 데 성공했는가? 정책은 수립과 시행 사이에 미끄러짐(slippage)이 생기기 때문에 의도하지 않은 결과가 생기는 경우가 많다. 그러나 정책의 수요자 입장에서 보면 환경의 질이 얼마나 좋아졌는지가 가장 중요한 평가척도가 될 것이다.

---

[7] 이러한 변화는 환경문제에 민감한 도시 신중간계급의 확산과 깊은 관련이 있다. 젊고 교육받은 중간계급들은 보다 높은 삶의 질의 핵심으로 맑은 공기, 맑은 물, 아름다운 자연을 향유할 권리를 적극적으로 요구하게 되었다. 국가가 이러한 기본욕구를 충족시키지 않는 한 정당성의 위기를 겪을 수밖에 없는 구조변동이 일어나게 된 것이다.

우리나라는 좁은 국토에 많은 인구가 도시에 집중적으로 모여살면서 에너지와 자원 사용이 많은 중화학공업에 크게 의존하는 경제구조를 갖고 있기 때문에, 구조적 조건이 매우 열악하다고 할 수 있다. 이러한 열악한 상황은 세계경제포럼 환경태스크포스 연구진의 환경지속가능성지수(Environmental Sustainability Index, ESI) 연구에서 극단적으로 나타났다. 연구진들은 2001년에 시범적 연구를 한 후, 지수의 내용을 크게 바꾸어서 2002년 초에 142개국의 ESI 비교치와 아울러 이들의 환경정책 개선성과를 보여주는 환경성과지수(Environmental Performance Index, EPI)를 발표했다(www.ciesin.columbia.edu).

환경지속가능성지수는 그 나라의 천혜의 자연자원, 환경상태 그리고 미래 환경문제에 대응할 수 있는 능력을 설명해 주는 장기적인 지표로서, 환경의 질과 오염부하 정도, 인간 취약성, 사회·제도적 능력, 지구 환경문제 기여도 등 5개 분야의 변수로 구성되어 있으며 환경문제를 비롯하여 사회·경제적인 종합적 지속 가능성을 평가하는 횡단적(cross sectional) 지표이다. 이 조사에서 핀란드와 노르웨이, 스웨덴, 스위스, 오스트리아 등 북유럽국가와 알프스산맥 주변국가들이 높은 성적을 얻었고, 한국은 136위로 평가되었다. 그 나라의 객관적인 환경의 질과 자연적인 조건, 경제구조 등 여러 요인을 종합한 지수이기 때문에, 우리나라처럼 좁은 국토에서 에너지와 자원을 집약적으로 사용하는 산업구조를 가진 국가가 나쁜 평가를 받을 가능성이 높은 지표임에 틀림없다.

한편 연구진들은 올해 처음 시범적으로 실질적인 환경개선성과를 측정하는 EPI지수도 발표했는데, EPI지수는 대기, 수질, 토지보전(보호구역·매립·재활용), 기후변화 네 분야에서 환경이 실질적으로 얼마나 개선되었는지를 설명해 주는 종단적 변화(longitudinal) 지수이다. 환경의 현황과 개선정도를 함께 평가하는 이 지수는 "환경문제를 관리하려는 노력을 정확히 집중적으로 평가할 수 있게 해주고, 정부가 분명히 책임이 있는 부분을 측정한다"고 연구진들은 말하고 있다. 여기서는

OECD국가들 중 비교 가능한 자료가 있는 23개국을 비교했는데, 한국은 15위로 평가되었다. 구체적으로 대기, 수질, 토지보전 등의 분야에서 한국은 객관적인 환경의 질은 중간 혹은 열악한 편이었으나 개선성과는 전반적으로 좋은 것으로 평가되었다.

2002년 세계경제포럼 환경태스크포스의 ESI지수는 지수의 일관성, 타당성, 자료의 신뢰성[8] 등의 문제가 있음에도 불구하고 한국의 객관적인 환경의 질과 경제구조가 매우 열악하다는 점을 보여준다.[9] 그러나 또 한편 EPI지수 평가에서 볼 수 있듯이 1980년대 이후의 환경정책이 환경의 질을 실질적으로 개선시킨 점도 중요하게 평가해야 한다.

이러한 연구결과는 기존의 연구결과와도 일치되는 부분이 있다. 김지현(Kim 1999)은 우리나라의 급속한 경제성장이 환경에 미친 영향을 파악하기 위해 환경과 경제성장 사이에 역전된 U자형 관계가 한국에서 나타나는지를 경험적으로 검토하였다. 1980~95년 한국의 경제성장과 환경오염의 관계를 연구한 결과, 정부정책의 차등성 때문에 오염물질별로는 일부 개선된 성과를 보이지만 종합적인 환경압력지수로 평가했을 때는 한국에서는 경제성장이 환경에 부담으로 작용했다고 밝혔다.

한 나라의 환경상태를 모두 종합하여 하나의 지표로 만들고 그것을 바탕으로 환경정책의 성공과 실패를 평가하기는 매우 어려운 일이다. 왜냐하면 서로 다른 차원의 여러 가지 문제를 하나의 차원으로 환원시킬 때는 정보의 왜곡이 생기기 때문이다. 김지현이 적절히 지적했듯이 그 동안 정부정책에 따라 환경의 질이 부분적으로 개선된 사례도 적지 않다. 대기질의 경우, 그 동안 정부가 저유황유 사용정책을 꾸준히 추진

---

8) 이 연구는 누락자료(missing data)를 통계적 추정방법을 사용하여 추론한 경우가 많았고 한국의 경우 환경영향평가제도가 없는 것으로 평가하는 등 자료상의 오류도 있다.
9) 우리 경제구조가 에너지, 비료와 농약을 많이 사용하고 오염물질과 온실가스를 많이 배출하는 체제로 계속되는 한 장기적인 ESI지수를 개선하기란 매우 힘든 일이다. 지탱 가능한 발전을 이루기 위해서 환경부의 환경정책만으로는 한계가 매우 많다. 국가의 우선순위를 재조정하고 경제구조와 사회구조를 녹색으로 바꾸어야만 실질적인 지탱 가능성을 높일 수 있다.

한 결과 90년대 들어서 대도시의 이산화항(SO_2) 오염도는 낮아지는 경향을 보이며 총부유먼지 역시 비슷한 결과를 보인다(환경부 2001, 329~33쪽). 그러나 자동차 대수의 급증으로 질소산화물, 미세먼지, 오존 등의 오염도는 나빠지고 있다. 생화학적 산소요구량(BOD)을 기준으로 4대강의 수질변화 추이를 보면, 이 역시 그간 정부가 하수처리장 건설 등에 많은 예산을 투입한 결과 영산강을 제외한 낙동강·한강·금강의 경우 90년대 중반 이후 점차 개선되는 성과를 보이고 있으며(같은 책, 411쪽), 폐기물발생량 역시 1995년 쓰레기종량제의 시행 이후 생활폐기물의 발생량이 크게 줄고 재활용률은 크게 높아졌다. 하지만 산업폐기물의 발생량은 계속 증가하는 경향을 보인다(같은 책, 598쪽; Ku 2000, pp. 107~10).

OECD국가들의 경우 자원효율성의 개선에도 불구하고 생산과 소비의 총량 증가 때문에 생산단위당 자원효율성 향상이 큰 효과를 보이지 못하고 오히려 대부분의 지역에서 여전히 환경이 악화되고 있는데(OECD 2001, p. 22), 우리나라의 환경의 질 역시 이와 크게 다르지 않다. 적지 않은 예산투입과 정책개발로 하천의 수질이 점차 개선되고 있음에도 불구하고 유역 전체의 수질을 고려하지 않은 과도한 개발로 인해 오염부하는 줄어들지 않고 있다. 대기질 역시 자동차통행량의 증가 때문에 이산화질소, 일산화탄소, 오존 등이 증가하고 있을 뿐 아니라 대도시의 경우에는 오존주의보 발령일수가 계속 늘어나고 있다. 결국 한국의 환경정책은 부분적인 성과를 이루는 데는 성공했으나 경제의 지속적인 성장이 환경에 미치는 부담을 상쇄할 만큼 성공적이지는 못했다고 결론지을 수 있다.

국민들의 환경문제 인식

환경정책의 성공과 실패를 평가하는 또 하나의 방법은 국민들이 환경문제를 얼마나 심각하게 생각하고 정부의 정책에 대해 얼마나 만족하는가를 분석하는 것이다. 1986~2000년에 다섯 차례에 걸쳐 실시한 조사에서 "환경문제를 얼마나 심각하게 생각하는가"라는 질문에 대해 국민의 약 90%가 환경문제를 매우 심각하게 생각하는 것으로 확인되었다. 그리고 정부의 환경정책에 대한 평가의 경우에는 1982년과 87년의 조사에서는 부정적인 평가가 각각 24%와 32%였으나 1996년과 97년, 2000년의 조사에서는 46%, 51%, 58%로 높아지고 있다(구도완 1999; 환경부 2000a).

이러한 정부정책에 대한 불만의 증가는 환경주의 가치관의 확산과 깊은 관련을 갖는다. 질문의 내용이 다르기 때문에 신중한 해석이 필요하지만, 1990년대 들어 환경중심의 가치관이 널리 확산되는 경향을 확인할 수 있다. 1982년과 87년 조사에서 '경제성장과 환경보전의 조화'에 대한 지지율이 각각 70%와 89%인 데 비해, 1992년 조사에서는 이에 대한 지지율은 29%로 떨어지고 대신 '환경보전을 더 중시'하는 사람은 52%로 늘었다. '경제발전 속도보다 환경문제 개선을 우선하는 데 찬성'하는 비율은 1996년 조사에서 86%, 97년 78%, 2000년 90%로 나타났다. 이렇게 볼 때 적어도 일반적인 가치판단에서는 환경보전의 중요성을 더 높이 평가하는 환경주의적 가치가 우리 사회에 일반화되었다고 할 수 있다.[10] 객관적인 환경의 질은 획기적으로 개선되지 못하고 있는 반면, 국민들의 환경에 대한 욕구는 지속적으로 높아지는 상황이 바로 한국 환경정책의 객관적인 조건이다.

---

10) 그러나 일자리, 직접적인 개발이익 등 특정 집단의 직접적인 자기 이해관심과 관계될 때에는 환경보다 경제적 이익이 우선되는 경우가 많다. 개발제한구역 해제를 위한 이익집단의 활동, 댐건설을 지지하는 주민활동 등이 그러한 예이다.

환경정책의 문제점

그러면 우리나라 환경정책이 이렇게 부정적인 평가를 받게 된 원인은 무엇인가? 그 첫번째 원인은 발전국가의 구조적인 특성 때문이다. 유능한 군부엘리트와 관료엘리트의 결합을 바탕으로 한 발전국가는 그 자체가 개발의 주체이면서 시민사회의 성장을 배제했기 때문에 스스로를 견제하고 균형을 잡을 수 있는 환경정책의 수립은 구조적으로 매우 어려운 일이었다.

이러한 구조적인 문제점은 한편으로 1980년대 이후 환경오염사건이 빈발하고 다른 한편 1987년 이후 정치구조가 변화하면서 변화를 보이게 되었다. 정치적으로 시민사회가 성장하고, 경제적으로는 3저호황 이후 상대적인 경제적 안정을 얻었으며, 사회적으로 신중간계급이 급속히 성장하였다. 이와 함께 국가는 국민의 생활을 보호하기 위해 적극적인 환경정책을 취해야 할 조건에 놓이게 되었고, 이것은 1980년의 환경청 설립, 1990년의 환경처 승격, 1994년의 환경부 승격 등과 같은 제도적인 변화로 표현되었다.

그러나 후후발자본주의 국가로서 세계화된 경제체계 아래 경쟁국가체제를 유지해야 하는 한국은 케인스주의적 복지국가의 목표를 추구하는 한편으로 궁극적으로는 경제성장을 지속적으로 추구할 수밖에 없는 구조적 조건에 놓여 있다. 따라서 환경정책은 이러한 구조적 조건의 영향을 받아 경제성장을 위한 자원의 원활한 공급과 환경문제의 사후적 해결에 초점이 맞추어져 있었다.

발전주의 국가의 정책이 갖는 여러 가지 실질적인 문제점들 가운데 가장 중요한 것은 주요 정책결정과정에서 환경이 사전에 충분히 고려되지 않는다는 점이다. 1982년에 시작된 환경영향평가제도는 개발사업의 환경적인 영향을 예측하고 줄이는 데 큰 기여를 했다. 그러나 이 제도는 평가대상이 개발사업에 국한될 뿐 아니라 평가시기도 대부분 실시계획

승인 전에 이루어져 이 제도를 통해 개발사업의 사회경제적·환경적인 타당성을 충분히 검토하고 필요할 경우 이를 취소하기에는 한계가 많다. 시화호, 새만금, 동강댐 등 많은 사업이 환경에 미치는 영향을 충분히 고려하고 사회적 합의를 이룬 후에 진행되지 않았기 때문에 많은 사회적·환경적 비용을 치러야 했다.

이러한 문제점은 발전국가의 전형적인 특징으로서 경제부처에 비해 환경부의 영향력이 낮은 것과도 관련이 있다. 환경부의 위상과 영향력은 꾸준히 높아져 왔지만, 정부의 중요 정책결정에 미치는 환경부의 영향력은 여전히 제한되어 있다.[11]

2000년에 도입된 사전 환경성검토제도는 환경영향평가 대상사업보다 더 규모가 작은 개발사업과 행정계획에 대해 더 이른 시점에 환경성을 검토한다는 점에서 중요한 의미가 있다. 이 제도시행으로 지방자치단체 등의 개발계획의 많은 부분이 수정·보완되거나 취소되는 성과를 거두고 있다. 그러나 이 제도는 제재수단이 명확하지 않을 뿐 아니라, 국가의 에너지정책·수자원정책·국토개발정책 등 장기적이고 핵심적인 정책들을 검토대상에 포함하고 있지 않는 한계를 갖고 있다.[12]

둘째로, 발전국가의 정책은 경제성장을 위해 자원공급 중심으로 결정되고 집행된다. 압축적 공업화를 이룬 우리나라로서는 자원을 효율적으로 공급하는 일이 매우 중요한 일이었다. 물이 부족하면 댐을 짓고, 땅이 부족하면 간척을 하고, 길이 막히면 도로를 건설하는 일이 국가의 주요 임무였다. 초기 발전국가로서 이러한 정책은 불가피한 측면이 있었지만 오늘날 환경용량이 취약한 우리나라로서는 공급중심의 정부정책은 난개발을 비롯한 많은 문제점을 낳았다.

셋째로, 20세기 정부의 환경정책은 사후관리 중심이었다. 이러한 한

---

11) 환경정책이 다른 국가정책과 통합적으로 이루어지기 위해서 에너지와 국토관리, 수자원, 산림관리 등의 기능을 환경부로 통합하여 환경·국토·에너지부를 부총리급으로 신설하는 것도 한 방법이다.
12) 대통령자문 지속가능발전위원회는 앞으로 국가계획에 대한 환경성 검토를 할 계획이다.

계는 환경기초시설 등 환경관리기반이 거의 전무한 조건 속에서 불가피한 일이었다. 하수처리장, 상하수도 건설 등이 수질관련 환경예산에서 가장 큰 부분을 차지하는 것도 이와 관련이 있다. 그러나 21세기에는 사전예방 중심의 환경정책이 더 효율적이라는 데 많은 사람들이 동의하고 있다. 맑은 수돗물을 공급하기 위해서는 무엇보다 상수원의 수질을 맑게 유지해야 하지만, 상수원 상류지역 주민들이 개발을 요구하고 정부가 그것을 제한 없이 승인한다면 수질은 개선되기 매우 어렵다. 환경기술이 지속적으로 발전하고 환경산업시장이 전세계적으로 성장하고 있는 시점에서 사후관리 중심의 환경정책은 예방(precaution) 중심의 정책으로 전환되어야 한다.[13]

넷째로, 20세기 환경정책은 주로 대기·수질·폐기물과 같이 매체 중심으로 이루어졌는데, 이러한 분류는 효율적인 경우도 많지만 종합적인 관리를 위해서 어려운 점도 많다. 예를 들어 다이옥신은 소각장에서 많이 발생되지만 그것은 토양과 강바닥에 축적되기 때문에, 이를 관리하기 위해서는 대기, 수질, 폐기물, 토양 등을 종합적으로 고려하여야 한다. 또 수질관리를 효율적으로 하기 위해서는 국토이용계획을 세울 때부터 환경을 고려해야 한다. 이렇듯 통합 환경관리가 중요한 이유는 한 매체의 문제를 해결하는 것이 다른 매체로 문제를 전이시키는 결과를 자주 일으키기 때문이다.[14]

5. 발전국가에서 녹색국가로

21세기에 우리가 건강한 생태계 속에서 평화롭게 살아가기 위해서 우

---

13) 김대중정부에서 제정된 4대강특별법은 사전예방적 환경정책의 전형이다. 수질오염 총량관리제, 수변구역제도 등 선진적이고 적극적인 환경정책이 효과적으로 실행될 경우 4대강 수질이 크게 개선될 수 있을 것으로 기대된다.
14) 화학물질의 위해성 평가 및 관리 체계와 같은 통합적인 정책을 발전시킬 필요가 있다.

리 국가는 어떤 모습으로 혁신을 해야 하는가? 우리가 앞에서 본 것처럼 경제성장으로 환경이 심각하게 오염되었고 이에 대한 국민들의 불만도 계속 커져왔다는 점을 고려할 때, 20세기 발전국가의 모델로는 이러한 목표를 이룰 수 없을 것이다.

지구화가 심화될수록 국민국가의 영향력은 축소될 가능성이 많지만, 공동체가 중심이 되는 사회가 국민국가 중심의 세계체계에 대응하는 것은 매우 어렵다. 미래사회에서도 국가는 그 억압성을 최대한 줄이고, 보편이익의 담지자로서 서비스를 계속해 나가야 할 것이다. 국가를 녹색으로 바꾸지 않고서 생태적 미래사회를 만드는 길은 너무도 멀고 긴 길이 될 것이다.

분명한 것은 21세기에도 민주주의의 확장은 필요할 뿐 아니라 필수적이라는 점이다. 절차적 민주주의를 포함한 정치적 민주주의, 경제적 민주주의, 사회적 민주주의의 확산은 자본주의 세계경제체계 아래서 우리나라가 활력 있는 경제사회체계를 유지할 수 있는 정치적 조건이다. 그러나 민주주의가 반드시 환경주의와 양립하는 것은 아니다. 노동운동은 환경운동과 경우에 따라 경쟁하기도 하고 갈등하기도 한다. 특히 환경운동이 인간 이외의 생명에 대한 이해관심으로 확산될 때 인간중심적인 (anthropocentric) 민주주의와 갈등할 가능성은 더욱 커진다. 그러나 권위주의적 해결방안에 의존하는 것은 세대 내의 형평성 문제를 해결하기 어렵게 만들고 환경문제의 해결을 위한 사회적 비용을 더욱 높이기 때문에 바람직한 대안이 될 수 없다. 민주적 공개성과 합의를 위한 공적 의사소통이 환경문제를 해결할 수 있는 장기적인 정당성의 토대를 튼튼히 만들 수 있다.

21세기 녹색국가는 민주주의와 환경주의를 통합하는 국가이다. 세대 간의 형평성을 우선적으로 고려하고 더 나아가 정책 속에서 생태계의 균형을 적극적으로 통합하면서 세대 내 형평성과 정의의 문제를 합리적인 의사소통을 통해 해결하는 국가가 바로 녹색국가이다. 나는 21세기 녹색국가가 "삶의 정치, 자원순환형 경제사회체계, 시민참여의 정치, 지구환경정치"와 같은 네 가지 방향을 지향해야 한다고 본다.

삶의 정치

발전국가에서 모든 정책은 경제성장이 최우선적 가치를 갖는다. 반면에 녹색국가는 경제성장의 양이 아니라 질에 관심을 가지며 국민의 복지가 형평성 있게 잘 배분되는 데 정책의 우선순위를 둔다. 발전국가는 GDP의 성장률에 관심을 집중하지만, 녹색국가는 녹색GDP, 지속가능성지표 등을 통해 환경과 복지를 우선적으로 고려하는 경제정책을 수립한다.

이를 위해서는 첫째로, 환경친화적 산업·에너지 정책이 필요하다. 즉 환경오염 부하가 큰 사업으로부터 작은 사업으로 녹색 구조조정을 추진하는 것이 필요하다. 기후변화에 영향을 주는 온실가스를 줄이기 위한 노력도 절실하다. 이를 위해서 근로소득세, 법인세 등을 줄이고 에너지 사용과 오염유발에 대한 세금을 높이는 생태적 세제개혁을 도입할 필요가 있다.

둘째로, 녹색국가는 보전 중심의 국토정책과 자연보전정책을 수립하고 집행한다. 녹색국가는 인간뿐 아니라 멸종위기에 처한 생물종의 내재적 가치를 매우 높이 평가한다. 자연과 인간 이외의 종들은 인간의 심미적 가치를 위해서뿐 아니라 그 자체로 존재론적 가치를 갖기 때문이다.[15]

셋째로, 녹색국가는 오염물질의 생산·유통·소비 전과정에서 오염을 사전에 줄이는 정책을 수행한다. 국토개발계획, 도시계획, 교통계획

---

15) 우리나라 제4차국토종합계획안은 녹색국가의 전망에서 보면, 무늬는 '환경친화적'이지만 내용은 여전히 개발중심이다. 백두대간을 생태공원으로 보전하겠다는 계획과 전국을 7×9고속도로로 연결하여 전국 어디에서나 30분 안에 고속도로에 접근할 수 있게 한다는 계획은 매우 세심하게 조정하지 않는 한 양립하기 어렵다.

을 세울 때 미리 환경적인 영향을 예측한다. 이를 위해서는 정부의 정책・계획・개발사업 등의 기획단계에서 환경영향을 예측・평가하는 전략환경평가제도(strategic environmental assessment)를 도입할 필요가 있다. 생산과정에서는 청정개발체계를 만들고 오염을 줄이기 위한 최적의 기술을 사용하도록 유도해야 할 것이다.

자원순환형 경제사회체계

녹색국가는 자원의 사용량을 재활용량의 범위 내로 제한하고 오염물질 배출량은 지구의 평형체계 내로 제한하는 경제사회체계를 목표로 한다. 이것은 성장을 무조건 멈추는 것이 아니라 성장의 질을 생태계 환경용량 범위 안에서의 인류복지로 제한하는 것을 의미한다.

녹색국가에서는 교통량이 계속 늘어날 것을 가정하고 도로를 끊임없이 건설하기 위해 산을 파헤치고 농지를 잠식하는 정책을 중지하고 교통량을 줄이는 정책을 우선한다. 물공급을 늘리기 위해서 댐을 계속 짓기보다 물을 아끼고 절약하며 효율적으로 사용하는 데 자원을 집중한다. 에너지공급을 늘리기 위해서 원자력발전소・화력발전소를 계속 짓고 산을 가로질러 송전탑을 세우기보다 전기를 절약하고 효율적으로 사용하며 지역중심의 에너지 생산・공급 체계를 만드는 것이 녹색국가의 정책방향이다. 21세기 녹색국가는 자원사용을 최소한으로 줄이고 재활용과 재사용을 최대한으로 늘리며 자연생태계를 최대한 보전하기 위해 자원순환형 경제사회체계를 지향한다.[16]

---

[16] 이를 위해 녹색기술에 대한 정부투자의 확대도 녹색국가의 중요한 과제가 된다.

시민참여의 정치

녹색국가에서 민주주의는 최대한 발전하고 억압은 최소한으로 축소된다. 녹색국가의 시민참여는 토론을 통한 사회의 학습능력 증대를 바탕으로 발전한다. 발전국가의 민주주의가 현세대의 이해관심, 인간중심적 이해관심에 한정되는 데 반해서 녹색국가의 민주주의는 현세대 내에서의 형평성, 미래세대에 대한 이해관심, 다른 종에 대한 관심이 통합적으로 토론되고 숙고(deliberation)되는 민주주의이다.[17]

지구환경정치

녹색국가는 국민국가의 좁은 이해관심을 넘어 지구 전체의 형평과 정의를 지향하는 새로운 지적·도덕적 지도력을 갖는 국가이다. 20세기 말 기후변화와 오존층파괴 등의 문제는 지구생태계가 취약할 뿐 아니라 공동의 운명을 갖고 있다는 사실을 보여주었다. 그러나 시장의 세계화가 급속히 진행되면서 오염산업의 수출이 가속화될 가능성이 크다. 21세기 환경레짐이 지배하는 세계체제에서는 현실적 국가이익만이 아니라 지구환경보호라는 이념이 큰 영향을 미칠 것이다. 이러한 경향은 교토의정서 탈퇴를 선언한 부시정부가 국내외적으로 겪는 어려움을 보면 잘 알 수 있다. 따라서 21세기 녹색국가는 단기적인 국가의 경제적 이익이 아니라 장기적인 국민경제와 전세계적 환경레짐을 충분히 고려하

---

17) 1992년 김영삼정부 이후, 특히 1997년 김대중정부에서는 정부 정책결정과정에 시민단체가 적극적으로 참여하고 있다. 그러나 여전히 정부와 지방자치단체 일부에서는 권위주의적 행정형태가 지속되는 경우가 많다. 정부정책의 기획단계에서부터 시민사회의 참여를 효과적으로 이끌어내는 일은 장기적으로 사회적 비용을 줄이는 길이다. 특히 2000년에 설립된 지속가능발전위원회는 여러 대통령자문위원회 가운데 유일하게 환경과 관련된 민간합동위원회인 만큼 지탱 가능한 발전을 위한 거시적이고 장기적인 정부정책결정에 중요한 영향을 미칠 수 있도록 활성화되어야 할 것이다. 아울러 '지방의제 21' 활동도 지역의 풀뿌리 녹색정치로 발전해야 할 것이다.

여 지구환경보호에 기여하는 정책을 일관되게 펼쳐야 할 것이다.

국가의 녹색화전략: 녹색연대

그러면 과연 어떻게 국가를 녹색화할 것인가? 국가는 시민사회나 경제체계로부터 고립된 실체가 아니다. 1987년 이후 국가·시민사회·경제체계 사이의 상호작용은 더욱 활발해지고 있다. 이러한 구조적 조건 속에서 국가를 녹색으로 바꾸기 위해서는 이 세 영역 사이에 폭넓고 튼튼한 녹색의 연결망, 즉 녹색연대를 만들어야 한다.

발전국가를 녹색연대의 중심이 되도록 만들기란 매우 어렵지만, 우리는 그 힘을 국민국가 안의 시민사회, 국제기구 그리고 지구NGO에서 찾을 수 있다. 국제연합 등 국제기구는 많은 한계를 갖지만, 국민국가의 합리성이 지구 전체의 비합리성을 증대시키지 않도록 환경, 노동 등 다양한 영역에서 노력하고 있다. 또 지구시민사회의 주체인 많은 NGO들이 보편적 이익을 위해 노력하고 있다.

시민사회는 영향의 정치를 통해 국가와 경제를 녹색으로 바꾸어나가야 한다. 시민사회가 직접 소비자와 시장을 움직이게 되면 정부도 정책을 변경하지 않을 수 없는 상황을 맞게 된다. 유럽에서 유전자조작식품이 슈퍼마켓에서 점차 사라지게 된 것도 바로 이러한 영향의 정치를 통한 것이었다.

한국의 시민사회는 어떠한가? 1987년 이후 한국의 시민사회는 급속히 성장하였고 환경운동도 비약적으로 발전했으며, 이러한 과정에서 국민들의 환경의식도 크게 확산되었다. 그러나 환경운동은 비약적 발전 속에서도 언론에 대한 지나친 의존, 회원의 부족, 풀뿌리조직의 연약함, 다양성의 부족, 이슈 중심의 운동, 지역한정적(site-specific) 운동, 사회구조개혁 전략의 부재 등과 같은 적지 않은 문제점을 안고 있다. 한마디로 환경운동은 중요한 사회적 권력으로 성장했으나 우리 사회의 구조를 변동시키는 데 한계를 보이고 있으며 의도치 않은 결과로 발전국가의 재생산에 기여할 수도 있다.

그러나 동강댐 반대운동에서 볼 수 있듯이, 우리 시민사회가 녹색으로 변화될 잠재력은 매우 크다. 지속가능발전위원회에 시민사회가 적극 참여하면서 국가정책을 녹색화하기 위한 방안들을 대통령에게 건의하고 있는 것도 중요한 진전이다. 21세기 환경운동조직들은 스스로의 성찰을 통해 튼튼한 녹색연대의 중심이 되어 지적·도덕적 지도력을 갖추도록 해야 할 것이다.

한국에서 시장의 녹색화는 아직 더딘 것으로 보인다. 기업들은 1991년 페놀사태 이후, 환경사고에 대해서는 염려하지만 전반적으로 환경친화적인 경영을 우선하는 경향은 아직 약하다. 그러나 환경이 국제사회의 새로운 도덕적 담화와 국제협약이 중심이 되는 경향이 강화되고 있는 시점에서 우리 기업들의 적극적인 환경개선 노력은 매우 절실하다. 이러한 노력은 시민사회의 압력에 의해 더욱 강화될 수 있을 것이다. 21세기에는 국가·시민사회·경제 영역에서 녹색의 영향을 넓혀나가는 새로운 정치를 위한 상상력이 필요하다.

6. 맺음말

20세기 말 새롭게 등장한 환경문제, 특히 지구환경위기는 전통적인 발전국가체계로서는 극복하기 어려운 구조적인 의제를 제기했다. 이 글에서는 이러한 이슈를 탐구하기 위해, 민주주의와 환경주의를 결합하는 새로운 국가모델로서 녹색국가 개념을 검토했다. 특히 민주적 환경관리국가와 생태민주주의 국가라는 이념형을 통해 환경위기를 극복하는 국가모델을 탐구해 보았다.

이러한 이념형을 갖고 한국을 분석해 볼 때 1960~80년대의 한국은 자본주의 국가이자 권위주의적 발전국가로 분류할 수 있다. 90년대 들어와 민주주의의 지속적인 발전으로 권위주의는 크게 쇠퇴하고 환경정책도 크게 개선되었으나 여전히 경제성장이 국가정책의 최우선순위를 차지하고 있으므로 녹색국가로 규정하기는 어렵다. 또 환경정책의 발전으로 환경의 질이 부분적으로 개선되었으나 에너지집약적이고 자원집약적인 산업구조 때문에 경제가 환경에 미치는 부담이 매우 큰 상황이다. 이러한 결과는 발전국가의 구조적인 속성에 그 원인이 있다. 좀더 구체적으로 보면 주요 정책결정과정에서 환경이 사전에 충분히 고려되지 않고, 경제성장을 위한 자원공급이 주된 우선순위를 차지하며, 사후관리 중심의 환경정책이 중심이 되었기 때문이다.

이러한 문제를 해결하기 위해서는 국가를 혁신적으로 변화시키는 것이 필요하다. 그것은 바로 발전국가를 녹색국가로 전환하는 것이다. 삶의 정치, 자원순환형 경제사회체계, 시민참여의 정치, 지구환경정치가 녹색국가의 목표이다. 녹색국가는 시민사회의 녹색화, 경제의 녹색화 없이는 불가능하다. 결국 녹색국가를 만드는 과정은 국가·시민사회·시장의 다양한 참여자들이 민주주의와 환경을 함께 살리기 위해 튼튼한 녹색연대를 만드는 과정이다. 실천하는 사람들의 자기성찰과 새로운 미래에 대한 상상력이 더없이 필요한 때이다.

참고문헌

구도완 (1999), 「1980년대 이후 한국인의 환경의식」, 『환경정책』 제7권 제2호.
문순홍 (2001), 「녹색국가 논의의 구조와 과정」, 바람과 물 연구소 심포지엄 "녹색국가와 녹색정치"의 발표논문.
바이츠제커 (1999), 『지구환경정치학』, 이필렬 옮김, 아르케.
윤상우 (2001), 「동아시아 발전국가론의 비판적 검토」, 『경제와사회』 제50호.
이정전 (2000), 『환경경제학』, 박영사.

임현진 (2001), 『21세기 한국사회의 안과 밖』, 서울대출판부.
조명래 (2001), 「국가론의 녹색화를 위한 시론」, 바람과 물 연구소 심포지엄 "녹색국가와 녹색정치"의 발표논문.
최병두 (1999), 『환경갈등과 불평등』, 한울.
최장집 (1996), 『한국민주주의의 조건과 전망』, 나남.
환경부 (2000a), 『21세기 국민환경의식 조사』.
_____ (2000b), 『새천년 국가환경비전』.
_____ (2001), 『환경백서 2001』.
Kim, Ji-Hyun (1999), "Does an Environmental Kuznets Curve Exist in Koreas Case?," 『환경정책』 제7권 제1호.
Ku, Do-Wan (2000), "Economic Growth and Environment in Korea: A Sociological Approach," 『환경정책』 제8권 제2호.
OECD (2001), *OECD Environmental Outlook*.

사회운동에서 정당으로
독일녹색당의 설립과정과 쟁점

조 현 옥[*]

1. 머리말

환경파괴, 생태파괴가 진행됨에 따라 운동 차원에서 이루어지던 녹색 논의와 녹색운동은 점차 정치적인 영역으로 확대되어 녹색정치이론이라는 새로운 논제를 내어놓고 있다. 특히 녹색을 공영역으로 확대하여 녹색국가를 설립하자는 논의는 녹색사회 구상과 함께 생태주의의 실현과 생태위기의 직접적인 대안 역할을 하며, 녹색정치이론을 구체화시키는 하나의 시도라 할 수 있다.[1]

녹색국가의 개념은 연구자에 따라 다양하게 규정지을 수 있으나, 인

---

[*] 배재대 정외과 겸임교수
[1] 녹색정치이론은 전통적인 정치이론이 가지고 있는 문제들을 녹색이념에 따라 해결해 나가고 보완하는 방법을 사용할 것인지, 또는 생태이론에 바탕을 둔 정치이론의 틀을 새롭게 짜야 할 것인가의 논의를 불러일으킨다. 녹색정치이론에 대한 자세한 논의는 루크 마텔(1998, 제5장 생태론과 정경의 사회이론적 이해) 참조.

간과 자연의 공존, 나아가서는 사회구성원간의 공존과 평등한 호혜관계를 중심으로 하는 생태주의적 관점에서 정치적 요소들간의 기능을 재조정해 보고, 전체적인 국가의 틀을 재구성해 봄으로써 정치의 새로운 틀을 시도해 본다는 의미로 사용할 수 있다.

구체적인 국가의 녹색화작업의 가장 초기단계는 자연보호 등으로 이름지어진 환경문제·생태문제를 공적인 논의 안으로 끌어들이는 작업이다. 환경문제의 공식적인 논의는 특히 경제문제와 상충되는 논제로 존재하던 차원에서, 환경보호를 경제성장과제와 어떻게 결합할 것인가에 대한 논의로 옮아감을 뜻하기도 한다. 이러한 환경과제를 국가 안에서 논의하고 수행하는 방법은 시민사회의 발달과 밀접한 관련을 가지고 있다. 국가주권을 중심으로 하는 강한 국가는 지배적인 중앙집권적 권력을 가진 행정부의 수반이나 행정관료에 의해 환경보호정책이 설정될 가능성이 많다. 반면에 시민사회가 발달한 국가는 시민사회활동가들이 원내로 진출하거나 대안정당을 만들어 제도권으로 진출함으로써 환경보호과제를 의회 안에서 공식의제로 다루어지게 하며 국가의 주요 과제로 제안한다.[2] 이는 녹색을 "생태위기를 인지한 주민 또는 시민운동단체의 정치적인 표현"이라고 정의하는 데서도 나타나듯이 시민사회의 발전과 정치화는 국가의 녹색화를 심화시키는 주요 과정이라 할 수 있다.

이와 같은 정당의 녹색화작업은 서유럽을 중심으로 1970년대 말부터 80년대 초 녹색당이 설립되면서 실현되기 시작한다. 녹색당은 그 이전까지 제도권 안에서 본격적으로 다루어지지 않던 환경문제나 여성문제 등을 구체적으로 논의하기 시작했다는 의미뿐 아니라, 사회운동에서 다루어지는 주제들을 중심으로 정당을 결성하고 사회운동과 정당의 경계를 허무는 작업을 시도함으로써 두 주체의 관계에도 많은 의미를 던져

---

[2] 녹색국가의 이론 및 유형에 대한 구체적인 논의는 이 책의 문순홍 글 참조.

주고 있다. 특히 독일의 녹색당 경우 수권정당보다는 세계관 정당이라는 목표를 내걸고, 소수의견인 환경문제를 중요한 정치적 쟁점으로 부각시키며 제도권으로 진입하는 데 가장 성공한 경우라 할 수 있다. 독일 녹색당의 경우 1960년대의 신좌파운동, 70년대의 신사회운동과의 연계 속에서 성립되었으며 조직적으로는 주민주도운동의 의회대변자라는 주장이 일반적으로 받아들여진다(Minhoff 1988, S. 151).

이 글에서는 녹색국가 설립의 한 과정으로서 정당의 녹색화과정을 시민운동과의 연계, 나아가서는 새로운 정치의 시도라는 측면에서 살펴보고자 한다. 구체적인 연구대상은 독일의 60년대 후반부터 시작된 신좌파운동과 신사회운동 그리고 녹색당의 설립으로 이어지는 일련의 과정들이다.

2. 정당과 사회운동

기존 국가에서 정당의 역할

근대민주정치가 시작된 이래 정당은 시민 정치참여의 가장 대표적인 장치로 기능해 왔다. 즉 정당은 직접민주주의의 대안으로 등장한 대의민주주의의 핵심 제도로서 시민들의 정치참여를 제도화하고 이를 통해 정치체제의 정당성과 반응성을 높이는 역할을 한다. 다양한 국민의사가 정당을 통해 결집·표출되고, 정당은 국민의사를 바탕으로 구체적인 정책을 만들어내며(호광석 1996, 15쪽), 이와 아울러 사회적 갈등을 정치체제 내로 수용하는 역할도 한다. 따라서 학자마다 정당에 대한 개념규정이 다름에도 불구하고, 정당이 대의민주주의의 핵심이며 현대민주주의에서 가지는 원동력으로서의 역할에 대해서는 이의가 있을 수 없다.

정당은 특정한 정향을 가진 사람들의 국가이익을 증진시킬 목적으로 결합한 조직체(Burke 1983, p. 375) 또는 "자유로운 결사에 의해 지도자는 권력을, 당원은 물질적 내지 인격적인 목적을 위해 행동하는 단체"(Weber 1921, S. 167), 옐리네크의 "정당은 국가권력을 추구하는 유일한 단체"(Jellinek 1960)라는 개념정의에서 볼 수 있듯이, 근대사회에서 정당의 존재는 궁극적으로 권력추구를 목적으로 하는 수권정당으로서의 가치가 부각되어 왔다.

이러한 권력지향적인 정당의 특성은 대의민주주의가 점차 그 한계를 드러내 보임에 따라, 시민과 더욱 유리되는 면모를 드러낸다. 정당은 비슷한 정향을 가진 정당원이 중심이 되기보다는 정치엘리트들 중심의 정당으로 변모하고, 대표자들은 자의적 결정으로 주권자들을 지배하려 하고, 또 민의를 모은다는 본래의 목표와 달리 제시된 정책을 시민들에게 주지시키거나 강제하는 역할로 전락하게 된 것이다. 즉 정당은 본래의 존재이유였던 여론을 조직화·통일화·가치화한다는 의무보다는 과두화·관료화하고 특수한 계급과 이익을 대변하거나 정쟁이나 커다란 정치적 이슈 등에 매달리고, 실제 시민생활과 관련된 문제들에 대한 의견수렴은 거의 불가능하게 되었다(이진원 1999, 116쪽).

이러한 대의정치의 문제점을 극복하기 위한 시도의 하나가 시민참여를 중심으로 하는 시민운동이라 할 수 있다. 서구에서는 노동운동으로 대표되던 사회운동이 1968년을 기점으로 주제의 확산과 조직의 변화를 꾀하면서 새로운 사회운동으로 일컬어지기 시작하고, 한국에서는 1987년의 6월항쟁을 기점으로 시민운동이 확산되었다. 시민운동의 확산은 한편으로는 사회운동에 합법적인 수준에서의 시민참여를 확대하며, 다른 한편으로는 일상적인 삶의 문제들을 주제화하여 정치적으로 영향을 미칠 수 있는 분야로 발전시키는 데 그 의미를 둘 수 있다. 이러한 시민운동의 확산은 권위주의적 정부가, 제한적이긴 하나 점진적으로 변화하면서 가능할 수 있었고, 나아가 시민운동의 확산이 권위주의적인 정치 안에서 시민의 자율성을 확대시켜 녹색정치라는 대안정치의 입지를 가능하게 하고 있다. 이는 사회운동이 정치변동의 산물이면서 동시에 정치변동을 추진하는 원동력임을 증명해 주고 있다(Raschke 1984). 사회운동이 정치의 영역으로 확대되어 가는 과정은 운동정치와 운동당이라는 개념으로 설명할 수 있다.

새로운 사회운동과 정당: 운동정치와 운동당

1970년대 이래 서구를 중심으로 한 근대사회는 전통적인 갈등요소들이었던 분배문제, 계급문제에서 점차 벗어나 새로운 갈등들을 만들어내기 시작하는데, 이 새로운 갈등은 더 이상 물질적 재생산의 영역에서 비롯되지 않으며 또 정당과 같은 기존 제도들에 의해 해결되지도 않는다. 이 새로운 유형의 갈등은 잉엘하르트가 이야기하는 후기물질주의의 새로운 인간유형들이 만들어내는 갈등들이기도 하다(Ingelhart 1977).

이것들을 해결하기 위한 대안으로 '새로운 정치'(new politics)라는 주제가 떠오르기 시작한다. 낡은 정치(old politics)가 경제적·사회적 보장과 사회 내부적, 군사적 보안의 문제에 초점을 맞추고 있다면, 새로운 정치는 삶의 질, 평등한 권리, 개인의 자아실현, 참여 그리고 인권 등에 관심을 가진다(Hildebrandt·Dalton 1977).

기든스는 이 새로운 정치를 '해방의 정치'와 '삶의 정치'로 구분하여 설명하고 있다. 해방의 정치는 개인이나 집단들을 그들의 삶의 기회에 불리하게 작용하는 구속들로부터 자유롭게 해방시키는 것과 관련된 일반적인 관점, 즉 삶의 기회에 대한 정치라고 설명하며, 삶의 정치는 삶의 양식에 대한 정치로 후기근대성의 체계에서 성찰적으로 동원된 질서(reflexive mobilized order)의 정치로 규정하고 있다(앤서니 기든스 1993, 167~68쪽).

이 새롭게 시도되는 정치의 패러다임에서 행위자는 집단이 아니라 각 개인의 자의식을 가지고 행동하는 집단 속의 개인들이며, 중심 이슈는 평화유지·환경·인권 등 새로운 갈등들이다. 그중 새로운 정치의 영역에서 가장 활발하게 다루어지는 분야는 녹색분야이다. 인구증가문제와 더불어 대규모 산업에 의한 생태계의 평형 파괴, 재생 불가능한 천연자원의 고갈 등은 오늘날 사회가 당면한 문제들이며, 동시에 기존 정치구조나 정당에서 전혀 다루지 않던 문제들이기 때문에 사회구성원들에게 가장 호소력 있게 받아들여졌다. 이처럼 가치를 물질적인 진보에 두기보다는 개인적인 자율과 정체성에 두고 비공식적이며 자발적인 낮은 수준의 연결망을 형성하고 있는(클라우스 오페 1993, 94쪽) 새로운 정치의 구체화된 담당자들로서 새로운 사회운동과 녹색당의 시도를 들 수 있다.

새로운 사회운동의 연구에서 가장 중심이 되었던 것은 이전의 사회운동과 비교하여 무엇이 새로운가에 대한 질문이었다. 이에 대한 대답으로는 우선 시기적으로 후기근대사회라 할 수 있는 70년대를 기점으로 하여 시작되었다는 점,[3] 즉 성장주의가 인간의 삶을 파괴하고 있다는 인식이 보편화하면서 삶의 질이라는 새로운 가치관에 의해 움직여가는 새로운 사회를 그 배경으로 한다는 것이다.

둘째는, 운동의 주제가 전사회적인 혹은 전계층을 포용하는 커다란 주제가 아니라 일상적인 삶에서 부딪히는 여러 가지 문제들로 확산되었다. 그들이 다루었던 주제들은 ① 자연환경과 동시에 인위적 환경에 대한 관심까지도 포함하는 생태·환경 운동 ② 정체성과 존엄성의 보호 그리고 성·나이·종족·언어·지역 등에 의해 차별받는 사람들의 동등한 대우를 위해 싸우는 인권운동, 특히 여성운동 ③ 반전운동과 평화운동 ④ 재화와 용역의 생산과 분배에서 대안적인 또는 공동체적인 양식을 주장하거나 옹호하는 운동들이었다(같은 글, 90쪽).

---

3) 새로운 사회운동이 생겨나게 된 사회적 배경을 잉엘하르트는 포스트모더니즘 사회, 투렌은 프로그램화된 사회, 라슈케는 후기산업사회, 멜루치는 정보사회로, 히르슈는 포스트포디즘 사회로 다양하게 설명하고 있다(고상두 1999, 143쪽 참조).

또 한 가지 중요한 차이는 조직 면에서의 차이이다. 이전의 사회운동은 엄격한 위계와 꽉 짜여진 조직을 기본으로 하고 있지만 새로운 사회운동은 서로 느슨한 네트워크로 조직되어 있으며, 구성원간의 관계는 수평적이다. 여기에서 새로운 사회운동이 가지는 중요한 특성인 자율적인 구성원을 들 수 있다. 구성원들은 중요한 목표를 향해 일사분란하게 움직이는 조직원들이 아니라 각기 자율성을 가진 구성원이라는 점이다. 이들은 후기산업사회에서 생겨난 신중간계층으로, 젊고 교육수준이 높으며 주로 사무직이나 전문직에 종사하는 사람들로 구성되어 있으며 과도한 물질문명의 폐해를 알고 있고 의사소통에 익숙한 지식인들이라 할 수 있다(Brand 1987, S. 42).

새로운 사회운동이 정치에 미치는 영향은 운동정치와 운동당이라는 개념으로 설명할 수 있다. 운동정치는 사회운동이 정당과 유사한 수준으로 정치 제도화하는 '새로운 형태의 시민정치'(new style of citizen politics, Dalton, 1988, p. 15)로 규정지을 수 있는데, 이는 과거 정당이 독점하였던 정치의사전달 기능이 분화되면서 정당과 이익단체, 행정 그리고 운동간의 새로운 권력분립 현상이 나타나게 되는 것으로 설명할 수 있다(Habermas 1985). 즉 국가체제와 보완관계에 서게 된 운동정치는 시민들의 욕구가 분출될 수 있는 또 하나의 새로운 통로로서의 역할을 하게 된다.

운동정치의 기능으로는 첫째, 시민들이 선택할 수 있는 정치적 행위의 종류가 늘어났다는 점이다. 이전에는 시민개인이 정치행위로서 선택할 수 있는 방법이 주로 직업정치가와 유권자로서의 참여였지만 오늘날에는 시민운동을 통하여 시민개인이 자신의 이해와 관심이 달린 문제에 보다 적은 비용으로 참여할 수 있게 되었다.

둘째는, 생활환경영역에서는 환경·성·시간과 같이 개개인의 삶과 연관된 이슈들이 다루어진다는 점이다. 전통적으로 정치적 테마로 규정지어졌던 경계가 무너지면서 정치와 비정치 분야의 구분이 흐려졌으며,

삶의 모든 내용이 정치적으로 논의할 수 있는 내용이 되었다. 또 운동정치는 비판의 기능만을 가지는 것이 아니라 시민들의 새로운 가치와 욕구에 따른 삶의 방식을 전체 사회로 확산시키려 한다는 점에서 대안을 제시하기도 한다.

무엇보다 운동정치의 특성으로는 운동정치가 제도권 안으로 흡수되면서 기존 이론에서 설명하는 바와 같이 운동 자체가 소멸되는 것이 아니라 정치권 내에 독자성을 가진 운동영역을 형성함으로써 전통적으로 정치제도가 가지고 있던 영역을 확산시킨다는 점을 들 수 있다(고상두 1999). 이처럼 정치제도권 안에서 사회운동이 확보하는 독자적인 영역을 바로 운동당(Bewegungspartei)이라 할 수 있다. 운동당은 인력구성이나 조직 면에서 연계를 맺고 있는 사회운동과 엮여져 있고, 정치적 이익이나 정당화의 근거를 연계된 사회운동에 두며, 동원도 운동을 통하여 이루어진다. 물론 이 운동당은 사회운동과의 연계가 정당이 정치체계에서 존재하는 정당성의 근거로 충분한가, 운동의 이익이나 의지가 정당을 지탱하는 명확한 좌표점(Bezugspunkt)이 될 수 있는가가 문제점으로 제기되고 있으나(Raschke 1991, S. 114), 새로운 정치의 틀 안에서 사회운동과 정당의 접합점을 설명해 주는 데 유효하다.

정당과 사회운동의 호혜관계는, 정당의 가장 힘든 부분인 동원을 운동에서 맡아서 해주고 정당은 국가기구에 연계된 운동의 이익들을 강력하게 대변하며 운동주제를 대중매체에 강력하게 어필하며 정보제공자로서의 역할도 한다는 데 있다. 또 직접적인 재정후원자로서의 역할과 조직적인 도움이 정당에서 운동에 제공할 수 있는 협력인데(같은 책, S. 117), 무엇보다 정당이 자신의 정체성을 의회체계 내에서의 정권담당자의 역할보다는 사회운동의 의사통로로서의 역할 또는 보다 사회운동을 효과적으로 전개하기 위한 제도권 내에서의 역할에서 찾고 있다는 점을 들 수 있을 것이다.

3. 독일녹색당의 설립과정

60년대 후반의 신좌파운동

독일녹색당(Die Grüne)은 설립 초기에 운동당이라는 기치 아래 사회운동과의 긴밀한 연대감을 그 중심에 놓고 있었으므로, 설립과정은 사회운동에 대한 고찰을 전제로 하지 않고는 다루기 힘들다.

녹색당의 근간이 되는 사회운동을 거론하자면 우선 1968년에 서구를 휩쓸었던 신좌파운동을 들 수 있다. 1968년의 운동은 독일뿐 아니라 전 유럽과 미국에서 학생들을 중심으로 하여 국제적 연대를 형성하여 산업화된 근대사회에 대한 비판을 화두로 이끌어간 운동으로, 학생들의 행동이 서로 연결되어 저항의 연쇄작용을 일으켜 전세계적으로 퍼져나간 운동이며, 특히 이들의 행동이 정치적으로 변해 갔던 점을 특징으로 들 수 있다(카치아피카스 1999, 124쪽). 독일에서의 신좌파운동은 전세계적으로 볼 때 가장 높은 수준의 이론적 경향과 국제적인 의식을 가지고 있었다.

독일의 상황

1968년을 전후한 독일의 사회경제적 상황에서는 우선 저임금, 주당50시간 이상의 긴 노동시간, 기업의 활발한 투자 등을 근거로 한 급속한 경제발전을 들 수 있다. 독일은 전후 20년에 걸친 복구작업과 경제부흥과정이 거의 끝나가면서 경제적으로 풍족한 생활을 즐기고 있던 시기였으며, 그 풍족한 생활도 일부 부유층이 아닌 대중적인 차원으로 확산되었다. 소득이 높아지고 실업률은 1950년의 10.4%에서 1964년 0.08%로 낮아져 노동력이 부족하여 외국에서 노동자들을 수입하고 있었고, 총생산량과 인구 10만명당 주택건설비율, 자동차생산량 면에서도 당시 유럽의 경제강국이었던 영국·프랑스·이탈리아를 훨씬 뛰어넘고 있었다.

독일은 미국과 캐나다에 이어 세계에서 세번째로 부유한 나라가 되어 있었으며, 이러한 풍족함을 시민들이 누리기 시작하여 여행이 늘어나고 가전제품이 대중화되기에 이른다(Korte 1987, S. 25).

두번째는, 60년대 중반 이후 경제발전의 혜택이 가져다준 환경파괴에 대한 사회적 인식이 싹트기 시작하였다는 점이다. 그러나 60년대 중반 부활절시위(Ostermarsch)라는 독특한 형태의 시위문화가 싹틀 때까지 사회는 지극히 안정적이었다.

세번째는, 정치적으로는 1966, 67년의 경제위기 이후 사민당과 기민당의 대연정이 시작되었고 실업자의 증가, 방적·철강·석탄 산업의 위기와 사회복지정책의 후퇴 등으로 사민당은 당내 좌파들과 틈이 벌어지기 시작하였다. 이러한 여파로 당으로부터 배척당한 독일사회주의 학생연맹(SDS)이 원외세력으로 정치적 활동을 시작하였다.

이와 같은 상황에서 독일연방정부는 정부의 세력을 공고화하기 위하여 1968년 5월에 긴급조치법(Notstandgesetz)을 제정한다. 이 법안은 외부적인 위기상황, 자연재해, 내부적인 위기상황시의 대처방안을 다루고 있는데, 특히 내부적인 긴급상황에서 자유민주주의의 질서를 해치는, 조직되고 격렬한 데모에 대한 군의 개입 등의 항목이 문제로 제기되었다. 권위주의적인 이 조항은 많은 지식인과 노조지도자들의 항의를 불러왔으며, 학생운동봉기의 직접적인 원인이 되었다. 국내적으로는 이 긴급조치법 조항에 반대하고 또 국제적으로는 미국의 베트남전쟁 개입 반대를 이슈로 해서 독일의 신좌파운동은 시작되었다.

운동의 중심세력

운동의 중심세력은 독일사회주의학생연맹(Sozialistische Deutscher Studentenbund, SDS)[4]과 비의회반대파(Außer Parlamentarische Opposi-

---

4) SDS는 원래 사민당의 학생조직이었으나 50년대에 재무장 반대운동, 반핵운동 등을 거쳐 급진화되었다. 이에 따라 사민당은 1961년 11월 6일 SDS를 축출하였다(카치아피카스

tion, APO)[5]라 할 수 있다. SDS는 원래 사민당의 청년조직이었으나 사민당이 점차 우경화되는 것에 반대하여 자신들의 모조직인 사민당과 분리함으로써 자신의 정체성을 뚜렷하게 하였으며, 좌파・자유주의적 학생활동가들, 신생 보헤미아 대항문화주의자, 동독에서 망명한 사람들, 급진기독교도, 자유주의적 사회주의자 등이 뒤섞여 독특한 구성을 이루고 있었다. 이 조직은 열린 대학, 언론자유, 베트남의 평화를 지지하는 캠페인을 하는 동안 전국적으로 중요한 조직으로 성장하였다.

또 하나의 중요한 세력인 APO는 SDS가 주축이 되어 일부 노동조합, 평화운동에 참여하는 종교집단 등으로 구성되었다. 이들의 주요 주제는 서독의 냉전합의에 대한 대중적 저항으로 오랫동안 포기했던 독일 노동자계급의 혁명전통을 이어가는 가는 것이었으며, 히틀러의 전쟁을 지지하는 데 표를 던졌던 세대에 대한 저항이었다. APO는 SDS의 몰락과 함께 해체되었는데, 그후 구성원들은 공산당과 사만당으로 자리를 옮겨 급진적인 테러세력으로 발전하기도 하였고 대항문화세력으로 발전하였다(카치아피카스 2000, 145~47쪽).

이 신좌파운동의 중심 세력은 기성세대에 저항하는 새로운 바람을 일으키기는 하였지만 수적으로 볼 때는 커다란 세력이 아니었다. 구성원이 2천 명을 넘지 못한데다 대개 대학에 국한되어 있거나 지식인 등과 같은 전문직업인들이었다.

신좌파운동은 처음에 미국의 베트남전 반대와 긴급조치법에 대한 반대로 시작하였지만 점차 그 주제를 뛰어넘어 권위주의적인 기성세대에 대한 반대, 권위주의적인 교육환경에 대한 반대로 이어졌고 1969년 기민당정권이 사민당으로 바뀌면서 일단 끝을 맺었다. 특히 운동 말기에는 정치적으로 첨예화함에 따라 점차 급진적인 게릴라집단과 교조적인

1999, 138쪽 참조).
[5] 비의회반대파는 1966년의 대연정 실시 이후에 학생들의 주도로 진행된 범좌파저항운동을 말한다. APO는 하나의 단일조직이라기보다는 정치적 의견의 공동체를 구축하려고 노력하였으나, 1971년 이후 약화되어 사라졌다.

마오주의 경향이 형성되어 독단적인 성격과 폭력적인 성격을 띠게 되자, 마침내 처음에 운동에 동참했던 지식인들, 특히 프랑크푸르트학파 학자들이 등을 돌렸고[6] 여성세력은 운동지도부의 독선적이고 반페미니스트적인 노선에 반대하여 이탈하는 등, 운동세력이 갈라지고 위축되고 소멸하기에 이른다.[7]

그러나 신좌파운동은 그 명백한 실패에도 불구하고 자치(self-government)와 국제적 연대(international solidarity)의 전통을 유럽과 미국에서 다시 소생시켰으며, 이를 계기로 확장된 사회적 자율성과 확대된 개인의 자유, 정치·경제적 제도들의 국제적 탈중심화에 반한 새로운 세계사회의 건설, 자연과의 새로운 조화 등의 주제가 부각되기 시작하였다. 또 혁명의 문제를 다시 한 번 역사적 의제로 만들었는데, 여기에서 혁명의 의미는 과거의 혁명들이 목표하였던 권력의 문제뿐 아니라 일상생활에서의 권력문제를 포함하는 데까지 확장되었으며, 혁명의 목표는 권력과 자원의 탈집중화와 자주적 관리가 되었다(카치아피카스 1999, 53쪽).

독일에서는 젊은층이 주도했다는 형식적인 측면뿐 아니라 내용 면에서도 자본주의적 산업사회의 기능과 지배구조에 대한 전면적인 비판이 제기되었으며, 검소하고 의무감에 찬 전형적인 독일인의 정서를 깨고 새로운 성문화와 가부장적 역할분담에 대한 거부 등 70, 80년대 신사회운동과 녹색당의 기초를 마련하여 서독의 정치적 지형을 바꾸어놓았다고 할 수 있다.

---

6) 특히 초창기 운동이념을 제공하였던 하버마스는 하노버에서 열린 신좌파회합에서 좌파 파시즘이라는 문제를 제기하였으며, 이로 인해 학생들은 프랑크푸르트 사회조사연구소에서 연좌농성을 하는 등 반대시위를 벌였다.
7) 신좌파운동의 급진파들은 적군파와 '6월2일운동'과 같은 게릴라집단들로 무장공격과 폭탄투척을 전개해 나가기 시작하여, 결국 테러리스트로 주변화되어 대중들로부터 점차 멀어져 신좌파운동의 종말을 가져오게 된다.

새로운 사회운동

신좌파운동의 와해 이후 사회운동의 방향은 그 이전의 노동운동이나 민주화운동으로 대변되던 운동에서 삶의 질이나 환경 문제, 여성·평화·반핵 문제 등 다양한 주제의 새로운 사회운동으로 점차 변화해 간다.

정치적 배경

독일에서 새로운 사회운동은 신좌파운동세력과 사민당의 합작품이라 할 수 있다.

신좌파운동의 와해 이후 개혁의 주체는 집권당인 사민당이었는데, 교육개혁, 기업과 관료사회에서 성평등법 개정, 여성의 취업활성화정책, 새로운 연금제도, 병가시 임금지불 등의 정책으로 근대적인 사고를 대표하고 있었다. 사민당은 1969년 연방선거에서 42.7%의 표를 얻어 자민당(FDP)과의 연정으로 집권당으로 부상하였으며 빌리 브란트가 첫 사민당 총리로 선정된다. 사민당정권은 내부 개혁프로그램을 내세우며, '더 많은 민주주의'(more democracy)를 기치로 내걸고 모든 시민이 국가와 사회의 개혁에 동참할 수 있는 기회를 제공하겠다는 의지를 내보인다. 경제부흥, 개혁지속, 동서갈등에 대한 화해, 시민들의 참여보장 등이 초기 집권사민당의 주제로 우선 선거투표권자의 연령을 21세에서 18세로 낮추고 직업교육개혁, 기업헌법제정과 기업의 협의과정의 확대, 연금제고, 정년의 유연화, 세제개혁, 동독과의 관계개선, 폴란드와의 화해 등 삶의 질을 높이겠다는 의도였다.[8] 이에 따라 사민당은 젊은 지식인층을 당원으로 확보하면서 당원이 거의 100만에 이르고 1972년선거에서 45.8%를 득표하여 가장 강력한 정당으로 부상한다(Dräger · Hülsberg 1986, S. 47).

---

8) 70년대 서독에서는 이를 '빌리 브란트 신화'라고 부르며, 젊은층과 개혁세력이 이에 호응하였다.

그러나 1974년 빌리 브란트에서 슈미트로 수상이 바뀌면서 사민당은 우경화의 길을 걷게 된다. 지지율도 점차 하락하여 1980년에는 기사당(CSU)의 요한 스트라우스를 수상후보로 등장시키면서까지 겨우 42.9%의 득표를 얻어 집권하다가 1982년 기민당(CDU)에게 정권을 물려주게 된다. 하지만 이미 1972년부터 사민당은 비용 안 드는 개혁으로 돌아섰으며, 1973년 석유파동 이후에는 개혁을 포기하고 권위주의적 정책으로 노동자계급과 격리되었다. 즉 모든 비용을 지불하더라도 성장을 계속하겠다는 의지를 내보인 것이다. 이와 같은 정책은 에너지프로그램과 원자력발전소 건립으로 이어졌으며, 초기의 약속이었던 국가계획에 시민자치단체의 참여 가능성 또한 배제시켰고, 정부에 대한 비판을 허용치 않아 비판세력과 청년세력을 잃어버림으로 해서 당에서 좌파가 실종하게 된다. 바로 이 사민당 내의 좌파들이 새로운 사회운동의 주도세력이 되며, 슈미트정권의 사민당 우경화가 서독사회에 녹색당이 설립될 수 있는 부분적인 기반 역할을 했다고 할 수 있다.

새로운 사회운동의 내용

독일에서 새로운 사회운동은 핵반대를 중심으로 하는 환경운동·평화운동·여성운동 세력이 이끌었으며, 그중 반핵운동과 여성운동은 녹색당의 기초를 다지는 데 가장 중심적인 역할을 한다(Murphy und Roth 1987, S. 320). 또 무엇보다 이 운동을 대중적으로 확산시키는 데는 주민주도운동이라는 운동의 형태가 뒷받침되었다고 할 수 있다.

① 반핵운동을 중심으로 한 환경운동

관례적인 정치통로인 의회, 정당, 조합주의 포럼, 언론매체 등이 환경문제에 대한 요구를 수용하지 않았기 때문에 이러한 요구들은 주로 사회운동을 통하여 나타나게 된다. 물론 환경주의 이념은 산업주의, 경제성장, 기술적·과학적 합리성에 강하게 의문을 제기하기 때문에 효율성과 성공을 기본으로 하는 발전론을 중심으로 한 기존 정치제도에 흡수되기 어렵다는 점(루크 마텔 1998, 171쪽)도 독일에서 환경이슈가 주로 운동단체를 중심으로 전개된 중요한 이유 중의 하나이다.

초창기 주로 자연보호의 입장에서 환경문제를 접근하던 환경운동은 1972년 15개 지역단체들이 연대하여 만든 주민주도환경보호연방연대 (Bundesverband Bürgerinitiativen Umweltschütz, BBU)의 활동을 기점으로 하여 환경문제를 정치적인 의미에서 접근하기 시작한다. BBU는 생태근본주의와 현실적 정치개입의 두 가지 입장을 다 포함하고 있었으며, 주민주도운동과 생태운동의 기능에서 정치적으로나 전략적으로 중요한 역할을 하였다(Rucht 1987, S. 252).

이후 1977년에 설립된 생태연구소(Öko-Institute), 1982년 그린피스에서 갈라져 나온 로빈우드(Robin Wood) 같은 단체들이 환경운동의 중심을 이루었으며, 환경운동은 점차 반핵운동으로 힘이 모아지기 시작하였다.

독일에서 반핵운동은 우선 국가의 정치적 의사결정과정에서 민주주의적 요소가 결여되어 있다는 비판에서 시작된다. 독일은 1956년에 시작한 핵 연구 및 개발에 수십억 마르크를 지출했지만 연방의회에 핵정책의 개요가 제시된 것은 1975년이었다. 이에 대한 비판을 시작으로 핵발전소가 들어서는 지역의 주민들을 중심으로 핵반대운동이 확산된다. 빌(Wyhl), 자브루크(Saabruck), 칼카르(Kalkar) 등지에서 핵발전소 및 고속증식원자로 반대운동이 벌어지면서 참가자가 수만 명에 이르게 되었으며, 이후 경찰의 진압이 강경해지면서 시위는 더욱 확산되어 핵폐기물 처리장소로 지정된 고어레벤에서의 저항운동으로 집결되었다. 1979년 4월 지역농부를 중심으로 한 10만여 명의 반대시위자들은 수백대의 트랙터를 타고 하노버 인근도시로 행진하였다. 농부, 생태주의자, 페미니스트, 학생, 소외된 청년 들로 이루어진 이들 저항세력은 원자력발전소를 반대했을 뿐 아니라 원자력발전소에 기반하는 체계에 대한 제도권 밖에서의 문화-정치 운동으로 활성화되었다(카치아피카스 2000). 이 반핵운동은 평화운동으로 확산되어 1975년을 기점으로 여성집단, 교회집단 등이 가세하면서 시위대 규모가 수십만에 이르렀으며 점차 대중운동으로 확산되어 나갔다.[9]

② 평화운동

반핵운동은 이미 반전운동의 일부분이었으며, 평화운동과 연결된다. 독일의 평화주의자들은 부활절행진의 중심 세력이었으며 70년대 이후 반핵운동, 여성운동, 교회세력과 연결되어 조직되고 행동하기 시작한다. 특히 미국을 주축으로 하는 나토의 유럽주둔은 그 동안 어떤 집단도 건드리지 못하는 성역이었는데, 평화운동에서 나토동맹 문제뿐 아니라 군축, 미국에의 종속문제 등 전후(戰後) 금기시되어 오던 문제들을 논의하기 시작하였다(Dräger · Hülsberg 1986, S. 81).

전쟁에 반대하고 군국주의적 전통에 저항하는 평화운동은 1980년대 초반에 많은 시위세력들을 불러모았으며, 공산당이 지배하는 연합체와 교회, 정당, 급진적 활동가들까지 모여 독립적 연합체를 조직한다.[10] 하지만 이 조직은 200만 명 이상의 서명을 받은 전국적 탄원캠페인으로 결합되었으나 다양한 조직과 활동가들이 동맹함으로써 일부는 평화운동에서 탈피하여 폭력시위로 나아가게 된다(카치아피카스 2000, 188쪽). 즉 전술로서 채택된 전투적 대결은 평화집회의 정체성에 혼란을 가져오고, 급진주의자들은 새로운 분파를 이루게 된다.

새로운 평화운동의 특징을 보면, 첫째, 이전의 평화운동은 2차 세계대전과 긴밀하게 연결되어 '다시는 이런 일이 없어야 한다'는 감정적인 의

---

9) 1981년 본에 30만이 모였고, 1982년의 부활절 시위에는 50만, 1983년에는 65만 명이 모였다.
10) 1981년 본에서 30만 명이 행진하였으며, 1982년 레이건 대통령이 연방회의에서 연설했을 때 40만 명이 항의했다. 활기를 찾은 부활절행진에서 1982년에는 50만 명의 사람들이, 1983년에는 65만 명이 모였다(카치아피카스 2000, 187쪽 참조).

지를 가지고 있었으나 새로운 평화운동은 과거에 대해 잘 모르는 신세대가 중심이며 미래지향적인 문제제기를 한다. 둘째는, 평화시위는 도덕적인 면에만 치중하지 않고 일반적인 다른 발전방향에 대한 문제제기도 포함한다. 셋째, 운동 자체가 자율적이라는 점이다. 당이나 지도부의 통제보다는 운동의 흐름을 우선에 두었다. 넷째 처음부터 국제적인 맥락 속에서 운동이 시작되었고, 다섯째 반공이 더 이상 큰 역할을 하지 못했다는 점이다.

③ 자율적 여성운동

신좌파운동은 외부적으로는 사민당이 집권하고 내부적으로는 운동중심세력이 분파함에 따라 와해되었다고 볼 수 있다. 운동세력에서 가장 먼저 갈라져 나온 것은 여성운동이었다. 운동의 중심부에 있던 여성들은 운동이 점차 가부장적인 색채를 띠어가고 여성문제가 운동권 내에서 주변부로 밀리는 데 항의하면서 여성들만으로 구성된 자율적인 여성운동을 표방하게 된다.[11]

가부장제적 사회관계에서의 해방이라는 이론적 근거로 시작한 자율적 여성운동은 낙태금지를 규정하고 있는 헌법 218조 반대캠페인을 시작으로 해서 대중운동 차원의 서명작업을 벌이고 시위를 벌여[12] 사민당과 자민당 연정에 압력을 가함으로써 이 문제가 당내 여성그룹에서 논의되게 되었다. 장기적으로 218조의 삭제를 중심으로 한 여성운동은 결국은 '여성 스스로의 결정'이라는 주제를 중심으로 결집되어 갔으며,

---

11) 1968년 9월 13일 '여성해방을 위한 베를린행동위원회' 구성원인 헬케 산더는 프랑크푸르트에서 열린 SDS전국집회에서 남성들에게 당신들의 눈을 가리고 있는 가리개를 제거하고 당신들 자신의 성차별주의에 주목하라고 요구하는 연설을 하는 등 조직의 가부장적이고 반여성적인 특성에 반기를 들었다. 이 '여성해방을 위한 베를린행동위원회'는 자율적 여성운동의 시작으로 간주할 수 있다(같은 책, 155~56쪽 참조).
12) 1969년 3월 8일 여성의 날에 첫번째 시위가 벌어졌으며, 여론조사에서 독일여성의 71%가 218조에 반대하는 것으로 나타났다. 1971년 5월에는 374명의 독일여성들이 잡지에 "나는 낙태를 경험하였다"고 선언하여 독일에서 낙태권을 최고의 쟁점으로 만들었다.

1973년경에는 자발적이고 여성주의적인 잡지가 창간되고 1974년 봄에는 자율적으로 출자·관리되는 12개의 여성센터가 건립되었다(von Soden ed. 1988, S. 89). 이러한 일련의 과정을 통해서 남성들의 영향력 없이 여성들 스스로 공동의 문제를 토의하고 결행할 수 있음을 보여주었으며, 정당·노조·역사연구·출판작업 등이 뒤이었다.

독일의 자율적 여성운동은 여성의 자기조직화, 남성이 지배하는 좌파와 남성일반으로부터의 분리를 의미하며, 정부와 정부제도들에 대한 대안운동을 의미한다(Knäpper 1984). 급진주의자들은 집중화된 조직에 흥미를 느끼기보다는 사적인 영역의 활동에 관심을 보였지만, 정치에 관심이 많은 정치지향의 여성들은 녹색당에 흡수되어 활동하게 된다. 녹색당도 초기에는 여성문제에 관심을 가지지 않거나 반대하는 구성원들이 있었으나, 여성들은 녹색당의 방향을 바꾸기로 결정하고 1983년 페미나트라는 배타적인 여성지도부를 구성하여 주요 지도부서를 장악하였으며, 218조의 철회를 지지하지 않는 당내 인물들에 대한 공격을 주도하였다. 그후 후보자 명부의 50%가 여성들에게 할당되었으며, 녹색당은 당내 문제뿐만 아니라 자율적 여성운동의 문제를 토론할 수 있는 여성당원들만의 전국지회를 지원했다.

④ 주민주도운동(Bürgerinitiative Bewegung)

새로운 사회운동의 중심이며, 녹색당 설립의 기반이 된 운동은 1970년대 초부터 시작된 주민주도운동이다. 처음에는 교사들을 중심으로 하는 작은 그룹들이 '작은 학급' '압력 없는 교육' 등의 주제를 가지고 시작하였으며, 운동의 주요 형태는 서명운동, 거리축제, 청원 등이었다. 이후 구성원은 시민이나 탈당한 사민당원들로 넓혀졌으며, 운동(단체)은 각기 독립된 조직들이었으나 서로의 활동들에 대해 반응하는 관계였다(Dräger·Hülsberg 1986, S. 62).

주민주도운동이 확산될 수 있었던 궁극적인 이유는 사민당의 집권으로 사회분위기가 자유로워진 데 있었지만, 집권당이 되면서 권위적으로 변질되어 간 사민당에 대한 비판과 경계를 직접적인 목표로 설정하는 등 국가적인 개혁정치의 선두주자라 할 수 있다.

이 주민주도운동이 힘을 얻게 된 것은 주제가 환경보호와 삶의 질로 확대되어 가면서부터인데, 비독선적이고 유연하고 요구 지향적이고 풀뿌리민주주의적인 여러 가지 정책을 제시하였다. 초창기 사민당정권은 주민주도운동을 정부와 개혁작업을 분할하는 파트너관계로 설정하였다. 즉 정부가 계획적이고 곧 해결해야 할 작업들을 시도하는 동안 주민주도운동은 일상적인 환경문제 등을 구체적으로 제기하는 관계로 설정한 것이다. 그러나 유가파동 이후 사민당정부가 원자력에너지의 비율을 급격히 올림으로써 정부와 주민주도운동의 관계는 악화되기 시작한다. 이를 계기로 주민주도운동의 중심 주제는 원자력 반대로 옮아가고 참여자는 급증한다. 1970년대 중반 1만 5천~2만 개의 단체가 설립되고 나중에는 지역문제에만 국한하지 않고 군사적・정치적・경제적인 문제까지 다루게 된다. 1974년 주민주도운동이 노르트호른 랑에의 나토 군사훈련지를 점거했을 때 운동세력과 경찰이 처음으로 대치하기도 한다.

⑤ 시민화

그후 주민주도운동은 그 동안 학생운동의 가장 큰 문제점으로 지적되었던 대중과의 격리・소외 문제를 뛰어넘어 선다. 시민들이 구경꾼이 아닌 직접 주도권을 잡은 운동의 주체로 등장하게 되는 것이다. 1977년의 『슈피겔』지 조사에 따르면 응답자의 43%가 원자력발전소 건설에 반대한다고 답하고 있다. 따라서 이 원자력발전소 건설 반대를 주제로 하는 주민주도운동이 사회에 흩어져 있던 여러 종류의 시민단체를 묶는 단위가 되었다. 즉 해당 지역의 주민들, 좌파생태주의자, 우파생태주의자, 급진좌파, 비판적인 사민당원, 노조원 등이 원전반대라는 주제 아래 같이 모인 것이다. 따라서 단일한 모습을 보여주지는 못하고, 각 지역에 따라 또 누가 주도하느냐에 따라 약간씩 성향을 달리하였으나 자연, 사회, 자기 자신이라는 세 주제에 대해 동일하게 관심을 가지고 있었으며, 생태계의 안정과 파괴, 에너지획득에 대한 대안적인 가능성 등에 관심을 기울였다.

⑥ 정치화

이러한 주민주도운동의 논의들은 권력, 지배, 국가, 정당, 매체, 지식, 정치적 과정에 대한 토론으로 연결되었으며, 마침내 새로운 정치형태에 관한 논의로 발전하게 된다. 우리들 자신이 선출하기는 하지만 전혀 통제할 수 없는 우리의 대표자들에 대항하며, 연대하고 자기실현이나 합의를 위한 새로운 정치가 필요하다는 토론이 지속되면서 국가혐오, 국가염증이라는 개념이 제기되고, 주민주도운동이야말로 정치제도의 위기에 대한 비판과 밑으로부터 올라오는 민의를 잘 전달할 수 있는 기능을 가지고 있다는 데 동의한다. 시민운동의 정치화는 녹색당의 성립과정을 통해 잘 나타나는데, 제도권에서 논의되지 않던 환경문제 등을 국가적인 차원의 논의로 이끌어 올린다는 데 그 의미를 둘 수 있다.

녹색당의 성립

독일의 녹색당 설립은 새로운 사회운동이 점차 정치화되어 가는 과정으로 설명할 수 있다. 녹색당은 풀뿌리민주주의, 합의, 반위계적 체계, 대항문화적 생활방식을 표명하는 시민운동들 속에서 성장하였으며, 의회에서 이 운동들을 대표하는 대표자로서 자신들을 자리매김하였다. 또 기존 정당체계에 반대하면서, 기존 정당들이 목표로 하는 정권획득에 관심을 보이지 않는 반정당(Antipartei)적 정당의 모습을 고수하고자 하였다. 이런 측면에서 볼 때 녹색당의 설립은 단지 운동의 한 과정일 뿐이며, 새로운 정치의 근본은 여전히 새로운 사회운동에 있다고 해석할 수도 있다(Mez 1987, S. 276).

1977년 힐데스하임에서 '녹색명부환경보호'(Grüne List Umweltschutz)라는 단체로 지역선거에서 1.6%의 득표를 하면서 시작된 주민주도운동의 정치화는 북독일의 작은 도시 슐레스비히와 홀스타인에서 6%와 6.6%의 표를 획득하면서[13] 서서히 그 모습을 드러내었고, 구 서독의 정치에 지각변동을 예고하였다. 그후 에어랑엔에서 여러 단체가 '녹색명부'로 합쳐지면서 전국적인 녹색당의 기초가 되었다. 1979년 브레멘에서 녹색명부가 5.1%를 득표하면서 광역 원내에 진출하였다(Dräger · Hülsberg 1986, S. 91).

녹색당의 설립단계는 세 단계로 나누어볼 수 있다(Mez 1987, SS. 269~70).

초창기에는 지역 차원에서 다양한 운동들이 시위결사체의 모습을 갖추면서 정치적 활동을 시작하였으며 이런 다양한 조직들이 '또 다른 정치적 결사체'(Sonstige Politische Verein)라는 이름으로 집결하였다. 이 단계에서는 좌파와 우파 생태주의자들이 결합함으로 해서 방향이 독선적, 특히 급좌경화하는 것을 막으려는 시도들도 있었는가 하면, 여러 지역에서는 좌파와 우파가 동시에 결성되기도 하였다. 즉 모든 방향이 공존하는 시기였다 할 수 있다.

그러나 유럽의회의 선거와 함께 갈등을 누르고 하나의 리스트로 함께 입후보할 것을 시도하게 되는데, "의회에 들어가서 일하면서 시장경제체제의 개혁과 구조변화를 통한 변화를 추구한다"는 주제 아래 하나로 연대해서 생태적, 기초민주주의, 사회적, 비폭력적이라는 당의 강령이 제정되면서 정치정당을 위한 초석이 마련된다. 이 단계에서 좌파와 우파가 5%의 장벽을 넘기 위해 연합을 시도하고, 특히 1980년 연방선거에서 두 개의 생태주의적 정당이 선거에 입후보할 것에 대한 두려움으

---

13) 독일의 선거제도는 한 정당이 득표수의 5% 이상을 얻어야 원내 진출이 가능하기 때문에 5%의 장벽이 중요한 분기점이 된다.

로 좌파들이 당의 기본 이념을 생태주의적 단체들에게 양보하게 된다.

1980년 1월 연방정당 녹색당은 칼스루에에서 창당식을 가지고 정식 정당으로 출범하였으며, 많은 프로그램들이 좌파적 경향을 띠고 있었다. 이에 허버트 굴을 중심으로 한 우파가 당을 떠나 새로운 독일생태민주당을 창당한다. 지향하는 방향에 따른 분열시기라 할 수 있다.

1980년 연방선거에서는 득표율 1.5%로 의회에 진입하지는 못하였으나, 계속되는 사민당의 우경화로 녹색당은 드디어 기회를 잡게 된다. 슈미트의 사민당은 1979년부터 시작된 세계경제 위기와 레이건정권 후 나토의 군장비 증가에 대한 적극적 찬성, 대중적 평화운동의 반대, 재정감축정책, 원자력에너지 경제에 대한 찬성 등으로 점차 우경화함으로써 결과적으로 새로운 정당인 녹색당에 힘을 실어주게 된다. 녹색당은 1981년 베를린선거에서 7.2%, 니더작센주에서 6.5%, 헤센주에서 8% 등의 표를 얻어 5%의 장벽을 넘어서면서 모두 광역의회에 입성하게 되며, 그리고 1983년 3월 연방선거에서 5.6%의 득표를 하여 연방의회에 녹색당이 등장하기에 이른다.[14]

독일녹색당이 다른 유럽국가의 생태주의 정당들에 비해 번성할 수 있었던 이유는 우선 구 서독의 독특한 정치상황에서 연유한다. 유럽에서 동서갈등의 중심지는 서독이었으며, 국시로서의 반공주의, 노동계급과의 통합도구로서 사회주의와의 연계, 외교에서는 미국과의 연맹이 1959년 이후 독일을 떠받치고 있는 세 축으로서, 기존 정당들에 의해 수행되고 있었다. 이 영역들은 의회에 대해 비판적 역할을 수행했던 비의회반대파도 비판을 제기할 수 없었던 성역이었으며, 바로 이런 성역에 대해 문제제기를 할 수 있는 새로운 정치적 결사체가 필요했던 시기이기도 하였다.

두번째는 사민당의 우경화로, 70년대 중반 이후 사민당이 집권하면서

---

14) 1983년 연방선거에서 녹색당은 28명의 의원을 당선시켜 원내에 진출함으로써 기민당/기사당, 사민당, 자민당에 이은 독일의 제4당으로서의 위치를 확보하게 된다.

점차 우경화해 감에 따라 새로운 비판세력의 출현을 기대하였으며 이 비판세력은 엘리트 중심이 아닌 시민이 중심이 된 새로운 형태의 정당이었다 할 수 있다. 여기에 사민당에서 배제된 좌파들이 그 조직을 엮는 역할을 맡았다.

세번째로 녹색당이 유럽의 다른 나라들에 비해 성공적일 수 있었던 이유는 선거체제의 특성 때문이었다. 비록 후보자를 당선시키지 못하더라도 정당의 전체 득표수가 5%를 넘으면 미리 제시된 명부의 당원들이 의회에 등원할 수 있는 정당명부제라는 선거제도 덕분에 녹색당은 많은 이득을 볼 수 있었는데, 투표수의 5%를 확보하여 의회로부터 대표자격을 부여받았고 무엇보다 재정적인 지원도 받을 수 있었기 때문이다(루크 마텔 1998, 173쪽). 게다가 5%의 대표성을 확보하지 못했을 때도 투표비율에 따른 재정지원을 받을 수 있었기 때문에 당의 기반을 굳힐 수 있었다. 이는 사회 내의 소수의견을 존중해 주고 배려하는 정치제도적 장치가 어떻게 마련되어 있는가가 정치에 새로운 지형을 형성할 수 있는 기반이라는 것을 단적으로 보여준다.

4. 녹색당의 원칙과 쟁점들

초기의 원칙들

녹색당의 구성원들이 모두 찬성하는 원칙을 정하는 일은 구성원들의 다양성만큼이나 힘들고 어려운 일이었다.[15] 수많은 논의와 논란 끝에

---

15) 다양한 집단들이 여러 문제와 원칙들에 대해 갖가지 제안들을 내세우는 바람에 거의 정당이 결성되지 못할 것이라는 추측을 낳기도 하였는데, 당시 74세였던 아우구스트 하우스라이터에 의해 그 돌파구가 마련된다. 다음은 그의 회상이다. "…그 회의장에는 각자의 입장을 개진하고 있는 3천여 명의 사람들이 모여 있었기 때문입니다. …비록 의견의 일치는 불가능한 것처럼 보였지만, 나는 종이를 꺼내들고 그 위에다가 생태주

정해진 원칙은 생태적(ökologisch), 사회적(sozial), 풀뿌리민주주의적(basisdemokratisch), 비폭력적(gewaltfrei)이었다. 녹색당이 채택하는 모든 정책과 당의 운영은 이 원칙들에 의거하여 이루어졌다(Schroeren 1990, S. 234).

'생태적'은 녹색당 설립의 가장 근간이 되는 원칙으로 "그 스스로가 상호 연관되는 부분이자 동시에 완전한 것인 복잡한 역동적 시스템의 그물로서의 사회활동의 구조와 인간 상호작용에 대한 인식인 사회생태학"으로부터 나온다. 따라서 인간상호간의 관계를 위계적으로 줄 세우는 시스템적 사고보다는 관계를 중요하게 여기는 관계망적 사고를 선호한다(Gritzebach 1982). 관계 및 상호연관성에 대한 강조는 환경보호에 초점을 맞추고 있는 녹색당의 생태주의적 활동의 토대가 되며,[16] 연방선거에서 녹색당이 표를 모을 수 있는 정책, 즉 독일 남부의 검은 숲지대와 체코-동독국경지대의 죽은 숲들을 급증시키는 원인이 되어왔던 산성비의 형성을 줄이고 그것을 중지시키기 위한 행동들로 이어졌다(스프레트낙 & 카프라 1990, 71쪽).

두번째 원칙인 '사회적'(또는 사회적 책임)은 생태주의적 원칙의 사회실행에 대한 해석이라 할 수 있다. 물론 독일에 이미 사회적이라 개념이 존재하고 있지만, 녹색당원들은 사회적이라는 개념을 사회주의에 대한 약어, 즉 민주적 마르크스주의라고 해석하고 있다(같은 책, 73쪽). 이

의, 사회적 책임, 풀뿌리민주주의, 비폭력이라는 네 개의 단어를 독일어로 적었습니다. 그리고 나서 나는 그룰(보수파의 지도자)과 렌츠(좌파의 지도자)를 기자들이 모여 있는 방으로 불러모아 '서명하시오'라고 말했습니다. 그 다음 우리는 회의장으로 돌아와 '우리는 강령을 채택하였습니다'라고 발표했습니다."(스프레트낙 & 카프라 1990, 73~74쪽)

16) 이 생태주의에 대한 녹색당의 의지는 그들의 연방강령에 잘 나타나 있다. "우리는 생태주의적 정치를, 즉 인간과 우리의 환경을 자연의 일부분으로 이해하는 수단이라고 정의한다. 인간생활은 또한 생태계의 생활주기에 속해 있다. 왜냐하면 우리가 우리의 행동에 관여하게 되면, 이는 잇달아 우리에게 영향을 미치기 때문이다. 우리는 생태계의 안정성을 파괴해서는 안 된다. 특히 생태주의적 정치는 자연계의 가족의 주기에 대한 파괴적인 간섭뿐만 아니라 착취, 경제 및 천연자원과 원자재의 약탈 등에 대해 전반적으로 반대하고 있다."

사회적이란 강령은 사회정의를 뜻하는 것으로 가난한 사람과 노동계급이 경제와 소비사회를 생태학적으로 재편성하려는 계획들로 인해 피해를 입지 않는다는 보장을 의미한다. 이 원칙은 여성들과 서독 내에 존재하고 있는 외국인노동자들 같은 소수파들의 사회적·시민적 권리를 보호하기 위한 법률제정으로 이어졌다.

풀뿌리민주주의적 원칙은 녹색당의 정책을 설립하는 데 근간이 될 뿐 아니라 녹색당을 운영해 나가는 데 가장 기본이 되는 원칙이라 할 수 있다. 이 원칙은 녹색당의 연방강령의 "풀뿌리민주주의적 정치란 분권화되고 직접적인 민주주의가 확대 실현됨을 의미한다. 우리는 민중 차원에서 내려진 결정들이 원칙적으로 우선권을 지녀야만 한다는 신념으로부터 출발한다…"(Schroeren 1990, S. 237)에서 잘 나타나고 있는데, 대의민주주의가 지닌 문제점을 해결하는 대안으로 제시되며 새로운 형태의 정당모습을 의미한다. 즉 그 "기본 구조를 풀뿌리민주주의적이고 지방분산적인 종류로 감쌀 수 있는, 그렇다고 해서 서로 찢어지는 것이 아닌 새로운 형태의 정당조직"을 기대하는 것이다.[17]

풀뿌리민주주의의 원칙은 녹색당과 시민운동의 관계를 설정하는 데 기본이 되고 있다. 녹색당의 주요 기능 중의 하나는 시의회, 군의회, 주의회 그리고 연방의회에서 여러 시민운동단체를 대변하는 목소리가 되고 또 그러한 기관들로부터 나오는 특별한 정보들을 여러 단체들에 제공해 주는 것이다. 그리고 녹색당원들은 개인적으로 시민운동들에 적극적으로 관여하고 있어 시민운동단체와 의회의 중재자로서의 역할을 다하고 있으며, 재정 면에서도 생태기금(Öko-Fond) 재단을 통해 상당액의 자금을 운동가들의 사업에 직접 지원해 주고 있다.

풀뿌리민주주의 원칙에서 나온 중요한 녹색당 운영의 방법은 순환원칙이다. 권력집중을 분산시키기 위해 녹색당은 선거인명부에 오를 후보

---

17) 녹색당이 첫번째로 제출한 정당프로그램에 나타나 있는 표현임(Minhoff 1988, S. 152).

자리스트를 두 배로 만들어 임기의 반인 2년 후에 교대시키는 것을 원칙으로 한다. 이 순환원칙은 녹색당 내에서도 활발한 논쟁의 주제가 되는데, 주로 장기간의 임기가 정보와 권력을 집중시켜 기성 정치가 지닌 문제들을 되풀이하게 될 것이라는 주장과 효율성 문제가 제기되었다.[18]

네번째 원칙인 비폭력은 '개인적인 폭력'과 '구조적인 폭력', 즉 국가와 제도에 의해 가해지는 폭력과 억압에 대한 저항을 의미한다. 가부장제사회에서 흔히 볼 수 있는 여성과 어린이 그리고 소수집단들에 대한 폭력과 억압의 종식을 요구하고 있는 이 비폭력의 원칙은 군국주의에 대한 반대, 그 동안 성역으로 여겨져 비판이 금기시되어 왔던 나토에 대한 비판 등으로 이어졌다.

초기의 문제점

이상과 같은 네 가지 강령을 공통분모로 하여 출발한 녹색당은 설립 초창기부터 여러 가지 문제들을 안고 있었다. 그중에서도 구성원들간에 동질성을 찾기 어렵다는 점이 문제였다. 구좌파, 환경보호를 주장하는 가치보수주의자들, 근본생태주의자들이 함께 모여 있어 정책에 대한 구체적인 합일점을 찾기가 힘들었으며 자연히 논쟁이 끊이지 않았다. 그 후 가치보수주의자들이 먼저 당을 탈당했으며, 1990년 이후 근본주의자와 현실주의자들 사이의 투쟁에서 근본주의자(Fundamentalist, Fundi)들이 탈당하여 현재 녹색당은 현실주의자(Realist, Realos)들이 중심을 이루고 있다.

두번째 문제는 경제와 생태를 어떻게 결합시킬 수 있는가였다. 1980년 당시 서독국민의 80% 이상이 가장 큰 사회문제로 실업과의 투쟁을

---

[18] 이 논쟁은 1983년 진델핑엔의 녹색당 전국대회에서 타협안이 통과되었다. 즉 당의원의 순환에 대해서는 최소한 주대회의 70%가 승인한다면 직책에 그대로 남아 있도록 허용한다는 것이 표결로 결정되었다. 결국 이 원칙은 1987년 당내에서 제도적으로 종결을 맞게 된다. 순환론에 관한 논쟁은 카치아피카스(1999, 339~40쪽) 참조.

꼽았지만 녹색당이 이 문제해결에 적합하다고 생각한 사람은 단지 3%에 불과했다.

1982년 루돌프 바로가 주도한 녹색경제정책은 "세계시장의 종속으로부터 독립된 새로운 생활실천을 위해" 또는 "산업화로부터의 하차를 위한 방법을 준비하는 것"을 기본 목적으로 하였다. 노동자의 이익과 생태주의를 함께 가져올 수 있는 정책을 추구하여 사민당과는 구별되며, 자본주의의 대안으로 "지역이나 지방을 경제공간의 중심으로 하여 소비자 중심의 생산, 동지적이고 자율적인 소기업의 공동체 형성"을 목적으로 내세웠지만 구체적인 안으로 연결되지는 못하였다. 따라서 전체적인 정당의 정강과 구체적인 요구들 사이의 연계가 약하다는 것이 문제점으로 지적될 수 있다. 마르크스주의 쪽으로의 편향을 피하려 노력했지만 결국 그들의 일상적인 정책요구에서는 사회주의적인 요소가 짙게 배어 있었다.

녹색당의 세번째 문제는 정치에의 참여자로서 권력을 다루면서 지도자, 매체스타, 새로운 엘리트의 출현은 막으려 했다는 모순에 있었다. 권력집중을 막기 위해 후보자들의 순환제도를 도입하였고, 봉급의 평준화를 위해 여러 규정들을 도입하였으며, 주요 결정들을 직접민주주의에 종속시켰다. 이 풀뿌리민주주의적 원칙은 초창기부터 당내에서 끊이지 않는 논쟁을 불러 일으켜 당을 분열시켰으며 녹색당의 정당성의 근거를 흔들리게 하였다.[19] 즉 일부 당원들에게는 당이 존재하는 본질적인 이유는 풀뿌리민주주의에 있었지만 다른 당원들에게는 "아마존의 열대우림만큼이나 위험한 녹색지옥"이었다(Fischer 1983, S. 35).

네번째 문제는 녹색당의 원칙인 생태적, 사회적, 풀뿌리민주주의적, 비폭력적이라는 원칙들이 서로 엮여지고 융화되어 정책으로 나타났다

---

19) 결국 녹색당은 이러한 원칙들을 포기하였고, 현재는 기존의 다른 정당들처럼 보이게 놔두었다. 즉 현실파인 레알로스(Realos)들이 당을 장악하여 저명한 지도자 중심으로 매체망과 당 지위에 대한 장악이 공고화되었다.

기보다 제각각 분업적인 형상을 띠고 있었다는 점을 지적할 수 있다.

5. 맺음말: 녹색당을 통한 국가의 녹색화

이상에서 녹색당의 설립과정을 신좌파운동·신사회운동과의 연계 속에서 살펴보고, 그들이 실현하고자 하는 원칙과 이슈들을 정리해 보았다. 이러한 녹색당의 설립과정은 과정 자체로서도 대안정치의 시도와 제도권 진입이라는 점에서 의미가 있으나 보다 중요한 점은 이러한 녹색정당이 기존의 정치권에 어떠한 영향을 미쳤으며 국가의 녹색화에 어떻게 기여했는가 하는 것이다.

첫번째 의미는 제도정치권과 시민운동의 연계를 원활하게 하였다는 데서 찾을 수 있다. 녹색당은 권력의 장에서 시민운동단체들의 정치적 대변자가 되어왔을 뿐 아니라 또 여러 단체들에 제도권정치의 장에 있는 정보를 제공하는 교량역할을 맡아왔다. 이는 정당과 적대적인 관계 또는 하부구조로서 존재하던 시민운동을 정치권과 상호 공존하며 인력이나 조직 면에서도 서로 교환할 수 있는 정치적 존재로 부각시켰다 할 수 있다.

두번째는, 제도권 내에서 그 당시까지 주변부로 다루어지던 환경문제를 당의 중심 과제로 설정하기 시작하였다는 점이다. 독일에서도 녹색당이 연방의회에 진출하기 전까지 생태문제는 정치적 논의에서 적극적으로 다루어지지 않았다.[20] 녹색당은 의회에 진출하자마자 생태학적 피해현상이나 평화운동의 주요 요구사항들을 논의하였으며, 그 당시까지 금기시되어 오던 새로운 미사일의 배치에 대한 반대나 나토로부터의 탈퇴, 비동맹노선 채택 등 운동에서 주로 다루어지던 문제들을 주장하기

---

20) 예를 들어 1982년에 출간된 「2000년대의 지구보고서」에 대한 토론에는 전체 의원의 1/10밖에 참석하지 않았다.

시작하였다. 이러한 녹색당의 주장은 의회 밖의 정치평론가들의 지지를 받았으며 대중토론까지 촉발시키는 계기가 되었다. 또 논쟁점뿐 아니라 운동분야에서 환경문제를 다루던 생태주의자들이 정치권에 합류함으로써 환경문제를 문제해결 차원에서 접근하는 것이 아니라 근본적인 가치의 문제로서 접근하도록 하였다. 이는 특히 녹색당 내의 근본주의자들에 의해 주창되었으며 환경문제를, 쓰레기를 어떻게 하면 줄일 수 있으며 어떻게 처리할 것인가 등과 같은 단순한 차원에서 다루던 것을 넘어서서 보다 근본적인 사회적 패러다임의 전환 차원에서 접근할 수 있게 하였다.

세번째는, 녹색당이 기존의 가부장적인 정치권의 패러다임을 깨는 데 앞장섰다는 점이다. 녹색당은 50% 여성할당제를 주장하고 당직과 후보자선정에서 이를 실천하였으며, 또 낙태문제 등을 의회의 주요 쟁점으로 제시함으로써 보다 근본적인 여성문제를 의회 차원에서 논의하도록 하였다. 이러한 새로운 시도는 다른 어떤 분야보다도 가부장적이고 권위주의적인 정치권으로부터 강력한 반발을 받기도 하였지만 정치권 밖의 많은 집단들을 고무하고 격려하는 역할을 하였다. 녹색당은 정치에서 비권위주의적이고 미래지향적인 접근방법을 시도하였고 이는 기존의 다른 정당에도 영향을 미쳤던 것이다.

네번째 녹색당의 기여는 어떻게 보면 녹색당이 직면한 문제이자 위기와도 연결되어 있다. 즉 녹색당에서 인식하고 주장한 여러 이슈들이 큰 정당들에 의해 채택되었다는 점이다. 녹색당이 제기하기는 하였으나 소수당이기 때문에 해결하지 못하고 있는 생태적인 문제들이나 유럽 미사일배치에 대한 반대와 같은 문제들에 다수당인 사민당이 흥미를 보이기 시작한 것을 비롯하여 환경문제는 그후 모든 정당에서 관심을 가지고 정책화하는 주제가 되었다. 또 환경문제뿐 아니라 여성문제, 할당제 등도 기존 정당에서 받아들이기 시작하여 독일의 정치지형은 녹색당의 출현과 함께 많은 변화를 이룩하였다.

이상과 같이 녹색당의 성립과 초창기 활동은 사회운동의 연장선상에서 독일의 권위주의적인 정치권의 분위기를 혁신하는 데 큰 역할을 하였다. 창립 초기부터 현재까지 녹색당은 10% 미만의 지지율을 확보하고 있는 소수정당이지만, 당원이나 지지자들에게만 영향을 미치는 것이 아니라 기존 정치권의 지형을 바꾸는 작용을 함으로써 독일에서 국가의 녹색화에 시동을 건 주체이자 세계적으로도 새로운 정치의 가능성에 대한 기대를 갖게 하였다. 이제 독일에서는 환경문제나 평화문제, 여성이나 외국인 등 소외된 집단의 문제는 당연히 정치권 안에서 다루어지는 문제로 인식되고 있다. 물론 20여 년의 시간이 흐르면서 녹색당은 초창기에 가지고 있던 여러 가지 목표나 원칙들을 변화시켜 많은 비판을 받기도 하지만, 아직도 녹색당 모델은, 발전중심적이고 권력에 집착하고 소수의 지배세력에 의해 주도되는 현대정치의 문제점을 극복하는 하나의 대안으로서 가치가 있으며 녹색국가로 진입하는 과정의 주요 요소라 할 수 있다.

참고문헌

고상두 (1999), 「신사회운동의 정치이론」, 이신행 편, 『시민사회운동』, 법문사.
루크 마텔 (1998), 『녹색사회론』, 대구사회연구소 환경연구부 옮김, 한울.
스프레트낙 & 카프라 (1990), 『녹색정치』, 강석찬 옮김, 정신세계사.
앤서니 기든스 (1993), 「해방의 정치와 삶의 정치의 출현」, 정수복 편역, 『새로운 사회운동과 참여민주주의』.
유팔무·김호기 (1995), 『시민사회와 시민운동』, 한울.
이정전 (1996), 『녹색정책: 환경도 살리고 경제도 살리고』, 한길사.
이진원 (1999), 「시민사회와 민주주의 정치과정」, 이신행 편, 『시민사회운동』, 법문사.
정수복 편역 (1993), 『새로운 사회운동과 참여민주주의』, 문학과지성사.
조명래 (2001), 『녹색사회의 탐색』, 한울.

클라우스 오페 (1993),「새로운 사회운동: 제도정치의 한계에 대한 도전」, 정수복 편역,『새로운 사회운동과 참여민주주의』.

J. 드라이젝 (1995),『환경문제와 사회적 선택: 정치, 경제 생태론』, 최승회 옮김, 신구문화사.

카치아피카스 (1999),『신좌파의 상상력』, 이재원 외 옮김, 이후.

_____ (2000),『정치의 전복』, 윤수종 옮김, 이후, 2000

호광석 (1996),『한국정당체계 분석』, 들녘.

Bahro, R. (1980), *Elemente einer neuen Politik*, Verlag olle&wolter.

Brand, K. W. (1987), "Kontinuität und Diskontinuität in den neuen sozialen Bewegungen," Roth/Rucht Hrsg., *Neue soziale Bewegung in der Bundesrepublik Deutschland*, Frankfurt: Campus.

Burke, E. (1983), "Thoughts on the Cause of the Present Discontents," *Burks Words*, London: Geo. Bell/Sons.

Dalton, R. (1988), *Citizen Politics in Western Democracy. Public Opinion and Political Parties in the United States, Great Britain, West Germany and France*, NJ: Chatham.

Dräger · Hülsberg (1986), *Aus für Grün?*, isp-Verlag.

Fischer, J. (1983), "Für einen grünen Radikalreformismus," Wolfgang Kraushaar Hrsg., *Was sollen die Grünen im parlament?*, Frankfurt: Verlag Neue Kritik.

Gritzebach, M. (1982), *Philosophie der Grünen*, Olzog Verlag.

Habermas, J. (1985), *Die Neae Übersichtlichkeit, Kleine Politischer Schrift*, Frankfurt A/M.

Hildebrandt, K., D. Russel (1977), *Die neue Politik-Politischer Wandel oder Schönwelterpolitik?*, Politische Vierteljahrschrift 13. Heft 2.

Ingelhart, R. (1977), *The Silent Revolution, Changing Values and Political Styles among Western Publics*, Princeton, N. J.: Princeton Univ. Press.

Jelliek, G. (1960), *Allgemene Staatslehre*, dritte Aufl., Hamburg: Hermann Gentner Verlag.

Knäpper, M.-T. (1984), *Feminism, Autonomie, Subjektivität: Tendenzen und Widersprüche in der neuen Frauenbewegung*, Bochum: Germinal Verlag.

Korte, H. (1987), *Eine Gesellschaft im Aufbruch*, Suhrkamp.

Mez, L. (1987), "Von der Bürgerinitiativen Zu den Grünen," in Roth/Rucht.

Minhoff, C. (1988), "Entscheidungsfindung und Entscheidungsstruktur in der grünen Basisdemokratie," Bericht und Studien Hrsgs., *Die Grünen : Programmatik, Strategie, Taktik*, Der Hans-Seidel-Stiftung Band 3F.

Murphy, D. und R. Roth (1987), "In vielen Richtungen zugleich: DIE GRÜNEN-ein Artefakt der Fünf-Prozent-Klausel?," in Roth · Rucht.

Neidhardt, F. (1985), "Einige Ideen zu einer allgemeinen Theorie sozialer Bewegungen," St. Hraadil Hrsg., *Sozialsturktur im Umbruch* Karl Martin Bolte zum 60, Geburtstag: Opladen.

Raschke, J. (1984), *Soziale Bewegung*, Frankfurt: Campus.

_____ (1991), *Krise der Grünen*, Marburg: Schüren.

Roth · Rucht (1987), *Neue soziale Bewegungen in der Bundesrepublik Deutschland*, Frankfurt: Campus Verlag.

Rucht, D. (1987), "Von der Bewegung zur Institution?," in Roth/Rucht.

_____ (1994), *Modernisierung und neue soziale Bewegungen*, Frankfurt: Campus.

Schroeren, M. Hrsg. (1990), *Die Grünen: 10 bewegte Jahre*, Wien: Verlag Heberreute.

Stöss, R. (1987), "Parteien und soziale Bewegungenl," in Roth/Rucht Hrsg.

von Soden, K. ed. (1988), *Der grosse Unterschied: Die neue Frauenbewegung und die siebziger Jahre*, Berlin: Elefanten Press.

Weber, M. (1921), *Wirtschaft und Gesellschaft* Vol. 1, Tübingen: J. C. B. Mohr.

Zwick, M. (1990), *Neue soziale Bewegungen als politische Subkultur*, Campus.

지방의제21을 통한 거버넌스 실험과 녹색가치의 제도화 방안

정 규 호[*]

1. 머리말

자연자원 고갈과 환경오염으로 대표되는 환경문제를 통해 현대사회체제의 지속 불가능성(unsustainability)을 우려하는 목소리가 높아지고 있다. 무한성장을 추구해 온 현대사회의 생산 및 소비 양식을 충족·유지시키기에는 자연생태계가 가진 자원공급 능력과 오염물질 정화능력에 '한계'가 있어 사회체제의 지속 가능성 토대가 취약하다는 인식이 확산되고 있는 것이다.

이제 환경문제는 생활공간의 위생 및 보건 문제 차원을 넘어 사회구성원들의 생존문제와 결합된 체제 전반의 문제로 확장되고 있다. 이러

---

[*] 대화문화아카데미 바람과 물 연구소 선임연구원

한 상황에서 '녹색'[1]이라는 새로운 가치를 중심으로 하여 기존의 지배적인 가치체계와 생활양식, 사회제도 및 체제의 문제점들을 진단하고, 바람직한 사회구조와 운영원리를 탐색하려는 노력들이 등장하고 있는 점은 주목할 필요가 있다. 인간과 인간, 인간과 자연의 실질적인 균형과 조화를 위한 새로운 통치이념, 사회구성원리, 생활양식을 찾고자 하는 '녹색국가' '녹색정치' '녹색사회' 등에 관한 논의들이 바로 그러하다.

이 글은 녹색가치가 구현된 바람직한 사회체제를 구성하기 위해서는 공적 권한 및 책임을 가진 주체인 국가의 기능과 역할이 새롭게 재구성될 필요가 있다는 점에 주목하고 있다. 그리고 국가를 녹색화하기 위한 중요한 과제 중 하나로서 지방의 역할과 제도화 과제를 다루는 데 초점을 맞추고 있다. 이는 지방의 녹색화가 전제되지 않은 국가의 녹색화전략은 실효성은 물론 실현 가능성 또한 매우 낮다는 문제의식에 근거한 것이다. 즉 지금과 같이 다원화·개방화가 확대되고 있는 상황에서 국가중심의 권위주의적 생태계 보호전략은 정당성은 물론 효과성 자체를 담보해 내기 어려우며, 그 결과 사회체제의 실질적인 녹색성을 이루기가 어렵다는 것이다. 이러한 문제제기는 특히 우리나라의 국가운영체계가 중앙집권적이고 권위주의인 통치체제 아래서 경제성장 중심의 정책을 추진해 온 점을 특징으로 한다는 데서 시사하는 바가 크다. 지방중심의 자율적인 통치체제를 구축함으로써 자연생태계와 지방 상호간의 새로운 관계설정이 필요하며, 국가는 지방을 중심으로 한 수평적이고 상향적인 소통구조를 보장하고 조율하는 조력자(enabler) 또는 촉진자(facilitator)로서의 역할이 새롭게 모색되어야 할 것이다.

---

1) 여기서 말하는 '녹색'은 자연환경을 상징하는 수준을 넘어 기존의 자본주의(청색)와 사회주의(적색) 체제의 한계를 지양하는 대안탐색 차원에서 논의되는 것으로, '새로운' 인식과 실천 영역을 강조하고 있다는 점에서 개념의 폭과 깊이가 대단히 넓고 크다. 녹색은 내용 면에서 환경·생태 문제뿐만 아니라 평화·여성·인권 문제까지 다루며, 형식면에서도 공식적 제도의 틀을 넘어 비제도영역에서 이루어지는 참여와 자치의 다양한 실험들을 포괄하고 있다.

이러한 관점에서 이 글은 먼저 녹색사회를 향한 중요한 실천방안으로서 지방 차원에서의 지속 가능성 확보를 위해 등장한 '지방의제21' (Local Agenda 21)의 내용과 의미를 살펴본 다음, 지방의제21의 새로운 실천양식으로 등장하고 있는 거버넌스체제의 특성과 실천적 함의를 다룰 것이다. 이어서 우리나라의 지방의제21 추진 현황과 과제를 살펴봄으로써 녹색가치를 실현하기 위한 제도설계 방안을 찾아볼 것이다.

2. 지속 가능성 문제와 지방의제21

그 동안 지방은 근대화・산업화・도시화 과정에서 국가정책의 수동적인 대상으로 취급되어 왔으며, 이 과정에서 나타난 불균형 성장과 자연생태계 파괴는 지역사회를 황폐화시키는 요인으로 작용하였다. 특히 급속한 도시화과정은 제한된 공간에 인구와 자원, 에너지를 과잉집중시켜 이용하고 엄청난 폐기물과 오염물질들을 배출시켜 왔다. 또한 생태・녹지 공간을 잠식하는 도시공간의 외연적 팽창과정은 결국 배후지역에까지 상당한 생태학적 부담을 가중시킴으로써 지속 가능성 문제를 발생시키는 직접적인 요인으로 작용하여 왔다.[2]

이러한 상황에서 '지방'이야말로 지속 가능성을 달성하기 위한 실질적인 책임단위임을 인식하는 움직임들이 나타나고 있다. 지방정부를 비롯한 지역사회구성원들의 협력적 의사결정을 통해 정책을 개발하고 지역특성을 고려한 공동관리체제를 구성하려는 노력들이 등장하고 있는 것이다. 1992년에 개최된 유엔환경개발회의(UNCED)를 계기로 해서 등장한 지방의제21[3]은 국가중심의 획일적이고 총량적인 성장정책에 대

---

[2] 이러한 현상은 특히 우리나라 대도시를 중심으로 강하게 나타나는데, 전체 국토면적의 4.2%에 해당하는 서울시를 포함한 5개 광역시에 전체 인구의 47.1%가 모여살고 있으며, 전체의 46.9%에 해당하는 자동차를 보유하고 있고, 전체 용수공급량의 60.5%, 전국 생활쓰레기발생량의 70%를 차지하고 있다.

한 비판과 함께 지방 차원에서 새로운 발전양식을 모색하고자 하는 대표적인 사례라 할 수 있다.

지탱 가능한 발전을 위한 지방자치단체들의 적극적인 역할을 모색하기 위해 출범한 세계지방환경협의체(ICLEI)의 적극적인 활동에 힘입어 등장한 지방의제21은 국제사회에서 주요 사안으로 지속적으로 다루어져 왔다. 1996년 터키 이스탄불에서 열린 세계도시정상회담(Habitat II), UNEP의 지속 가능한 도시를 위한 프로그램 개발과 UNDP의 Capacity21에 대한 연구 그리고 지방의제21의 중요성을 확인한 1997년 UN총회가 잇따라 개최되었다(Selman 1998, p. 533). 또한 1999년 호놀룰루에서 열린 아시아·태평양지역 시장들의 환경정상회담에서도 지방의제21이 지방 수준의 지탱 가능한 발전을 달성하는 핵심 요소라고 밝힌 바 있으며(APEC 1997), 올해(2002) 8월 말에는 리우회의 이후 10년 동안의 노력들을 평가하고 향후 발전방향을 모색하는 범지구적인 대규모 국제회의(Rio+10)가 남아프리카공화국 요하네스버그에서 열릴 계획이다. 국제사회의 이러한 움직임들은 지방의제21을 통해 지구적인 차원에서 당면하고 있는 지속 가능성 문제를 지방 차원에서부터 해결하는 데 중요한 역할을 할 수 있을 것이라는 기대를 반영한 것이다.

해당 지역사회의 지속 가능한 미래상을 설정하고 구성원 모두가 함께 실천하고자 하는 지방의제21운동은 이제 국제사회에서 중요한 흐름으로 자리잡고 있으며, 최근 몇 년 사이에 국내외의 많은 지방자치단체들이 지방의제21 작성 및 실천에 적극적인 관심을 가지고 참여해 오고 있다. 우리나라도 전국 248개 자치단체 중 약 86%에 달하는 자치단체들이 '참여'와 '파트너십' 원칙을 강조하면서 지방의제21을 수립 또는 시행중에 있다.[4] 비교적 짧은 기간 동안 이처럼 많은 지역에서 환경을 고

---

3) 유엔환경개발회의에서 채택된 '의제21'(Agenda 21)의 제28장은 '지탱 가능한 발전을 위한 지방정부의 역할'을 명시하고 있으며, 이러한 내용이 '지방의제21'(Local Agenda 21) 속에 구체적으로 담겨 있다.

4) 작년 말(2001. 12. 31) 기준으로 전국 248개 자치단체 중 지방의제21 작성을 완료한 곳이

려한 자율적인 지역발전계획을 수립하고 실천하려는 노력들이 나타나고 있다는 점은 놀라운 일이다.

지속 가능성을 위한 전략적 거점으로서 지방의 능동적 역할을 강조하고 있는 지방의제21은 '지방정부' '기업' '시민사회' 영역의 다양한 행위자들이 '참여'와 '파트너십' 원칙을 기반으로 해서 공동으로 실천하는 것을 핵심 내용으로 하고 있다. 이는 관 주도의 전문가중심의 관리방식에서 벗어나 지역사회 관리에서 '주체'와 '방식' '대상'이 새롭게 변화되어야 함을 의미하는 것이다.

하지만 지난 세기 근대화과정을 통한 우리나라의 국가발전과정과 시민사회 형성경로를 살펴볼 때, 지방 차원에서 다양한 구성원들이 지속 가능성이라는 공통 목표를 위해 자발적으로 참여하는 협력체제를 구성하고 운영하는 것이 결코 쉬운 일은 아니다. 지속 가능성을 목표로 민과 관이 협력하는 새로운 공동관리체제는 관은 물론 민간부문에게도 생소한 영역으로서 창조적인 실험의 대상이라 할 수 있다. 특히 현재 당면하고 있는 지속 가능성 문제의 발생원인이 기존 패러다임하에서 형성된 가치체계 및 제도양식과 깊은 관련이 있다는 점에서, 기존의 도시 및 지역 관리체제의 틀 속에서 기능적이고 기술적인 처방을 통해서는 지속 가능성 문제를 효과적으로 해결할 수 없을 것이다. 지속 가능성 문제는 단순히 녹지공간 확보와 에너지순환체계의 개선 등만을 의미하는 것이 아니며 가치와 제도, 문화 등 사회체제 전반의 개선을 필요로 하는 문제이기 때문이다(Mega 1998).

결국 기존 관리체제의 능력과 범위를 넘어서고 있는 지속 가능성 문제를 효과적으로 다루기 위해서는 지방정부를 비롯한 다양한 지역사회 구성원들의 포괄적인 참여와 이들 상호간의 자율적이고 협력적인 노력이 필요하다.[5] 그리고 이를 위해서는 지역사회의 특성을 반영한 관리목

167(67.3%), 수립중인 곳이 46(18.6%)으로 213곳(85.9%)의 자치단체들이 지방의제21과 관련한 활동에 참여하고 있다.

표 설정과 우선순위의 재조정으로 협력적인 문제해결을 촉진할 수 있는 제도적 역량이 강화될 필요가 있다. 이러한 점에서 지방정부를 중심으로 한 공공부문(public sector)과 민간기업을 중심으로 한 사적 부문(private sector) 그리고 시민사회의 다양한 활동영역들을 중심으로 한 자발적 부문(voluntary sector)들 간의 새로운 역할과 관계정립을 통해 등장하고 있는 거버넌스(governance)체제는 시사하는 바가 크다.

3. 지방의제21의 실천양식으로서 거버넌스체제 특성

새로운 민관협력유형으로서 거버넌스체제 특성

지속 가능성 문제의 해결을 목표로 하고 있는 지방의제21은 민(民)과 관(官)의 경계를 넘어선 새로운 협력관계를 통해 지방을 거점으로 한 공동관리체제(co-managing system)의 도입을 강조하고 있다. 지역사회의 녹색화를 위한 지방의제21의 중요한 대안적 실천양식으로 최근 거버넌스체제가 주목받고 있는 이유도 바로 여기에 있다.

하지만 민과 관이 공동의 목표를 위해 협력하는 방식은 비단 최근에 나타난 현상만은 아닌 만큼, 기존의 민관협력 일반 유형들과 거버넌스체제가 구성체계와 작동양식 면에서 어떤 차이가 있는지를 먼저 살펴볼 필요가 있다.

민관협력체제는 80년대 들어 '지구화' '지방화' '민주화' 과정이 급격히 전개됨에 따라 기존의 국가주도의 획일적이고 규제적인 관리방식의 한계가 드러나면서부터 주목받아 왔다. 서구사회의 경우 70년대 두 차

---

5) 이는 도시관리에서 행위자들의 다양성과 협력적 특성을 강조하는 것으로 co-steering, co-managing, co-producing, co-allocating 등 최근 'co'를 접두어로 하는 용어들이 많이 등장하고 있는 데서도 확인할 수 있다.

례의 석유파동과 함께 세계경제 침체와 도시재정 위기가 발생하면서 개입주의적 복지국가정책하에서 거대정부가 가져다준 공공부문 비대화와 이에 따른 무능력과 비능률에 대한 비판이 제기되었으며, 그 결과 민관협력체제가 주목받게 되었다.[6] 그리고 이때부터 도시 또는 지역 관리체계에 이른바 '시장의 원리'를 적극 도입하려는 노력들이 활발하게 나타났다.

 우리나라에서 민관협력체제가 주목받게 된 데는 90년대 들어 사회민주화의 폭이 확장되고 지방자치가 부활·발전해 온 데 영향받은 바 크다. 권위주의적 통치체제하에서는 공공사업영역에 민간부문이 참여하는 것을 국가발전을 위한 긍정적인 동반자관계의 구축으로 보는 긍정적 시각도 있었지만, 정치적 동원을 필요로 하는 국가와 특혜를 노린 사기업 간의 부정적인 정경유착 관계로 보는 시각이 강했다. 특히 일련의 정치적 사건들을 통해 민관협력방식에 대한 시민사회로부터의 불신은 상당하였다. 하지만 중앙집권적 행정체제하에서 중앙정부의 위임사무를 집행하던 지방정부가 지방화와 민주화의 확장으로 자치권한을 확대하면서 지방과 도시 차원에서의 민관협력방식이 새로운 가능성 영역으로 주목받게 되었다.[7]

 지방자치제의 실시로 취약한 지방재정을 보완하기 위한 지역경제 활성화가 주요 과제로 등장하면서 공공과 민간 부문간의 협력전략은 특히 주목을 받게 된다. 이는 민관협력방식이 공공부문에는 민간부문의 자금과 조직력·창의력·활력을 제공해 주고 민간부문에는 사업용 토지확보와 관련 인허가절차의 완화, 세금감면 등의 혜택을 제공함으로써 '민'

---

6) 포드주의적 대량생산을 중심으로 한 경직된 관리체제가 한계를 드러내고 전통산업부문에 기반했던 지방정치가 쇠퇴하게 된 반면 시민들의 요구 내용과 수준은 높아짐에 따라, 직접적인 서비스제공자 역할을 담당했던 관료주의적 도시관리체계는 그 적실성을 상실했을 뿐 아니라 부작용마저 발생시켰다(오스본·게이블러, 1994, 35~36쪽).
7) 90년대 들어 정부의 규제완화조치와 함께 지방자치제도가 부활하고, 1992년 이후 '공기업법 개정', 1994년 '민자유치촉진법'(사회간접자본시설에 대한 민자유치촉진법), '지역균형개발법' 등이 신설되면서 도시관리에서 민관협력에 대한 관심이 높아지게 되었다.

(民)과 '관'(官) 모두에게 도움을 줄 수 있는 것으로 인식되었기 때문이다. 기존의 이분법적이고 대립적인 민과 관의 관계를 넘어서고자 하는 이러한 민관협력방식들은 주로 민과 관이 각각 보유하고 있는 자원의 효율적인 동원과 활용에 초점이 맞추어져 있다.[8] 민과 관이 각자의 영역에서 필요한 자원을 교환하는 '민자유치' '민간위탁' '민간시행'이나 협력을 위한 독립영역을 형성하고 이곳에 서로의 자원을 투입하는 방식의 '제3섹터'(the third sector)나 '공동생산'(coproduction) 유형 등이 여기에 해당된다.

하지만 우리나라의 민관협력 일반유형들은 적용대상 영역이 주로 사회간접자본시설 건립에 대한 민자유치를 목적으로 하는 '지역개발형'과 자치단체의 재정확충 및 수익증대를 일차적 목표로 하는 '기업경영형'에 집중됨으로써, 공공서비스분야를 비롯한 공공성에 대한 고려가 부족

〈표 1〉 유형별 비교를 통한 거버넌스체제 특성

구분		권위주의 체제의 관리유형	민관협력체제 일반유형		지방의제21의 새로운 협력유형으로서 거버넌스체제
			제3섹터	공동생산	
핵심 참여 주체	관	중앙정부(관료)	지방정부(관료)	지방정부(관료)	지방정부(관료)
	민	소수 전문가	민간기업	지역사회단체	민간기업 시민(단체)
주요 대상		경제개발	경제개발	사회개발	지속 가능한 발전 (환경, 복지)
방식		위계적 통치 (hierarchical control)	협력적 개발 (cooperative development)	공동생산 및 분배 (co-production & distribution)	공동관리 (co-management)

---

8) 기존의 중앙집권적 행정체제하에서는 공공의 이익에 봉사하는 '관'이 사적 이윤을 추구하는 '민'의 영역에 개입하여 규제를 통해 계획적으로 도시를 관리하는 것이 도시의 공공성 확보를 위해 바람직하다는 인식이 지배했다.

한 실정이다.[9] 사업주체 면에서도 정부와 민간기업 간의 협력형태가 대부분을 차지하고 있다. 이러한 점에서 공공부문, 민간부문, 자발적 부문 3자가 협력당사자로 참여하는 거버넌스체제는 새로운 유형의 협력방식으로서, 구성목표가 단일 정책이슈나 사업과제가 아니라 지역사회의 포괄적 이슈를 대상으로 하고 있다는 점에서 기존의 민관협력 체제와는 성격을 달리하고 있다.

거버넌스체제의 적용영역과 구성적 특성

국민국가 차원에서의 정부(government)와 동일한 의미로 이해되어 오던 거버넌스(governance)는 국가중심 관리체계의 위상 및 역할의 한계에 대한 논의가 활발해짐에 따라 정부중심의 통치양식에서 분리·분화되면서 적용영역을 확장시켜 왔다. 즉 80년대 들어 정치·경제·사회의 조건이 크게 변화되면서 새로운 형태로 제기되는 문제영역들이 '관리에 대한 요구'(governing needs)를 점점 높이고 있는 반면, 기존 국가중심 체제의 '관리능력'(governing capacity)은 점점 약화되는 상황이 발생하게 되었는데, 이때 다양한 사회구성원들의 참여와 협력을 통한 새로운 관리체제를 모색하는 과정에서 거버넌스에 대한 새로운 논의가 활발하게 등장한 것이다(Kooiman 1993a; 1993b).

오늘날 주로 논의되고 있는 거버넌스는 국가·시장·시민사회의 기능과 역할 그리고 이들 상호간의 관계변화를 통해 새로운 제도와 가치체계를 창출하기 위한 기제로 그 의미가 사용되고 있으며, 이 글에서도 이러한 개념적용을 따르고 있다(정규호 2002, 45쪽).

---

9) 영리를 목적으로 설계되지 않은 지방정부조직 특성상 민관협력을 통한 지방정부 주도의 수익사업들 상당 부분이 사업에 대한 타당성 검토 부족과 경영능력 부족 등으로 적자와 부도를 내고 있어 오히려 지방재정에 대한 부담가중과 지역경제의 활성화를 저해하는 요인으로 작용하는 문제도 나타나고 있다.

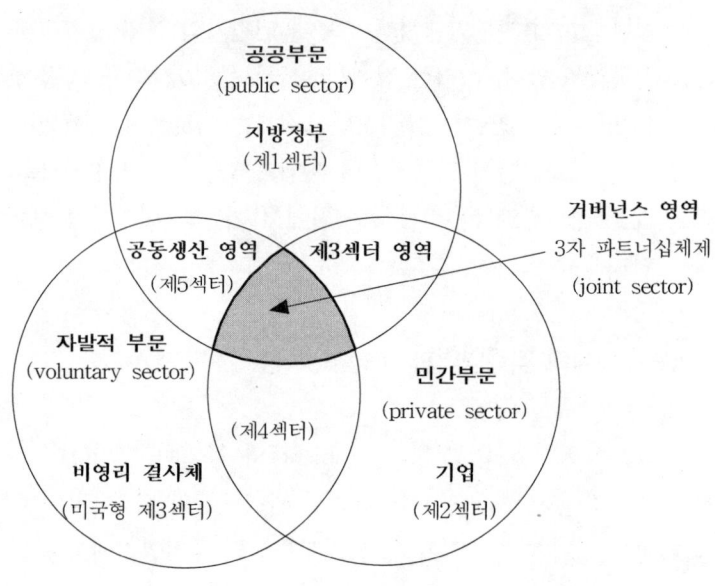

〈그림 1〉 거버넌스체제의 적용영역

거버넌스는 적용규모에 따라 기존의 국민국가체제를 뛰어넘는 초국가적 이슈나 문제를 단일주권에 기반한 통치권위 없이 통치하는 '지구적(global) 거버넌스'(Smouts 1998, p. 82)와 국경을 가로지르는 인접지역 간의 협력체계를 모색하는 '지역적(regional) 거버넌스' 그리고 정치적 분권화와 경제의 세계화 흐름 속에서 지방이 중요한 정치·경제적 장소로 부각됨에 따라 지방과 도시단위에서의 자율적 문제해결을 위한 관리기제로 모색되는 '지방적(local) 거버넌스' 또는 '도시(urban) 거버넌스'로 구분할 수 있다. 지방의제21과 관련하여 여기에서 다루고자 하는 거버넌스는 마지막 유형에 해당된다고 할 수 있다.
  지방 차원의 새로운 통치 및 관리 양식으로 주목받고 있는 거버넌스는 주로 지방의 경제적 이해관계를 보존·증진하기 위한 목적으로 다양한 지역사회의 행위자들이 참여·협력하는 체제로 주목받아 왔다.

그런데 최근에는 사회·문화·환경적 문제영역들에 공동대응하기 위한 대안적 협력체제로서 거버넌스에 대한 논의가 활발해지고 있다. 지속 가능성을 위한 지방의제21의 실천양식으로 모색되는 거버넌스체제는 최근의 이러한 흐름들을 반영한 것이라 할 수 있다.

거버넌스체제는 구성상 현실지배적인 통치유형인 중앙 또는 지방 정부 주도의 관료적 통치양식과 시민사회 내에서 특히 근린생활권 또는 공동체 단위를 중심으로 제기되는 자치양식(self-governing mode)의 접합영역에 존재하고 있다.[10] 따라서 정부와 시민사회의 다양한 이해관계를 가진 행위자들은 물론 정부와 시민사회를 각각 구성하는 다양한 제도유형들이 공존하는 협력적 통치양식(co-governing mode)의 특성을 가지고 있다.[11]

거버넌스체제의 이러한 구성적 특성은 보다 효과적인 운영을 위한 참여자들 상호간의 협력적 의사결정방식을 요구하고 있다. 즉 '거버넌스체제를 어떻게 구성하고 운영할 것인가'에 대한 합의를 통해 다양한 참여자들과 가치·제도들간의 긴장과 갈등을 해소하고 공통의 문제에 대한 해결역량을 높일 수 있어야 한다는 것이다. 특히 거버넌스체제가 지방의제21과 같이 지속 가능성 문제를 목표가치로 설정하고 있는 상황에서는 다양한 이해관계를 가진 행위자들의 포괄적 참여는 물론 이들 상호간의 협력을 통한 운영방식이 더욱 중요하다. 이는 지속 가능성 문제 자체가 복잡한 사실관계와 논쟁적인 특성을 가지고 있어 인식론적인 문제이자 정치영역의 문제로 확산되고 있으며, 더 이상 기술적이거나 분석적인 방법론으로는 이 문제를 다루기 힘들기 때문이다(Pellizzoni

---

10) 정부와 시민사회의 접합유형에 따라 신자유주의적 이념에 기반한 최소국가(minimal state) 유형이나 신공공관리(new public management, NPM) 유형에서부터 강한 시민사회에 기반한 민주적 거버넌스(democratic governance)까지 다양한 유형들이 존재 가능하며, 각각의 작동양식 또한 차이가 있음에 주목할 필요가 있다(Gaudin 1998, p. 47; Rhodes 1996).
11) 거버넌스의 이러한 특성에 주목하여 '공치'(共治) 또는 '협치'(協治)로 부르기도 한다.

1999, p. 102).

 이러한 점에서 지방의제21을 실천하기 위한 거버넌스체제는 서로의 이해관계를 교환하는 협력유형이나 주어진 목표가치를 실현하기 위한 실행수단의 모색 차원에서 구성되는 협력유형, 그리고 상당 부분 사회적 합의가 형성되어 있는 공익적 가치를 실현하기 위한 협력유형과는 다른 협력체제의 구성 및 운영 양식을 필요로 하고 있다. 지속 가능성과 같은 사회적 공익을 증진하기 위해 다양한 이해당사자들이 참여하는 거버넌스체제는 공식적 제도영역에서 법과 절차에 따라 의사결정이 이루어지던 것과는 다르다는 점에서 기존의 공적 기구가 아니며, 집합적 문제해결을 위해 자원을 동원하고 권한을 행사한다는 점에서 기존의 사적 기구가 아닌 새로운 의사결정체계라 할 수 있다.

 지속 가능성을 위한 거버넌스체제는 특정 사업이나 과업을 중심으로 작동하기보다는 지역사회 전반의 포괄적인 발전목표를 설정하고 이를 향해 이해관계를 조정하고 실천수단을 확보해 나가야 한다. 따라서 운영에 있어 협력당자자들간의 소통 및 협의과정 자체가 중요하다. 이는 파트너 당사자들간의 자본, 기술, 인력, 지식, 정보 등 자원교환 중심의 민관협력이 가져다주는 결과물(product)의 효율성 측면보다는 다양한 이해관계를 가진 파트너 당사자들간의 의사결정과정(process)의 민주주의적 정당성을 확보하는 것이 지속 가능성과 같은 집합적 문제를 해결하는 데 중요하다는 점을 말해 주는 것이다.

 결국 공공(정부)과 민간(시장)의 실패영역이나 이들로부터 협력을 이끌어낼 유인동기가 취약한 문제영역에 대해 거버넌스체제가 필요한 역할을 수행하기 위해서는 지방정부와 기업, 시민사회영역의 새로운 관계설정을 통해 기존의 가치체계와 제도양식들의 영향력으로부터 자유로운 상태에서 자율적인 방식으로 운영되어야 할 것이다. 이는 기성의 제도적 틀과 작동양식의 전환을 요구하는 문제로서, 다루고자 하는 지속 가능성 문제의 특성과 거버넌스체제가 작동하는 현실사회의 제도적 환경을 고려할 때 특히 그러하다. 이러한 관점에서 현재 우리나라 지방자치단체들이 지속 가능성을 위해 지방의제21을 실천하고자 하는 노력들을 살펴보면 여러 가지 성과들도 있지만 해결해야 할 과제가 많음을 알 수 있다.

4. 지방의제21을 통한 거버넌스체제의 실험과 과제

외형상 우리나라의 지방의제21 추진열기는 대단하며, 의제작성 및 실천을 중심으로 다양한 새로운 행위자들(시민사회단체, 기업, 전문가 등)이 정책 수립 및 집행 과정에 참여하는 것은 기존 도시관리체제에서 찾아보기 힘든 새로운 현상이라 할 수 있다. 하지만 지방의제21이 표방하고 있는 목표와 이념에 비추어볼 때 현재 우리나라의 의제 작성 및 추진 과정은 많은 문제점을 안고 있는 것이 사실이다. 물론 지역사회의 다양한 구성원들이 지방의제21의 작성을 계기로 하여 협의기구를 구성하고 해당 지역의 지속 가능한 미래상을 함께 모색하였던 점은 분명 높게 평가되어야 할 부분이다. 하지만 이것이 구체적인 실천계획으로 전환되지 못하고 지역사회 전반의 지속 가능성을 담보해 내기 위한 제도적 기반도 취약하다는 점은 공통적으로 제기되는 문제라 할 수 있다. 현재 지방의제21과 관련한 다양한 진단과 평가들이 나오고 있는데, 시민단체대표, 전문가, 공무원, 기업인 등 다양한 참여자들이 공통적으로 제기하고 있는 문제점들을 정리해 보면 다음과 같다.[12]

첫째, 지방의제21을 통해 추구해야 할 '지속 가능성'이라는 목표가치에 대한 합의가 이루어지지 않은 상황에서 의제가 작성·추진됨으로써

---

12) 지방의제21의 작성 및 추진 과정에서 나타난 문제점에 대해서는 다음의 논의들을 토대로 재정리하였다(국윤호 2001; 김종일 2001; 남재우 1999; 녹색연합 1998; 환경부 1998; 1999; 성남의제21추진협의회 1999; 푸른경기21실천협의회 1999; 지방의제21전국협의회 2000; 2001; 박성호 2001; 사)한국환경·사회정책연구소 1999; 이창우 2001).

나타나는 문제점을 들 수 있다.

실제 작성된 의제의 내용과 실천과정을 살펴보면 의제작성 원칙상 환경을 비롯한 경제·사회 전반의 포괄적인 발전전략을 '지속 가능성' 이념에 담아야 함에도 불구하고 물리적 환경계획이 중심적인 내용으로 다루어지고 있다. 따라서 지방의제21이 지방 차원의 환경계획 수준으로 전락했다는 비판이 제기되고 있으며, 지속 가능성에 대한 제한적인 이해는 행정적 지원체계 역시 개발관련 부서에 비해 상대적으로 위상이 낮은 환경관련 부서를 중심으로 구성·운영되도록 하였다. 또한 시민사회영역의 참여자로 환경관련 단체들이 중심적인 역할을 함으로써 기타 시민사회단체들의 포괄적 참여가 미비했으며, 환경문제와 관련하여 비판과 감시의 대상으로 인식되어 왔던 기업으로 하여금 지방의제21에 대한 관심을 촉발시키지 못했다는 점 또한 지속 가능성에 대한 제한된 인식과 무관하지 않다. 결국 지역사회의 지속 가능성 문제를 포괄적으로 다루기에는 현재와 같은 지방의제21의 내용과 추진체계로서는 한계가 있다는 것이다.

둘째, 의제작성과 실천과정에서 강조되고 있는 행동원칙인 '참여'와 '파트너십' 정신이 현실제도의 제약적 조건으로 인해 상당 부분 왜곡되고 있다는 점을 들 수 있다.

핵심적인 관리목표로 '지속 가능성' 문제를 설정하는 것의 당위성과 이를 달성하기 위한 원칙으로 '참여'와 '파트너십'의 정신이 중요하다는 점에 대해서는 지방의제21에 참여하고 있는 시민사회단체나 전문가, 기업인, 담당공무원들 모두가 공통적으로 주장하고 있다. 그리고 실제 지방의제21의 작성과 실천 과정을 보더라도 시민단체와 기업, 전문가, 공무원 등 다양한 행위자들이 협력당사자로 참여하고 있으며, 이들 상호 간의 협의를 통한 의사결정방식을 준수하려고 서로 노력한 점이 보이기도 한다. 하지만 지방의제21의 필요성과 의미에 대해 해당 지역주민들로부터 폭넓은 관심과 지지를 얻어내지 못했으며,[13] 실제 의제작성과정도 관련 공무원과 전문가들이 주도한 경우가 많았다. 특히 이러한 현상은 기초자치단체로 갈수록 두드러지게 나타나며, 지역사회 주민들의 자발적인 요구에 의한 것이기보다는 정부 차원의 권유가 자치단체들로 하여금 지방의제21 작성에 참여토록 하는 데 중요한 계기를 제공했다는 점과도 관련이 깊다.[14] 이처럼 지방의제21은 추진 주체인 자치단체들의 준비여건이 충분히 마련되지 않은 상황에서 경쟁적으로 의제작성이 이루어짐으로써 시민사회의 폭넓은 지지와 참여를 이끌어내지 못했으며, 이는 결국 작성된 의제의 실천력을 제약하는 요인으로 작용하게 된다. 또한 이로 인해 작성된 의제의 내용 또한 지역적 특성을 반영하지 못하고 국내외 우수사례를 모방하는 수준에 머물러 있다는 비판을 받기도 한다.

셋째, 지방의제21의 성공적인 실천을 위한 법적·제도적 장치들이 미비하다는 점을 들 수 있다.

무엇보다 정부 차원의 재정적·기술적 지원이나 정보제공이 미약하며, 지방의제21 추진기구가 자문 수준을 넘어서는 실질적인 권한을 가지기에는 현재의 법적·제도적 조건들이 가지는 제약이 크다. 지방의제21의 추진과 관련한 기능이 주로 환경관련 부서에 배속되어 있어 지방정부의 주요 정책영역인 도시계획·경제개발 정책들과의 사전적인 상호 조정과 조율을 이끌어내기에는 역량과 정보가 부족한 것이 일반적인 현상

---

13) 99년 서울시와 인천시민을 대상으로 지방의제21의 실천과 관련한 조사에서 지방의제21에 대해 '알고 있다'는 응답자는 17.9%에 불과했으며, 일반인의 경우 83.5%가 잘 모른다는 응답을 했다(사)한국환경·사회정책연구소 1999). 이러한 결과는 금년 3월부터 지방의제21전국협의회가 전국 150개 자치단체를 대상으로 설문조사한 결과에서도 지방의제21 행동계획의 책정 및 실시에 있어 '지역사회의 관심부족'을 가장 큰 문제점으로 들고 있는 데서도 확인된다(지방의제21전국협의회 2001).
14) 150개 자치단체들을 대상으로 지방의제21을 추진하게 된 동기에 대해 설문조사한 결과 전체 응답자의 절반 이상인 53.8%가 '정부의 권유' 때문이라고 밝히고 있다(같은 책). 그리고 이러한 이유에 대해 한 연구보고서는 "지방의제21의 수립과 실천이 상급기관의 각종 평가에서 높은 점수를 부여받아 이에 따른 인센티브를 받을 수 있다는 점이 우리나라 공직사회의 특성상 직접적인 동기가 될 수 있다"고 밝히고 있다(사)한국환경·사회정책연구소 1999, 19쪽).

이다. 이렇게 된 이유로는 지방의제21에 대한 자치단체장이나 지방의회의 인식이 부족한 점도 작용하는데, 이로 인해 지방의제21 실천사업을 추진하기 위한 예산확보와 운영 면에서 상당한 제약을 받고 있다는 점이 현재 지방의제21을 추진하는 단체가 공통적으로 안고 있는 문제점이기도 하다.[15] 이처럼 지방정부는 여전히 지방의제21을 지방정부가 수행해야 할 기능을 대신할 시민참여프로그램 정도로 인식하면서 의제작성 자체를 목적으로 두는 경향이 크며, 의제의 성공 여부도 자치단체장의 의지에 크게 의존하게 되는 현상이 나타나고 있다. 따라서 구체적인 실천프로그램들이나 실행결과들을 모니터하고 평가할 수 있는 수단들을 마련하지 못하고 있는 점도 공통적으로 지적되고 있는 사항이다.

물론 여러 가지 어려운 조건 속에서 출발한 지방의제21이 가져다준 큰 성과는 그 동안 무관심 또는 대립적 관계에 있던 민(民)과 관(官)을 새로운 파트너십 관계로 전환시키는 계기를 제공했다는 데 있다. 하지만 단절관계에 놓여 있던 민과 관의 영역들이 서로 상이한 조직의 작동논리로부터 벗어나 신뢰관계를 구축하고 지방의제21의 실천을 위해 공통의 합의를 이끌어내는 데는 아직도 많은 시간과 노력이 필요하다.[16]

그리고 이러한 인식의 배경에는 지방정부가 지방의제21 작성 및 추진에 있어 차지하는 역할이 중요함에도 불구하고 상당 부분 시민사회와의 협력체제를 오히려 자신들이 추진하는 사업의 정당화 기제로 활용하려는 경향을 나타내고 있으며, 의제의 실천을 위한 실질적인 제도적 기반조성에는 소극적이라는 점이 작용하고 있다. 지방정부의 이러한 태도는 의제작성 초기에 적극적이었던 다른 참여주체들의 의욕저하로 이어져

---

15) 전국 지방의제21추진기구 중에서 2000년도 지방의제21 실천사업 추진예산을 확보한 추진협의회는 195개 자치단체 중 48%에 해당하는 94개 자치단체(광역 9개, 기초 85개)에 불과한 실정이다(지방의제21 전국협의회 2001, 22쪽).
16) 이러한 현상은 지속 가능성을 핵심 이념으로 하여 지방자치단체들이 시민사회단체들과 공동으로 지방의제21을 작성·실천하는 과정에서도 다른 한편에서 각종 환경문제를 일으키는 공공사업들을 지방정부가 추진함으로써 서로간의 불신을 자극시키는 데서 잘 나타난다.

지방의제21의 추진력이 시간이 경과함에 따라 감소되는 결과를 초래하고 있다는 점과도 연결이 된다. 지방의제21의 중요한 파트너 당사자인 시민단체 또한 해당 지역주민들의 실질적 이해관계를 제대로 대변하지 못하고 있으며, 자치역량 강화를 통해 주민들을 교육과 동원의 대상에서 실질적인 '주인'으로 거듭나도록 지원하는 역할을 충분히 수행하지 못하고 있는 실정이다.

지방의제21이 성공하기 위해서는 민과 관의 파트너십 못지않게 민민(民民) 파트너십과 관관(官官) 파트너십 또한 중요하다. 하지만 민간영역에서도 시민사회와 기업부문의 관계는 물론 시민사회 내에서도 환경단체와 기타 부문 시민단체들 간의 긴밀한 협력관계도 부족했던 것이 현실이다. 특히 문제가 되는 것은 관부문 내에서의 파트너십 문제로, 지방의제21을 담당하는 환경관련 부서만이 그나마 적극적인 관심을 나타낼 뿐 나머지 행정부서들은 지방의제21에 대한 인식과 관심이 부족하다. 따라서 행정부서간 업무협조가 충분히 이루어지지 않아 지속 가능성이라는 도시관리의 포괄적 과제를 제대로 다룰 수 있는 체제를 구축하지 못하고 있다는 점이 문제로 제기되고 있다. 결국 우리나라 현실에서 지방의제21을 통한 거버넌스체제의 실험은 참여와 협력의 정신을 바탕으로 기존의 제도적 틀을 바꾸고 참여자들의 실질적인 권한강화(empowerment)나 문제해결의 제도적 역량을 형성하는 데까지는 아직 이르지 못하고 있음을 발견할 수 있다. 그 이유는 지방의제21의 작성 및 실천을 촉진하기 위한 거버넌스체제의 구성 및 운영 과정이 현실사회의 지배적인 경제적 이해관계와 권력에 대한 체제적 편향성으로부터 자유롭지 못했다는 점에 있다.

사실 자본주의적 문화가 일상생활 깊숙이 침투해 들어와 있는 상황에서 소통과 학습과정은 왜곡될 수밖에 없으며, 따라서 자본주의의 체제적 논리와 상충되거나 긴장관계를 이루는 지속 가능성 요소는 소통과 의사결정과정에서 체계적으로 배제될 수밖에 없는 것이 현실이다. 이는 결국 지속 가능성을 위해 거버넌스체제가 정상적으로 구성되고 작동되기 위해서는 체제 내화된 가치체계와 권력불평등성에 대한 자각과 함께 제도적 틀 자체를 변화시킬 수 있는 잠재력을 획득해야 함을 말해 주고 있다.

5. 지속 가능성을 위한 거버넌스체제의 형성조건 및 과제

지방의제21의 실천을 위한 새로운 협력방식으로 주목받고 있는 거버넌스체제가 자율성과 책임성을 갖추고 잘 작동하고 있는지를 살펴보면 기대와 현실 간의 괴리는 상당하다. 현실 제도의 토양 속에서 거버넌스체제를 어떻게 성공적으로 안착시키느냐에 따라 지방 차원의 지탱 가능한 발전은 물론 국가체제의 녹색화에도 중요한 영향을 줄 것이다.

지속 가능성을 위한 바람직한 거버넌스체제가 되기 위해서는 명령적 구조에서 벗어나 공공과 민간 부문의 다양한 행위자들에게 참여기회의 폭을 확장시킬 필요가 있다. 그리고 참여자들 상호간의 질 높은 상호작용을 보장함으로써 제도 내부와 제도 상호간의 협력적 조정능력을 배양할 수 있어야 한다. 하지만 이러한 새로운 협력유형의 거버넌스체제 실험은 진공상태가 아닌 현실제도의 토양 속에서 이루어진다는 점에서 기성(旣成)의 제도적 특성과 작동양식으로부터 영향을 받을 수밖에 없다. 이미 형성되어 작동하고 있는 기성의 제도들이 새로운 가치와 제도적 양식의 등장 및 기능을 선택적으로 제약할 수 있다는 것이다.

사실 현실의 제도는 장기적인 전망보다는 단기적인 시간지평 위에서 작동하면서 지속 가능성과 같은 복잡한 문제에 적절히 반응하지 못하고 있으며, 관리주체와 책임소재 또한 불분명한 것이 사실이다. 따라서 시민의 요구가 정책결정영역에 자연스럽게 전달되지 못하고, 즉각적이고 가시적인 결과에 집중하는 선거정치의 영향에 의사결정과정이 상당히 노출되어 있다. 또한 환경문제에는 특성상 타협하기 힘든 다양한 이해관계들이 서로 긴장관계를 이루며 공존하고 있는데, 여기서 개발로 인한 편익을 얻게 되는 특정 이익집단의 결집력과 로비력이 환경보존에 따른 불특정 수혜자들에 비해 훨씬 더 커서 의사결정과정에 불균등한 권력행사가 이루어질 수 있는 점도 바람직한 거버넌스체계의 수립을 힘들게 하고 있다. 특히 우리나라의 경우 권위주의적 통치체제와 경제성장중심의 정책 그리고 동원중심 또는 비판과 저항 중심의 시민사회 형성조건들이 기존 제도들을 구성해 온 지배적인 양식들이다. 따라서 지속 가능성을 위해 시민사회와 기업·정부가 공동의 정책결정자로 참여하는 거버넌스체제는 그 필요성에 비해 현실화되는 데 있어 제약조건이 크다. 바로 이러한 점 때문에 '지속 가능성'이라는 보편적 가치와 그 실천적 수단으로 제기되는 '참여'와 '파트너십' 전략의 필요성에 대해서는 많은 사람들로부터 공감대를 이끌어냈음에도 불구하고 현실 속에서 제도화되고 실천되는 과정에서는 본래의 기대에 부응하지 못하고 갈등마저 발생시키고 있는 것이다.

현실 지배적인 제도의 특성은 이를 기반으로 한 행위자집단들을 통해 표면화되는데, 이러한 점에서 거버넌스체제에 참여하는 지방정부·기업·시민사회의 주요 행위자들간의 권력관계가 동등하지 않다는 사실에 주목할 필요가 있다. 현실의 제도적 조건 속에서 참여하는 주요 행위자들의 관계적 특성에 따른 거버넌스체제의 유형과 특성들을 지속 가능성 관점에서 살펴보면 다음과 같다.

먼저 시장(기업)이 주도하는 거버넌스체제는 시민(고객)의 요구에 대한 반응성이 떨어지고 비효율적인 관료주의적 거대정부를 비판하면서 등장한 것으로, 신자유주의적 논리에 기반한 보다 작고 효율적인 정부구조를 요구하고 있다. 따라서 정부기능을 사적 부문으로 이전시켜 서비스 범주와 질을 높이는 반면, 정부의 비용을 감소시켜 경제적 효율성을 극대화시킬 수 있도록 탈규제와 민영화 전략에 관심을 모으고 있

〈표 2〉 정부와 시민사회의 관계적 특성에 따른 거버넌스체제 유형

구분		정부	
		약	강
시민사회	약	시장주도형 거버넌스 (최소주의 국가 minimal state)	정부주도형 거버넌스 (신공공관리 NPM)
	강	시민사회 주도형 거버넌스 (participatory governance)	민주주의적 거버넌스 (democratic governance)

* 자료: 정규호 2002, 46쪽.

다.[17] 하지만 정부의 규모와 영향력 감소를 통해 시장의 자유를 보호하려는 시장주도론자들의 '자유'는 정부의 규제가 약화된 시장에서 기업들이 행동할 수 있는 자유를 의미하는 것으로, 시민사회의 자유와는 큰 관련이 없다(Hirst 1994, p. 167). 결국 시장주도형 거버넌스체제에서는 민주주의적 책임성 결여와 시민사회에 기반한 사회활동조직들의 쇠퇴를 가져와 공공영역의 축소와 왜곡으로 이어질 가능성이 높아 지속 가능성과 같은 사회적 공익을 추구하는 데 한계가 있다.

한편 정부가 주도하는 거버넌스체제는 기존의 관료적이고 권위적인 통치방식의 문제점을 해결하고 보다 효율적이고 효과적인 관리체계를 구성하려는 노력에서 등장하였다. 신공공관리(New Public Management, NPM)로 불리는 이러한 거버넌스체제 유형은 기업이 가지고 있는 높은 창의력과 경쟁력 그리고 변화와 요구에 대한 신속한 반응성과 적응력을 정부운영의 논리로 도입시켜 전문가적 관리체제로 개선하고자 하는 데 목적을 두고 있다(Kooiman and van Vliet 1993; Rhodes 1996).

따라서 이러한 거버넌스체제는 주로 기업가적 정부(entrepreneurial government)가 주도한다는 점에서 시장주도형 거버넌스체제와 운영논리 측면에서 유사하지만 문제의 원인을 정부규모의 크고 작음이 아니라

---

17) 물론 이러한 시장주도적 관리체계를 거버넌스로 표현할 수 있는가에 대해서는 논란이 많다. Stoker(1998)는 이를 두고 시장지향적인 사회에서 '정부'(government)라는 용어가 효용성이 떨어짐에 따라 수사적 의미로 '거버넌스'라는 용어를 차용하고 있다고 지적하고 있다.

잘못된 통치형태에 둠으로써 정부규모의 축소나 민영화를 최선의 해결책으로 보지는 않으며, 새로운 형태로 변모한 정부가 문제해결의 중심역할을 해야 한다고 보는 점이 특징이라 할 수 있다. 하지만 이러한 유형의 거버넌스체제는 정부가 담당해 오던 공적 역할과 권한들 중 직접수행이 부담스러운 영역들을 시민사회로 이전시키려는 특성을 가지고 있다(DiGaetano and Lawless 1999; Pierre 1999). 또한 운영논리에 시장주의적 가치가 지배하면서 조직화된 기업의 이해관계가 정책결정과정에 중심적으로 반영되는 정치 없는 기술관료적 거버넌스의 특성을 가짐으로써 (Kazancigil 1998) 지속 가능성과 같은 공익적 가치를 추구하는 데 한계가 있다. 물론 도시정부가 침체된 경제조건을 완화하고 도시민들의 미래를 보장하기 위해서는 더욱 혁신적이고 기업가주의적일 필요가 있지만 자원과 일자리, 자본을 둘러싼 치열한 제로섬(zero-sum)적 경쟁의 틀 속에 매몰될 경우 도시관리는 시민의 편을 떠날 수밖에 없으며, 결국 그 부담은 자연생태계로 이어져 도시의 지속 가능성은 보장받을 수 없게 될 것이다. 즉 관료주의적 통치체제의 무기력과 조절의 진공상태상태 속에서 자본의 파트너가 된 도시의 성장전략, 특히 외부로부터의 투자유치 경쟁으로 지방적 맥락과 유리된 채 투자자들에게 편향된 성장전략은 지방정치의 파편화와 무질서는 물론 도시의 사회, 공간적 불평등성과 이중성을 더 가중시킬 뿐만 아니라 장기적 관점에서의 '공익'을 외면하게 될 가능성이 높다.[18]

이처럼 시장주도형과 정부주도형 거버넌스체제는 주로 거버넌스의 기능적이고 관리적인 측면을 강조하고 있다. 따라서 이들이 즐겨 사용하고 있는 '파트너십'도 내용 면에서는 투자재원 확보의 효율성을 추구하는 재정적·경제적 동기와 정부기능의 효율화를 위한 관리적·전략

---

18) 국가의 조절능력 약화는 도시의 상대적 자율성을 높이고 지방자치를 활성화시키는 기회를 제공할 수 있지만, 도시 스스로의 자율성과 발전잠재력을 갖추고 있지 못하면 다국적자본의 지방경제에 대한 지배가 증대함으로써 지방 수준에서의 경쟁을 높여 지방적 복지체계의 붕괴와 불평등성이 강화되는 문제를 발생시킬 수 있다.

적 동기가 내재되어 있다(Kouwenhoven 1993, pp. 120~21). 또한 기존의 관료주의적 정부의 기능과 역할의 한계를 비판하면서 이를 대체하기 위해 구성된 '시장주도형'이나 현실적 조건 내에서 정부 기능과 체계를 효율적으로 개선·보완하려는 '정부주도형' 모두 약한 시민사회를 전제로 하고 있는 것이 특징이다.

한편 시민사회 주도형 거버넌스체제는 시민사회의 활성화를 통해 수동적이고 반응적인 '고객'으로서의 시민에서 자신의 삶에 대한 실질적 '주인'으로서의 시민으로 스스로의 역할을 재정의하면서 등장한 유형이다(Schachter 1995, pp. 530~37). 이들은 시민사회의 포괄적 참여가 효과적인 의사결정에 필요한 정보교환을 촉진하고 의사결정의 정당성을 부여하며 실행수단의 효과성을 높여줄 수 있다고 보고 있다. 현실의 제도적 조건 속에 불평등한 권력관계(시장과 정치의 힘)가 존재하고 있는 상황에서 거버넌스를 통한 다양한 행위자들간의 참여와 협력에 대한 강조는 기존의 지배적인 정치·경제·사회의 의존관계를 재생산하는 방향으로 흐르게 될 가능성이 높다는 점에서 새로운 갈등과 문제를 발생시킬 수 있다(Atkinson 1999, pp. 60~65).

지속 가능성을 위한 거버넌스체제는 기존 권력구조의 정당성에 대한 의문을 제기함으로써 출발해야 한다는 점[19]에서 다양한 행위자들 상호간의 권력 불평등성과 거버넌스 맥락을 둘러싼 체제적 불평등성을 해결하는 데 적극적인 역할을 담당해야 한다. 따라서 지속 가능성을 위한 거버넌스체제는 자율적인 자기조정양식을 기반으로 한 강한 시민사회와 역할과 기능을 재조정함으로써 새롭게 탄생한 정부가 결합하는 민주주의적 거버넌스 유형이 바람직하다고 볼 수 있다. 이는 '정부주도'와 '시장주도'의 틀을 뛰어넘어 '시민의 재창조를 통한 정부의 재창조'를 통

---

19) 지속 가능성 관점에서는 소통에 참여하는 사람들간의 권력불평등성의 문제뿐만 아니라 소통과정 자체에서 본질적으로 배제될 수밖에 없는 미래세대와 인간 이외의 생물종들의 이해관계에 대한 고려까지 문제가 된다.

해 시민사회의 활력과 정부의 높은 정책수행능력이 민주주의적으로 결합된 형태를 말하는 것으로, 지탱 가능한 발전을 위해서는 자본주의적 시장질서를 조정할 수 있는 강한 거버넌스(strong governance)의 특성을 가져야 한다. 따라서 거버넌스체제의 주요한 행위자인 (지방)정부는 과거의 규제자 역할에서 벗어나 민관협력의 촉진자 역할을 수행하되 협력의 전과정에서 공익실현을 위해 필요한 주도권을 발휘할 필요가 있다.[20] 또한 지속 가능성 문제를 해결하기 위한 거버넌스체제의 진정한 역량의 발휘에 있어 시민사회 결사체들(CSOs)의 역할이 중요한 만큼 이들의 참여기회와 능력이 확대될 필요가 있으며, 시민들 스스로 공익적 가치에 대한 공통의 이해와 합의형성이 이루어져야 한다(Immergut 1996, pp. 5~26; Smouts 1998).

〈표 3〉 전통적 관리체제와 민주주의적 거버넌스체제의 특성

구분	전통적 관리체제	민주주의적 거버넌스체제
관리 성격	· 하향적(top-down) 전략적(strategic) 통제(control over)	· 상호작용적(interactive) 협력적(collaborative) 공동관리(co-management)
문제진단 초점	· 행위자중심의 관점 · 관리자의 통제능력 부족에 초점을 맞춤	· 행위자와 제도의 관계 · 다양한 행위자들간의 상호작용을 도모하는 의사결정기제에 초점을 맞춤
문제해결 초점	· 주어진 틀 내에서 행위자들의 목표와 전략에 영향을 줌으로써 행태를 변화시키고자 함	· 규칙(제도)의 변화를 통해 행위자들간 상호작용과정의 변화에 영향을 주고자 함

* 자료: 정규호 2002, 49쪽.

20) 쇠퇴지역의 재활성화나 저소득층에 대한 고용확대, 주택공급의 형평성 확보와 생활환경개선 및 환경보존 활동 등 민관협력체제에서 시장메커니즘에서 제공되지 않는 공공재가 양과 질의 측면에서 적정 수준을 유지할 수 있도록 하는 데 지방정부의 능동적인 역할이 필요하다.

결국 민주주의적 거버넌스체제는 공식적인 권위체계 없이도 시민들이 집합적 행동에서 언제 어디서 어떻게 참여해야 하는지에 대해 합의를 이루고 힘을 키워나갈 수 있는 기회를 제공할 수 있다는 점에서 분명 새로운 가능성을 제공하고 있다(Rosenau 1992, p. 291). 국민국가체제의 주변자에서 능동적인 문제해결자로 지방의 역할에 대한 재조명이 이루어지고 있고 지방의제21 등을 통해 다양한 거버넌스체제의 학습과 실험이 진행되고 있는 상황에서 이와 같은 민주주의적 거버넌스 유형이 제공하는 실천적 함의는 상당하다.

6. 지속 가능성을 위한 거버넌스체제의 구성 및 운영방향

지속 가능성을 위한 거버넌스체제는 결핍된 자원의 효과적인 동원기제로서 모색되어 온 기존의 민관협력 유형과는 달리 '지속 가능성'이라는 집합적 문제를 해결하기 위해 구성된 공동관리체제(co-management system)라 할 수 있다.

사실 제한된 이슈와 비슷한 관심을 가진 소수의 참여자들로 구성된 관리체제의 경우 임기응변적 조정(ad hoc co-ordination)이 효과적일 수도 있을 것이다. 하지만 거버넌스체제처럼 다양한 이해관계를 가진 참여자들이 늘어나고 '지속 가능성' 문제처럼 다루는 이슈 자체가 복잡하고 장기간의 시간적 전망을 요구할 경우 임기응변적 조정은 한계가 있다. 따라서 참여자들간의 소통을 통해 목표와 전략적 가치에 합의하고 공동의사결정으로 집합적 행동을 함께 이끌어갈 수 있는 제도적 기반을 조성하는 것이 거버넌스체제가 해결해야 할 중요한 과제라 할 수 있다. 이 점은 현재 지방의제21의 작성 및 추진을 위해 구성·운영되고 있는 3자협력체제들이 공통으로 당면한 문제이기도 하다.

이러한 점들을 고려할 때 지속 가능성이라는 공익적 가치를 실현하기 위한 바람직한 거버넌스체제의 구성 및 운영방안을 살펴보면 다음과 같다.

첫째, 거버넌스체제를 구성하는 '행위자들의 다양성'은 이들이 각자 보유하고 있는 '자원의 공유'(resource sharing)를 필요로 하고 있다.

거버넌스체제는 참여자들이 각자가 필요로 하는 자원을 가지고 있으며 이 자원을 거버넌스체제 속에서 공유할 수 있을 때 효과적으로 작동할 수 있다는 것이다. 즉 지방정부가 가지고 있는 제도형성 능력, 정보와 시설·자본의 제공능력과 기업측이 가지고 있는 자본과 기술력, 그리고 시민사회단체가 가지고 있는 홍보와 교육 및 인력의 동원능력이 균형 있게 결합될 때 거버넌스체제가 추구하는 지속 가능성 목표도 보다 효과적으로 달성할 수 있을 것이다.

둘째, 거버넌스체제를 구성하는 지방정부와 시민, 기업 등 다양한 행위자들이 지속 가능성이라는 집합적 문제를 효과적으로 해결하도록 하기 위해서는 참여자들간의 '관계의 공평성'이 중요하다.

이 문제는 거버넌스체제의 민주주의적 재구성을 요구하는데, 이는 거버넌스체제에 들어오는 행위자들의 '다양성'이 관계의 '공평성'까지는 보장해 주지 못하기 때문이다. 그 이유는 개별행위자들이 근거하고 있는 조직과 제도의 특성에 따라 서로간의 기능과 역할관계가 달라지기 때문이며, 따라서 제도적 수준에서 참여의 기회와 폭을 확장시킴으로써 해결될 수 있다. 이처럼 제도적인 수준에서 지속 가능성을 위한 거버넌스체제가 '공평성'의 원칙에 부합하도록 작동하기 위해서는 '자원의 공유'뿐 아니라 '권력의 공유'(power sharing)가 있어야 한다. 권력의 공유 차원에서, 거버넌스체제는 참여 당사자들이 의사 결정 및 집행 과정에 필요한 권한을 균등하게 공유할 수 있을 때 자발적으로 참여할 수 있으며, 거버넌스체제의 기능과 역할에 대한 정당성을 높일 수 있다.[21] 특히

---

21) 행위자들에 직접적인 영향을 주는 1차원적 권력관계가 작동할 경우에는 자발적인 거버넌스체제의 구성은 불가능하다는 점에서, 작동하고 있는 거버넌스체제에서 행위자들 관

상대적으로 많은 자원과 조직력을 갖춘 정부나 기업 영역에서 참여하는 행위자들의 영향력 행사가 클 경우 거버넌스체제는 시민사회의 무관심과 이탈로 인해 지속 가능성을 달성하는 데 정상적인 역할을 수행할 수 없을 것이다. 따라서 참여자들이 공평하게 권한을 공유하기 위해서는 시민사회영역의 활성화와 권한강화를 통해 정부와 기업 영역의 위상을 재조정함으로써 균형 있는 협력체제 구축이 이루어져야 한다.

셋째, 복잡성과 불확실성이 높은 상황에서 지속 가능성이라는 공통의 문제를 해결하기 위해서는 거버넌스체제의 운영에 있어 '과정의 성찰성'이 중요하다.

사실 거버넌스체제에서 다양한 이해관계를 가진 행위자들의 참여와 이들 상호간의 협력 과정은 대안적 관리체제로서 분명 주목받을 만하지만, 자발적 개인들의 참여와 협력 과정(process)이 곧 '지속 가능성'이라는 내용(contents)을 반드시 보장해 주지는 않는다는 점이 문제다.[22] 이유는 경제적 이해관계와 권력에 대한 체제적 편향성이 지배하는 현실사회에서 개별행위자들의 자율적인 사고와 가치판단은 한계가 있다는 것이다. 현실지배적인 가치유형과 문화가 일상생활 깊숙이 침투해 들어와 있는 상황에서 소통과 학습과정 역시 왜곡될 수밖에 없으며, '지속 가능성'과 관련된 내용 역시 선택적으로 다루어질 가능성이 높다.[23] 이는 행위자들의 가치판단과 행동에 대한 권력행사로 인한 인식론적 제약과정을 말해 주는 것이다. 따라서 다양한 사회구성원들의 자발적 참여와 협

계의 공평성을 저해하는 요소는 주로 조직과 제도를 기반으로 한 2차원적 권력이 작동과정에서 발생하는 문제로서 제도 자체의 새로운 설계를 요구하는 과제라 할 수 있다.
22) 민주주의적 의사결정과정에서 '절차'와 실체적 '결과' 간의 괴리에 대한 녹색론자들(구딘, 에커슬리, 드라이젝)의 문제제기에 관해서는 Dryzek(1998, 특히 pp. 584~85) 참조.
23) 이러한 현상은 지속 가능성 문제를 둘러싼 현대사회의 제도화된 무책임성을 만들어내고 있다. 이는 오늘날 우리 사회에서 커다란 사회적 이슈로 제기되고 있는 '시화호'나 '새만금 개발', 수도권지역의 각종 난개발현상에서 그것이 가져다주는 엄청난 생태학적 파급효과에도 불구하고 쉽사리 제어할 수 없는 체제적 논리가 작동하고 있는 데서도 쉽게 확인할 수 있다.

력을 통한 거버넌스체제의 구성과 민주주의적 운영과정이 내용 면에서도 생태적으로 합리적인 지속 가능성을 담보해 낼 수 있는 방향을 모색해야 하며, 이는 결국 거버넌스체제의 운영 및 작동 과정에서의 '성찰성'을 요구하는 것이다.

 이러한 운영과정의 성찰성은 참여자들의 사회적 공익에 대한 책임성을 높여주는 역할을 할 수 있다. 지속 가능성과 같은 집합적 문제를 다루기 위해서는 사람들의 소극적 참여나 무관심 또는 무임승차의 문제를 해결해야 하는데 이러한 점에서 공익적 가치를 위한 책임성의 공유(responsibility sharing)는 중요하다. 즉 자원교환 단계에서의 협력체제는 협력관계를 통해 협력당사자들이 구체적인 이익을 보장받을 수 있을 때까지 존속하는 특성을 가지고 있다면, 지속 가능성을 위한 협력체제는 결과의 가시적 성과보다는 문제해결을 위한 대안탐색 과정 자체를 중요하게 본다. 이는 사회적 공익달성을 목적으로 하는 거버넌스체제

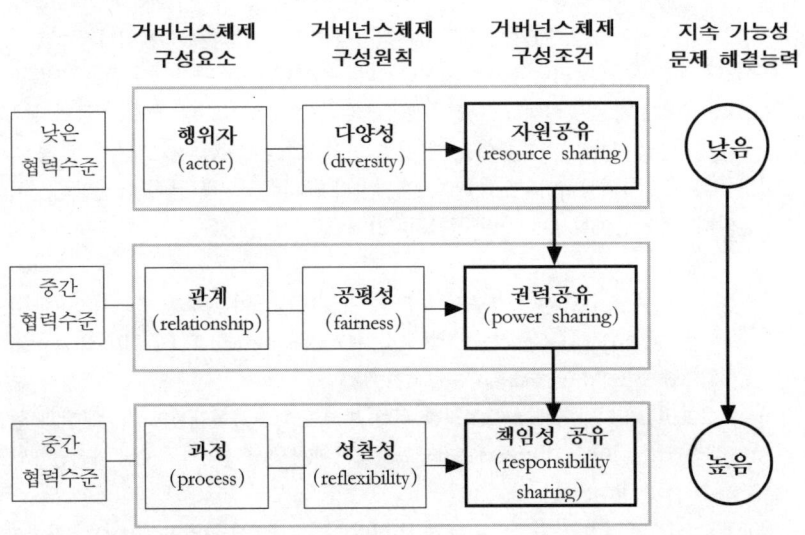

〈그림 2〉 지속 가능성을 위한 거버넌스체제의 구성 및 운영방향

에서 참여 당사자들간의 책임성 공유로 공동책임 운영체제를 마련할 필요성이 있음을 말해 준다.

이처럼 거버넌스체제는 운영원리에 있어 자원공유, 권력공유, 책임성 공유의 단계로 높은 수준의 협력을 요구하고 있으며, 그만큼 목표설정과 실천전략에 대한 공통의 비전과 제도적 성찰성을 높임으로써 지속가능성 문제에 대한 해결능력도 높아질 수 있을 것이다.

참고문헌

국윤호 (2001), 「지방의제21 내실화를 위한 서울시와 자치구의 역할」, 지방의제21 전국협의회·광진구, 『광역과 기초 자치단체의 역할(지방의제21)』, 제3회 지방의제21 정책포럼자료집.

김종일 (2001), 「지방의제21과 시민참여 활성화 방안」, 지방의제21전국협의회, 『지방의제21과 시민참여』, 제1회 지방의제21 정책포럼자료집.

남재우 (1999), 「'지방의제21' 실천의 문제점과 정책대안」, 『지방의제21 실천, 무엇이 문제인가?』, 사)한국환경·사회정책연구소 제2회 정책세미나자료집.

녹색연합 (1998), 『우리나라 지방자치단체의 환경친화도를 평가한다(I)』, 자료집.

박성호 (2001), 「지방의제21 작성과정에서의 주민참여」, 지방의제21전국협의회, 『지방의제21과 시민참여』, 제1회 지방의제21정책포럼 자료집.

사)한국환경·사회정책연구소 (1999), 『지방의제21 실천현황 분석과 전망』.

성남의제21추진협의회 (1999), 『성남의제21 파트너십 형성을 위한 워크숍』, 자료집.

오스본·게이블러, (1994), 『정부혁신의 길: 기업가 정신이 정부를 변화시킨다』, 삼성경제연구소 옮김, 삼성경제연구소. (D. Osborne and T. Gaebler, *Reinventing Government*, MA: Addison-Wesley, 1992.)

이창우 (2001), 「지방의제21 활성화를 위한 광역과 기초자치단체의 역할분담과 협력강화 방안」, 지방의제21전국협의회·광진구, 『광역과 기초 자치단체의 역할(지방의제21)』.

정규호 (2002), 「지속 가능성을 위한 도시 거버넌스체제에서 합의형성에 관한 연구」, 서울대학교 대학원 박사학위논문.

지방의제21전국협의회 (2000), 『제2회 지방의제21 전국대회 자료집』.
_____ (2001), 『2001년 지방의제21 국제통일조사표에 의한 지방의제21 설문조사 결과보고서』.
푸른경기21실천협의회 (1999), 『경기지역 시·군의제21 활성화 워크숍 자료집』.
환경부 (1998), 『지방환경행정발전을 위한 연찬회 자료집』.
_____ (1999), 『제1회 전국 지방의제21 추진관련자 워크숍 자료집』.
APEC (1997), *Localizing Agenda 21: A Guide to Sustainable Development for the APEC Region*, Toronto/Canada.
Atkinson, R. (1999), "Discourses of Partnership and Empowerment in Contemporary British Urban Regeneration," *Urban Studies* vol. 36/no. 1.
DiGaetano, A. and P. Lawless (1999), "Urban Governance and Industrial Decline: Agendas in Birmingham and Sheffield, England, and Detroit, Michigan, 1980-1997," *Urban Affairs Review* vol. 34/no. 4.
Dryzek, J. S. (1998), "Political and Ecological Communication," J. S. Dryzek and D. Schlosberg eds., *Debating the Earth: the Environmental Politics Reader*, Oxford University Press.
Gaudin, J. P. (1998), "Modern Governance, Yesterday and Today: Some Clarifications to Be Gained from French Government Policies," *International Social Science Journal* vol. 155, UNESCO.
Hirst, P. (1994), *Associative Democracy: New Forms of Economics and Social Governance*, The University of Massachusetts Press.
Immergut, E. M. (1996), *The Normative Roots of the New Institutionalism*, University of Konstanz.
Kazancigil, A. (1998), "Governance and Science: Market-like Modes of Managing Society and Producing Knowledge," *International Social Science Journal* vol. 155.
Kooiman, J. and M. van Vliet (1993), "Governance and Public Management," K. A. Eliassen and J. Kooiman eds., *Managing Public Organization*, London: Sage Publisher.
Kooiman, J. (1993a), "Social-Political Governance: Introduction," *Modern Governance: New Government-Society Interactions*, London: Sage Publications.
_____ (1993b), "Governance and Governability: Using Complexity, Dynamics and Diversity," *Modern Governance: New Government-Society Interactions*.
Kouwenhoven, V. (1993), "The Rise of the Public Private Partnership: A Model for

the Management of Public-Private Cooperation," J. Kooiman, *Modern Governance: New Government-Society Interactions*.

Mega, V. (1998), "The Participatory City: Innovations in The European Union," B. Hamm and P. K. Muttagi eds., *Sustainable Development and the Future of Cities*, UNESCO-MOST publication.

Pellizzoni, L. (1999), "Reflexive Modernization and beyond," *Theory, Culture and Society* vol. 16/no. 4.

Pierre, J. (1999), "Model of Urban Governance: The Institutional Dimension of Urban Politics," *Urban Affairs Review* vol. 34/no, 3.

Rhodes, R. A. W. (1996), "The New Governance: Governing without Government," *Political Studies* vol. XLIV.

Rosenau, J. N. (1992), "Citizenship in a Changing Global Order," J. N. Rosenau and E. O. Czempeil eds., *Governance without Government: Order and Change in World Politics*, Cambridge University Press.

Schachter, H. L. (1995), "Reinventing Government or Reinventing ourselves: Two Models for Improving Government Performance," *Public Administration Review* vol. 55/no. 6.

Selman, P. (1998), "Local Agenda 21: Substance or Spin?," *Journal of Environmental Planning and Management* vol. 41/no. 5.

Smouts, M. C. (1998), "The Proper Use of Governance in International Relations," *International Social Science Journal* vol. 155.

Stoker, G. (1998), "Governance as Theory: Five Propositions," *International Social Science Journal* vol. 155.

위천국가산업단지 조성을 둘러싼 담론갈등 분석
환경갈등해결에서 국가기능 변화에 대한 제언

이상헌[*]

1. 머리말

　위천국가산업단지 조성을 둘러싼 지역간 환경갈등(이하 위천갈등)은 지난 1989년 염색업체에 대한 환경규제가 심해지면서 대구지역의 130여 개 염색업체가 공해방지시설을 갖춘 신규염색공단개발을 추진하고 후보입지로 낙동강 주변의 위천지역 일대를 선정하는 데서 비롯되었다. 새로운 염색공단의 등장으로 기존 염색공단이 공동화될 것을 염려한 일부 염색업체의 반대와 낙동강 수질오염을 우려한 부산-경남권의 반발 그리고 환경부의 공단지정 반대의견 제시로 인해 공단설립에 처음부터 제동이 걸린 것이다(최민영 1997, 50쪽). 초기에는 지자체들과 중앙정부의

---
* 녹색미래 사무처장

관장부서 사이의 의견이 대립되는 정도였다. 그러다가 1995년 지방자치
제도가 확대실시되고 행정구역이 개편되면서 위천산업단지의 건설이
이듬해 총선의 선거공약으로 채택되자 의견대립은 지역간의 갈등으로
급속히 비화되기 시작하였다. 양 지역에서는 대규모 시위가 발생하였고
부산에서는 시청의 점거농성까지도 불사하는 과격한 행태가 나타났다.
김대중 대통령도 1997년 대통령선거기간중에는 취임 후 6개월 이내에
위천갈등 문제를 해결하겠다고 공약하였으나 2002년 1월 현재, 낙동강
특별법을 포함한 3대강 특별법을 통과시킨 것 이외에는 뚜렷한 갈등의
해법을 제시하지는 못하고 있다.

일단 위천갈등은 희소해진 자원인 물, 특히 수질오염과 수량부족이라
는 이중적 제약을 가진 낙동강의 물 이용을 둘러싸고 발생한 갈등이라
고 할 수 있다. 위천갈등은 13년이라는 오랜 기간 계속되고 있으며, 갈
등의 공간적인 범위도 경상남·북도, 대구광역시와 부산광역시라는 광
범위한 지역에 걸쳐 전개되고 있다. 또한 아직 계획단계의 공단이라 물
리적인 피해가 발생하지 않은 상태이며, 공단조성시 낙동강에 미칠 영
향에 대해서도 논란이 분분하다. 따라서 과학기술적 조사를 통해 옳고
그름을 가리거나 경제적 보상을 통해 갈등을 해결하기가 어렵다. 뿐만
아니라 다양한 집단들이 갈등과정에 참여하고 있는데 이들을 경제적 이
해관계를 기준으로 명확하게 분류하기가 어려우며, 오히려 물이 갖는
가치에 대한 입장차이가 두드러지게 대립되고 있는 것으로 보인다.

위천갈등은 지자체간의 갈등으로 표면화되기는 했지만 국가의 중앙
집중제적 국토개발방식에 대해 시민들이 환경권을 앞세워 이의를 제기
했다는 점에 주목할 필요가 있다. 이러한 현상은 환경문제 해결이나 관
리에 있어서 중앙집중적 방식은 문제가 있다는 이의제기로 이해될 수도
있고, 제도권정치 속에 포함되기 어려운 다양한 행위자들(특히 시민들)
의 움직임이 과거에 비해 두드러지게 증가하였다는 것으로 이해될 수도
있다.[1] 어떤 식으로 이해되든지간에 환경관리에서 시민들의 능동적 문

제제기가 사회적 파급효과를 가지게 되었다는 사실은 환경문제 해결이
나 환경관리에서 국가의 중앙집중제적 방식의 효과성(적실성) 문제뿐
만 아니라 다양한 이해관계를 국가가 어떤 식으로 공정하게 정책에 반
영시킬 수 있는가 하는 문제를 진지하게 고찰할 필요가 있음을 드러내
고 있다.

 이처럼 위천갈등은 기본적으로 동일 하천의 상류지역과 하류지역 간
의 물 이용과 분배를 둘러싼 갈등이지만 자연의 가치에 대한 입장차이
가 크고, 아직 현실화되지 않은 계획에 불과하며 해당 지역범위가 광범
위하여 피해비용을 정확하게 계산하기가 어려워서 경제적 보상을 통한
협상이나 타협의 방법을 통해 갈등을 해결하기는 힘들 것으로 판단된
다. 뿐만 아니라 여러 차례 발생하였던 낙동강 수질오염 사고로 인해
하류지역 주민들은 정부의 수질관리정책을 불신하고 있어서 정책적 수
단을 통해서 갈등을 해결하기도 어려운 상황이었다. 이러한 이유로 인
해 위천갈등을 해결하기 위한 중앙정부의 중재노력은 지금까지 뚜렷한
결실을 거두지 못한 것이다.

 이 글에서는 위천갈등과 같은 복잡한 원인을 가진 갈등을 어떻게 분
석할 수 있는지에 대해서 이론적 실험을 해보고자 한다. 즉 아직 발생하
지 않은 환경문제를 토대로 하고 복잡한 지리적·정치경제적 원인을
배경으로 하여 야기된 환경갈등을 체계적으로 분석하여 위천갈등의 특
성을 도출해 낼 것이다. 그리고 이러한 특성을 가진 갈등은 기존의 국가
기능을 넘어서는 새로운 변화를 요구하고 있음을 주장할 것이다. 최종
적으로는 국가기능의 변화에 대한 제언을 제출하고자 한다.1)

---

1) 이처럼 국가의 전통적 역할에 제한이 가해지기 때문에 기존의 제도정치적 개념보다 더
  넓은 개념인 '정치적인 것'(das Politische) 혹은 '亞政治'(subpolitics)를 고려해야 할 필요
  성이 있다. 아정치란 국가로 등치되거나 포섭된 정치가 국가 밖으로 벗어난 정치, 시민
  사회에서 제3의 길을 발견한 정치 혹은 사적 역으로 보다 가까이 다가간 정치유형을 말
  한다(울리히 벡 1998, 34쪽의 역자주). 문순홍은 하부정치라는 말이 우열의 개념을 내포
  할 우려가 있기 때문에 아정치라는 말이 더 적합한 용어라고 주장한다. 여기서는 문순홍
  의 의견을 존중하여 하위정치라는 용어 대신 아정치라는 용어를 사용하였다.

2. 이론적 분석틀

자연의 사회적 구성

자연과 사회의 상호작용, 즉 사회에 의한 자연의 전유(專有)는 경제적 차원에서만 일어나는 것이 아니라 비물질적 차원(상징적·상상적 차원)에서도 일어난다.[2] 즉 자연과 사회의 상호작용은 사회적 노동을 매개로 하되 상호작용 방식은 문화적으로 매우 상이하게 나타난다. 이것은 관념적으로만 존재하는 자연과 사회의 이분법적 분리 논의가 더 이상 유지되기 어렵다는 것을 의미한다. 자연과 사회는 분리된 채로 작동하는 것이 아니라 시간의 흐름에 따라, 그리고 공간의 차이에 따라 변증법적으로 관련을 맺으며 서로 통합되면서 변화해 가는 것이다. 일반적으로 사회와 분리된 자연이 있는 것이 아니라 역사적·지리적으로 상이한 방식으로 '자연-사회'라는 존재가 계속 형태를 바꾸어가는 것이며, 이 과정은 모순과 갈등으로 가득 찬 것이다(Eder 1996a; 1996b; Swyngedouw 1999). '자연-사회'의 이러한 시·공간적인 변증법적 통합을 이 글에서는 '자연의 사회적 구성'이라고 표현한다.

'자연의 사회적 구성'(이하 사회구성주의라고 함)에 따르면 인간이 자연을 전유할 때는 반드시 그 사회에서 형성된 문화라는 여과장치를 매개로 하기 때문에 자연은 문화적 실천의 결과라고도 할 수 있다. 다시 말해서 어떤 실체가 환경이 되기 위해서는 사회적 해석활동과 의미부여라는 사회적 메커니즘이 반드시 필요하고 이런 의미에서 환경은 사회적으로 구성된다는 것이다. 이렇게 되면 사회적 의미부여 행위가 자연과 사회의 상호작용과 통합을 보증하는 유일한 단서가 된다. 그러므로 사회구성주의적 관점은 환경문제에 대한 접근에서 담론과 비물질적 영역

---

2) 이것은 Lefevre(1991)가 제시한 공간의 세 가지 차원을 참조하여 제시한 것이다.

(이데올로기, 상상력, 상징, 문화 등)의 중요성을 강조한다. 여기서 담론이란 "물리적이고 사회적인 실재에 의미를 부여하게 되는 일련의 실천으로서, 생산되고 재생산되며 전환되는 사고, 개념, 범주"를 의미한다(Hajer 1995, p. 60). 사회구성주의에 기초한 논의들은 대체로 담론분석을 통해 환경문제의 제기과정이나 해결과정에 개입되어 있는 정치적 권력관계를 분석한다. 즉 특정한 환경문제가 어떤 담론구조와 정치권력에 의해 하나의 사회적 이슈로 형성되기도 하고 배제되는지를 보여주는 것에 초점을 맞추고 있는 것이다.[3]

사회구성주의에 의하면 어떤 자연과학적 조사에 근거하여 모두가 동의할 수 있는 객관적이고 일관된 생태위기가 존재하는 것이 아니라 생태위기에 대한 다양한 환경담론들이 존재하는 것으로 이해된다(Hajer 1996, p. 258). 따라서 사회적 구성주의의 입장에 근거한 환경갈등 연구는 환경담론을 생산하는 집단들의 형성과정에 주목하고, 이 과정에서 기존의 사회제도(사회정의, 민주주의, 자연과 사회의 관계)에 대한 성찰(reflexivity)이 어떻게 수행되는가를 중요한 의제로 설정하게 된다(같은 글, p. 265). 즉 사회구성주의적 입장에서는 환경갈등의 해결이 객관적이고 실증적인 대책에 의해서 이루어지기보다는, 불확실하지만 민주적인 논의과정을 통과함으로써 얻어질 수 있음을 시사한다.

사회구성주의에 기초하여 환경갈등을 분석하게 되면 다음과 같은 이점을 누릴 수 있다. 첫째, 자연의 사회적 구성은 자연-사회관계의 포괄적인 계기(물질적 생산, 분배의 규범, 소비문화와 소비담론)를 포함하기 때문에 물이 정치화되어 갈등으로 전화되는 과정을 포괄적으로 설명

---

[3] Escobar 1995; 1996; Szasz 1994. 담론이나 비물질적 영역을 강조한다고 해서 사회구성주의적 입장에 있는 논의들이 실제로 발생하는 물질적 차원의 자연변화를 무시하는 것은 아니다. 물론 일부 사회적 구성주의자들은 환경문제가 전적으로 열성 환경운동가들이나 매스미디어에 의해서 만들어지는 것이라는 극단적인 주장을 펴기도 하지만(Mazur & Lee 1993), Best(1993)나 Rafter(1992)와 같은 사회적 구성주의자들처럼 환경문제의 구성과정에서 경험자료의 중요성을 강조하고, 경험자료에 기초하여 환경문제가 형성된다는 사실을 지적하는 사람들도 있다.

할 수 있다. 둘째, 자연의 사회적 구성은 환경정치를 이질담론 혹은 대항담론을 통한 담론들의 투쟁으로 인식함으로써 자연의 재마법화(再魔法化)를 통한 정치적 동원의 메커니즘을 설명할 수 있다. 즉 근대사회의 지배적인 담론에 의해 소외되었던 대항적 환경담론 혹은 이질적 환경담론을 복구시켜, 탈마법화(脫魔法化)되었던 자연에 새롭게 가치부여를 함으로써 다양한 정치적 행위의 동원을 가능하게 할 수 있다는 것을 의미한다. 물론 이것은 비합리적인 낭만주의적 정치(예컨대 나치즘과 같은 영웅주의)에 의해 대중을 호도하게 되었다는 것을 의미하는 것이 아니다. 오히려 그 반대이다. 배제되었던 담론의 복구과정은 이질 담론들이 정치적/사회적 담론으로 전환되는 과정이기 때문에 그 과정 자체가 정치적이고 합리적인 과정이다.[4] 따라서 사회구성주의적 입장에서 볼 때 합리적인 재마법화는 가능하다. 셋째, 자연의 사회적 구성은 사회에 대한 (생태적) 성찰성을 담보할 수 있다. 왜냐하면 자연의 사회적 구성이 자연의 상징적 의미에 대한 사회적 투쟁의 결과에 달려 있다고 보는 것은 사회의 헤게모니를 장악하고 있는 제도에 대한 반성, 즉 지배적 사회질서에 대한 비판을 통해 자연을 구성함으로써 자연에 대한 새로운 인지·규범·상징을 도출해 낼 수 있다는 것을 의미하기 때문이다. 다시 말해 바람직한 '자연과 사회의 관계'가 무엇인지에 대한 (잠정적이지만) 사회적 합의를 만들어낼 가능성이 있는 것이다. 이 과정에서 사회적으로 공유하고 있는 지배적 이데올로기를 비판할 수 있게 되고 이에 대한 성찰을 동반할 수도 있다.[5] 이러한 과정은 사회적으로 성찰성을 높이는 과정이라 할 수 있으며, 이를 통해 생태적인 사회를 위한 '문화적 진화'를 도모할 수도 있다. 따라서 물이라는 자연의 전유과정에

---

4) 여기서 합리적이라 함은 의사소통적 합리성을 의미하는 것이다.
5) 아비투스의 개념은 우리 행위의 실천 논리이며 이미 존재하는 관행들과 의미의 연결망으로서 사고되지는 않지만 몸에 각인된 범주라고 할 수 있다. 즉 의식적 행위의 존재론적 기초, 습관의 범주인 것이다. 아비투스는 구조나 의식적 행위로 환원될 수 없는 것이다(래쉬·어리 1998, 224~25쪽).

서 행위자들의 이해관계와 가치의 대립으로 인해 빚어지는 환경갈등과 정을 분석하는 데는 사회구성주의에 기초한 접근방식이 적합할 것으로 판단된다.

이해관계, 환경담론 그리고 이데올로기

환경갈등을 사회구성주의에 기초하여 분석할 경우, 이해관계[6] 개념을 어떻게 파악할 것인가가 중요한 문제로 제기된다. 갈등의 주요 원인으로 간주되는 이해관계를 경제적 이해관계로만 파악할 경우 비물질적인 차원을 고려하는 사회구성주의의 설명력은 현저히 감소되기 때문이다. 따라서 이해관계, 가치, 신념, 이데올로기 등의 관련성을 좀더 엄밀하게 따져봐야 할 필요가 있다. 이해관계에 대한 입장은 크게 둘로 나누어지는데, 하나는 이해관계를 행위자의 주관적인 것으로 보는 입장이며, 또 하나는 이해관계를 객관적인 것으로 파악하여 설명하려는 입장이다. 다시 후자의 입장은 객관적 이해관계와 주관적 욕구를 연결시켜 설명하려는 입장, 그리고 객관적 이해관계와 주관적 욕구라는 이분법 자체를 폐기하려는 입장으로 나누어진다.

우선 이해관계를 행위자의 주관적인 요소로 설명하려는 입장은 다원주의적 정치학 혹은 자유주의적 정치학에서 발견된다(Dahl 1989; Hirschman 1977). 다원주의적 정치학에서는 이해관계를 행위자의 '드러난 선호'(preference)와 동일시하는데, 이는 이해관계를 개별행위자의 주관적인 것으로 파악하는 것이다. 선호와 이해관계가 동일시될 경우, 정치적 갈등은 어떤 집단들간의 선호가 불일치할 경우에 발생하게 되는 것이다.[7]

---

[6] 앞에서 언급하였듯이 여기서 이해관계는 대체로 경제적 측면에서 규정된 이익과 손해를 뜻한다. 그러나 단순히 경제적 이해관계로 환원시키기 어려울 경우에는 '이익' 혹은 '이해'라고 표기하기도 하였다.
[7] Dahl 1969, p. 39(칼리니코스 1991, 213쪽에서 재인용).

이에 대해 다원주의에 대한 비판자들은 권력이란 '편견을 동원할 수 있는 능력'이기도 하기 때문에 행위자가 가지고 있는 신념체계 자체를 왜곡시킬 가능성도 있다는 점을 지적한다. 어떤 것에 대한 평가적 신념이 체계적으로 왜곡될 수도 있기 때문에 행위자의 욕구와 이해관계가 늘 일치한다고 볼 수 없다는 것이다. 다시 말해 욕구와 이해관계는 갈등관계에 놓이는 경우가 있다. 예컨대 담배 피우는 것은 건강이라는 개인의 이익(interest)에 반한다는 사실을 알고 있지만 담배를 피우고자 하는 욕구가 이를 누르는 경우이다(칼리니코스 1991, 214쪽). 그러므로 이해관계를 선호와 동일시하는 것은 잘못이다. 자유주의적 혹은 다원주의적 정치학의 이해관계에 대한 접근이 가지는 이러한 난점으로 인해서 이해관계를 객관적인 것으로 파악하려는 시도들이 나타났다. 앞서 언급하였듯이 하나는 객관적 이해관계와 주관적 욕구를 연결시키려는 입장, 다른 하나는 객관적 이해관계와 주관적 욕구라는 이분법 자체를 폐기하려는 입장으로 나눌 수 있다. 우선 전자의 입장을 먼저 검토해 보자.

이 입장에서는 완벽한 것(객관적 정보)이 주어졌을 때 가지게 되는 반사실적(counterfact) 욕구를 이해관계로 정의하고자 한다. 이러한 입장을 잘 보여주는 것이 엘스터(Elster 1985)의 계급이해관계에 대한 정의이다. 그는 계급 이해관계를 "계급성원들의 드러난 선호 및 목적이 아니라 자신들이 처한 상황의 원인과 상황을 극복할 수 있는 방법들을 완벽하게 알게 되었을 때, 그 계급의 성원들이 갖게 되는 목적"이라고 정의하였다.[8] 이처럼 이해관계를 반사실적 욕구로 정의하게 되면 실제 욕구와 완벽한 지식으로 무장하였을 때의 욕구 사이의 거리를 보여줄 수가 있어서 지배이데올로기의 작용에 대한 비판을 가능하게 할 수도 있다. 하지만 이것만으로는 행위자들이 구체적으로 어떻게 행위할 것인지에 대해서는 알 수가 없다. 객관적인 상황에 대한 지식이 아무리 완벽해

---

8) Elster 1985, p. 349(칼리니코스 1991, 215쪽에서 재인용).

도 여전히 "나는 무엇을 욕구해야 하는가"라는 질문을 계속 할 수 있기 때문이다. 이러한 입장에서는 완벽한 지식이 주어진 상황에서 어떻게 선택을 하게 되는가에 대한 설명을 더 제시해 주어야 할 필요가 있다(칼리니코스 1991, 217쪽).

이에 비해 후자의 입장은 객관적 이해와 주관적 욕구라는 이분법 자체를 폐기하려는 입장이다. 스테드만은 계급이해와 계급에 소속된 행위자의 욕구를 구분하는 방식을 비판하면서 이해관계라는 것은 정치적 언어의 구조를 통해 인식되고 규정된다는 것을 주장하였다(Stedman 1983, pp. 20~22). 스테드만은 언어라는 것 자체가 사회적 실재이며, 언어에 의해 구성되기 전에 어떤 사회적 실재가 선행한다는 사고를 거부하였다(같은 책, p. 7). 그는 어떤 불만을 야기할 수 있는 물질적 토대가 주어져 있는 상태에서 (계급)의식이 정치를 생산하는 것이 아니라 정치가 (계급)의식을 생산한다고 보았다(같은 책, p. 19). 이러한 주장은 이해관계라는 것이 언어로 표현되기 전에 이미 선행하여 존재한다는 식의 정통마르크스주의적 도식을 거부한 것이다. 대신에 그는 구조주의적 의미의 담론개념을 도입하여 담론적 이해관계 개념을 제시하고자 하였다. 즉 정치적 언어 혹은 정치적 담론이 이해관계를 구성한다고 주장한 것이다. 이것은 주관적인 이해관계 개념이 아니다. 왜냐하면 "드러난 선호를 통해 이해를 파악하는 것이 아니라, 행위자가 사회가 어떻게 돌아가고 있는가에 대한 자신의 느낌과 믿음을 표현하는 특정한 담론을 통해서 이해관계를 파악하기 때문이다"(칼리니코스 1991, 219쪽). 이러한 접근은 마르크스주의자들과 비마르크스주의자들이 공유하고 있는 본질주의적(essentialist) 계급개념에 대한 도전이라고도 할 수 있는바, 계급을 존재론적 실체가 아니라 담론적 실체로 이해할 수 있다는 뜻이기 때문이다. 이처럼 이해관계에 대한 담론적 접근은, 행위의 가능성에 대한 행위자들의 고려가 어떻게 이해관계를 형성하게 되는지 설명해 주는데, 행위자들의 담론 안에서 이해관계가 형성된다고 주장하는 것이다.

스테드만의 담론적 이해관계 개념이 구조를 주관성으로 환원시키려는 시도가 아닌 이유는 담론이 주관적인 것도 아니고 객관적인 것도 아니기 때문이다. 담론은 주체를 규정짓는 감옥과 같은 것이기도 하지만(Foucault 1978; 1979; 1984), 동시에 주체의 (체계로부터의) 해방수단이기도 하다(Habermas 1974, 1979; 1984; 1987; 1993; Dryzek 1999). 따라서 만일 구조주의적 개념을 따라 담론에 의해 이해관계가 구성된다고 주장하게 되면, 특정 집단에 속한 행위자들이 사회적 행동을 유발하는 이해관계가 어떻게 구성되는가에 대한 메커니즘을 구체적으로 설명할 수 있게 된다. 즉 특정 집단에 속한 행위자들이 사용하는 담론에 의해 이들의 이해관계가 형성되며 이러한 이해(利害)를 바탕으로 사회적 행동이 가능한 것이다.[9] 담론은 행위자를 주체로 형성하고 객관적인 이해관계를 형성함으로써 특정한 사회적 행동을 불러일으킨다. 이와 동시에 행위자는 담론을 변화시킴으로써 새로운 (2차적) 욕구를 갖게 되는데, 이것을 성찰적 과정이라고 볼 수 있을 것이다.

이해관계가 담론에 의해 형성되며, 이렇게 형성된 이해관계가 환경갈등을 야기한다는 것을 알게 되었다. 그러면 환경갈등을 야기하는 환경담론은 무엇이며 어떤 것들이 있는가? 여기서 말하는 환경담론이란 자연의 사회적 구성과정에서 자연에 대한 사회적 해석활동과 의미부여를 하게 되는 담론을 뜻한다. 환경담론은 인간이 자연과 상호작용을 하기 시작하면서부터 존재해 왔지만 이 글에서 주목하는 환경담론은 산업사회가 들어선 이후에 제기된 것을 의미한다. 산업사회는 여러 가지 이데올로기들——자유주의, 보수주의, 사회주의, 마르크스주의, 전체주의——을 가질 수 있지만 기본적으로 경제적 성장과 이것이 제공하는 물질적 혜택의 향유를 지향한다. 그러므로 산업사회는 기본적으로 환경

---

9) 이러한 주장은 담론이론에 대한 필자의 입장이기도 한데, 푸코의 담론개념과 하버마스의 담론개념이 통합적으로 이해되어야 한다는 뜻이다. 이에 관해서는 다음 절에서 다루기로 한다.

에 대한 관심을 결여하고 있으며, 설사 있다고 해도 산업사회의 유지에 필요한 문제들, 예컨대 경제시스템에 투입되는 자원(목재, 어장, 광물, 토양 등)의 유지문제에만 관심을 쏟을 뿐이다(Dryzek 1997, p. 12). 따라서 산업사회가 들어선 이후의 환경담론을 논의하는 것은 산업사회에 대해 일정한 입장과 대안적 행동방식을 논의한다는 의미가 되기 때문에 다양한 환경담론은 산업사회에 대한 입장과 대안적 행동방식을 중심으로 분류될 수 있다.[10]

우선 산업사회의 정치경제적 틀을 주어진 것으로 인정하고 기존의 정치경제적 시스템이 직면한 과제로서 환경문제를 논의하려는 입장이 있을 수 있다. 이와 달리 산업사회의 정치경제적 틀 자체를 새롭게 짜야한다는 주장이 있는데, 여기서 환경위기는 문제가 아니라 기회로 인식되는 것이다. 그리고 이러한 입장을 관철시키는 실천은 개량적인 방법을 따르느냐 아니면 급진적인 방법을 따르느냐에 따라 다시 구분될 수 있다. 이러한 구분에 따라 환경담론을 구분해보면 크게 다음과 같이 정리될 수 있다.

간략하게 설명하자면,[11] 환경문제해결 담론은 한 국가의 중앙정부에

〈표〉 환경담론의 구분

산업사회에 대한 입장 \ 실천방식	개량적 방법	급진적 방법
산업사회적 틀의 인정	환경문제해결 담론	생존과 성장 담론
산업사회적 틀의 극복	지속 가능성 담론	녹색급진주의 담론

10) 물론 환경담론의 분류기준은 다양하게 제시될 수 있다. D. Pepper, R. Garner, T. O'Riordan 등은 기술중심주의와 생태중심주의 혹은 기술지향주의와 생태지향주의라는 기준으로 환경담론을 구분하였다. 필자는 Dryzek(1997)의 구분을 따랐으며 제목을 다소 변형시켰다. 드라이제크는 산업사회적 틀의 수용을 산문적(prosaic)이라고 하였고, 산업사회적 틀의 거부를 상상적(imaginative)이라고 하였다. 그외에도 O'Riordan (1981); Pepper(1984); Garner(1995) 참조.
11) 각 담론의 자세한 내용에 대해서는 이상헌(2001, 39~48쪽) 참조.

서 주로 취하는 방식으로서 국가 환경규제나 공해통제 그리고 세금을 통한 인센티브기제 등을 이용하여, 발생하게 된 환경문제를 완화시키거나 해결하려는 담론을 말한다. 여기에는 전문가의 역할을 강조하는 행정적 합리주의, 실용적 차원에서의 민주주의를 통해 문제를 해결하려는 민주적 실용주의 담론, 환경문제를 시장기제에 맡겨서 해결하려는 경제적 합리주의 담론과 같은 하위담론이 포함되며, 기본적으로 산업사회적 틀을 인정하고 개량적인 방식으로 환경문제를 해결하려는 입장이다.

'생존과 성장' 담론은 지구자원의 한계에 대해 주목하면서 성장이 과연 계속될 것인가 아니면 불가능할 것인가를 둘러싸고 전개된 담론이다. 대표적 담론은 '로마클럽'의 지원을 받아 작성된 보고서『성장의 한계』에서 나타나는 담론인데, 지구자원의 고갈과 인구증가로 인해 지구자체의 생존이 위협받는다고 주장한다. 이 담론은, 지구자원의 한계 때문에 영구한 경제성장이 불가능하고 또 전면적인 권력의 재분배와 영구한 경제성장에 대한 재조정이 필요하다는 점에서 급진적이라 볼 수 있다. 그러나 산업사회라는 틀을 넘어서지는 않는다. 즉 선택 가능한 대안은 산업사회라는 틀 속에서 찾고자 하기 때문에 지배엘리트들에게 더 많은 권한을 부여하고자 한다.

'지속 가능성' 담론은 경제적 가치와 생태적 가치의 갈등을 조화시키고자 하는 의도에서 나온 담론이기 때문에 산업사회라는 틀을 어떤 형식으로든 넘어서고자 한다. 그러나 '지속 가능성'이라는 개념이 무엇을 뜻하는가에 대한 명확한 합의는 없으며, 다만 환경과 관련된 논의에서 가장 핵심적인 주제라고 할 수 있다. '생존과 성장' 담론처럼 묵시론적이고 암울한 전망을 제시하지 않기 때문에 급진적이라기보다는 개량적인 성격을 가지고 있다.

'녹색급진주의' 담론은 산업사회를 넘어서서 급진적으로 생태적인 대안사회를 추구하려는 담론이다. 이 담론 안에도 하위담론들이 존재한다.[12] 크게는 낭만주의적 전통을 고수하여 개인의 의식변화가 생태문제를 해결할 것이라는 입장(녹색낭만주의 담론)과 계몽주의적 가치를 선택적으로 수용하여 사회구조를 생태적으로 변화시키려는 입장(녹색합리주의 담론)으로 나눌 수 있다(Dryzek 1997, pp. 12~15).

이처럼 환경담론은 다양한 담론들로 구성되어 있다. 즉 법적 담론처럼 어떤 규칙성과 일관성을 가진 제도화된 담론이 아니다. 왜냐하면 환경문제에 대한 논의에는 매우 이질적인 분야의 담론들이 동시에 포함되어 있기 때문이다.[13] 예컨대 산성우(酸性雨) 문제에는 생태계 변화에 관련된 생태학적 지식, (예상)피해금액의 계산기법, 산성우 저감기술에 관련된 공학적 담론, 산성우 대비전략이 가지는 사회·정치적 반향에 대한 분석, 책임소재와 관련한 윤리적 논쟁 등 수많은 담론들――자연과학적 담론, 회계, 공학, 사회과학, 철학, 윤리학 등――이 공존해 있다. 따라서 이런 다양한 환경담론들을 사용하는 주체들이 환경갈등이라는 사회·정치적인 현상을 야기하려면 환경담론들을 사용하는 다양한 주체들을 한데 묶을 수 있어야 한다. 그러면 이런 다양한 주체들을 어떻게 결합시킬 수 있는가? 유사한 담론을 사용하는 주체들을 묶어주는 것은 담론이 이데올로기 차원에서 작동할 경우이다.

---

12) 물론 하위담론 안에도 매우 다양한 담론 분파들이 존재한다. 각 담론분파의 내용에 대해서는 Dryzek(1997) 참조.
13) Hajer 1995, pp. 44~45. 환경문제는 몇 가지 두드러진 특징을 갖고 있다. 첫째, 환경문제는 복잡성이라는 특성이 있다. 즉 생태계의 구성요소들이 경계를 넘어서 긴밀하게 연결되어 있기 때문에 상호작용은 매우 복잡한 양상을 띠고 있다. 둘째, 환원 불가성(non-reducibility)이라는 속성을 갖고 있다. 환원 불가성이란 문제의 일부분만 해결해서는 문제의 전체적 해결이나 개선이 불가능하다는 것을 말한다. 예컨대 오염매체들간의 전이(transfer)는 환원 불가성이라는 특성을 잘 보여준다. 오염매체들의 전이란 일정한 지리적 지역 내에서 발생하는 수질오염을 막기 위해 고형폐기물을 소각할 경우 대기오염을 유발시키는 것을 의미한다. 즉 수질오염이 대기오염으로 전이된 것이다. 따라서 문제의 일부분을 해결하려는 것이 단순한 문제영역의 전이로 그치게 될 수 있는 것이다. 셋째, 불확실성이라는 특성을 가지고 있다. 예컨대 기후변화나 산성비의 원인과 결과에 대한 지식은 매우 불완전한 것이기 때문에 많은 불확실성이 존재한다. 네번째는 생태계와 사회의 관계에서 발생하는 특성으로서, 생태계가 사적 소유의 대상이 아니라 집합적 행동(collective action)의 대상이기 때문에 개별적 합리성의 추구가 집합적 비합리성을 낳을 수 있다는 특성이 있다(Dryzek 1987 참조).

이데올로기라는 용어의 정의는 구구하지만 구체적인 현실과 동떨어진 측면을 강조하는 이데올로기의 속성에 대해 가장 체계적으로 제시한 것은 만하임의 저작들이다. 만하임에 의하면 이데올로기란 "상황에 대한 구체적인 경험의 산물이 아닌 일종의 왜곡된 지식으로서의 해석들을 의미한다"(Mannheim 1944, p. 97. 박재환 1992, 357쪽에서 재인용). 이처럼 이데올로기는 왜곡된 지식이라는 측면이 있는데, 이것은 궁극적으로는 특정한 이해관계와 맞닿아 있다. 즉 특정한 이해관계를 가진 집단들이 자신들의 이해관계를 유지시키기 위해 당파적으로 유포시키는 해석틀이 바로 이데올로기이다. 또한 이데올로기는 공통된 이해관계를 가진 특정한 사회구성원들을 하나의 통일된 주체로서 갈등에 임하게 한다(박재환 1992, 377쪽).

이데올로기에 의해 동일한 이해관계가 유지되고 이해관계가 담론에 의해 형성되는 것이라면, 담론과 이데올로기의 관계는 어떠한가? 이데올로기와 담론의 관계에 대해 배슐러는 다음과 같은 관련성을 제시하였다. "이데올로기는 일종의 논쟁적인 담화구성이다. 이러한 논쟁적인 담화구성 덕분에 특정의 열정이 사회 내의 권력행사에 의해 일정한 가치를 실현시키게 된다."(Baechler 1976, p. 60. 박재환 1992, 358쪽에서 재인용) 배슐러의 이데올로기에 대한 정의는 담론과 가치 그리고 이데올로기 사이의 관계에 대해 시사하는 바가 크다. 담론에 의해 이해관계가 형성될 뿐만이 아니라 그렇게 형성된 이해관계를 갈등상황에서 관철시키려고 만들어진 것이 이데올로기이며, 이러한 이데올로기로 인해 특정한 가치가 구체적으로 실현될 수 있다는 것이다. 갈등을 야기하는 원인이 되는 이해관계와 가치는 모두 담론에 의해 형성되고 이데올로기적 차원에서 실현되는 것이라고 볼 수 있다.

그렇다고 해서 담론이 항상 고정되어 있다고 주장하는 것은 아니다. 이데올로기가 논쟁적인 담론구성으로서의 특성을 가지기 때문에 담론은 주체에 의해 늘 변형된다. 주체에 의해 변형되고 사용되는 담론은 다시 이해관계와 가치를 형성하며 이에 의해 갈등의 전개양상이 달라지게 됨으로써 갈등의 역동성이 담보되는 것이다. 그러므로 환경갈등은 "자연의 이용을 둘러싼 이해관계와 가치를 반영하거나 매개하는 환경담론들을 사용하는 주체들이, 이데올로기적으로, 즉 논쟁적인 담론구성을 통해 상이하게 자연을 구성함으로써 빚어지는 충돌 및 대립"이라고 정의할 수 있겠다.

앞에서 언급했듯이 갈등과정에서 작동하는 이데올로기는 이러한 기능을 수행할 수 있다. 이데올로기는 다양한 환경담론을 사용하는 주체들이 서로 소통함으로써 공통의 이해관계를 가지게 만든다. 환경갈등에서 갈등주체의 형성이 이렇게 이루어진다고 가정한다면, 환경갈등을 해결하기 위해서도 담론의 소통이 필요하다고 할 것이다. 즉 어떤 환경담론들이 갈등을 야기하고 있는지를 파악하여, 그 담론에 의해 구성된 경제적 이해관계는 경제적 보상 등의 방법을 통해 중재할 수 있을 것이고, 가치의 대립은 담론들간의 소통을 통해 상호이해를 증진시킴으로써 갈등요인을 완화시킬 수 있을 것이다.

분석틀: 이야깃거리와 담론연합

담론은 정태적인 말의 묶음이 아니라 동태적으로 구성되는 것이기 때문에 담론의 형성은 일종의 논쟁과정이라고도 할 수도 있다. 그러므로 담론분석은 정태적인 분석에서 그치는 것이 아니라 동태적인 분석까지도 포함되어야 한다. 그러나 이러한 동태적인 논쟁과정을 분석하기 위해서는 좀더 실제적으로 중범위(middle level)적인 분석도구가 필요하다. 이 글은 하레와 스턴스(Harre and stearns ed. 1995)나 빌리히(Billig 1987)의 담론이론에서 제시한 '이야깃거리'(story-line) 개념과 '담론연합'(discourse-coalition) 개념을 사용하고자 한다.

하레나 빌리히는 언어의 구성적 측면에 주목한다. 이들에 의하면 인간의 상호작용은 자신이 갖는 역할이나 의례화된 사회적 관행이 아니라 인간들에게 '주체-위치'를 부여하는 담론적 관행과 관련된다. 인간은 자신이 활용할 수 있는 담론을 통해 세계를 이해하는 것이다. 이들은 인간이 담론적 실천에 의해 구성되며, 인간의 상호작용을 논쟁의 교환, 즉 실재를 이해하는 방식의 대립으로 개념화한다. 그래서 이들은 단순히 담론체계를 분석하는 것에 관심을 두는 것이 아니라 논쟁을 분석하고자 한다(Hajer 1995, pp. 52~53). 이러한 논쟁과정, 즉 담론정치를 분석하기 위해 하레나 빌리히가 사용한 것이 '이야깃거리'와 '담론연합' 개념이다.

우선 '이야깃거리'란 개념은 담론주체들과 담론을 연결시켜 주는 장치의 역할을 하는 서사를 뜻한다. 푸코의 담론이론에 의하면 주체들은 일정한 위치 속에서 담론의 질서에 따라 담론을 사용하게 된다. 담론주체는 일정한 의미망 속에 갇히게 되는 것이다(감옥으로서의 담론). 일단 자기의 특정한 위치를 차지하게 된 담론주체는 일상화된 시각과 이미지, 은유 그리고 이야깃거리 속에서 사물을 바라보게 된다. 이야깃거리는 다양한 범주의 담론들을 종합하는 동시에 변환시키는, 다시 말해서 다양하고 이질적인 담론주체들을 결합시키는 서사인 것이다.

이야깃거리는 이를 통해 서로 다른 영역들로부터 나온 요소들을 결합하여 행위자로 하여금 공통의 이해(理解)를 갖게 해주는 상징적 참조점이다(같은 책, p. 62). 그리고 이야깃거리는 담론주체들의 파편화를 극복하게 하는데, 이것은 이야깃거리가 마치 은유(metaphor)처럼 기능을 하기 때문이다. 이러한 기능 때문에 앞에서 언급하는 것처럼 새로운 이야깃거리가 정치적 변화를 가능케 하는데, 환경갈등의 특징을 고려해 볼 때 이것은 대단히 중요한 점을 시사하고 있다. 어떤 환경갈등이 발생하였을 경우 이야깃거리의 변화를 추적하여 설명하는 것은 환경갈등의 발생메커니즘을 규명하는 단서가 될 수 있다는 것이다.

이야깃거리의 기능은 첫째, 담론들의 복잡다단함을 간단하게 만들어서 문제를 해결할 가능성을 높인다. 둘째, 일단 이야깃거리가 채택되고 더 많은 행위자들이 이야깃거리를 사용하기 시작하면 이야깃거리는 의식적(儀式的) 특성을 가지게 되어 논쟁을 지속시킨다. 셋째, 이야깃거리는 행위자들이 어떤 현상에 대한 자신의 이해범위나 담론적 능력을 넘어서서 전문적인 지식에 이르도록 한다(같은 책, p. 63). 가장 대표적인 이야깃거리 중의 하나는 앞에서 예를 든 '산성우'다. 만일 산성우가 단순히 과학적 용어로만 남았다면 이것은 '산도가 높은 강우'에 불과했을 것이고 사회에 미치는 효과도 작았을 것이다. 그러나 산성우가 물고기, 호수, 숲의 죽음 그리고 빌딩의 부식과 연결되면서 하나의 이야깃거리가 되자 흩어진 담론들을 하나로 묶을 수 있게 되었고, 사회적 파급력도 매우 커지게 된 것이다(같은 책, p. 64).

이야깃거리가 환경갈등과 같은 담론의 정치에 주는 함의는 무엇인가? 첫째는, 환경갈등과 같이 다양하고 복합적인 담론들이 상충하고 공존하는 담론의 공간을 전제로 할 경우 이야깃거리는 어떤 일상화된 관점, 담론의 재생산 등을 설명할 수 있게 해준다. 둘째, 이야깃거리는 담론주체가 어떤 지배적 이야깃거리에 대해 대항이야깃거리가 존재할 수 있음을, 즉 담론적 도전이 가능함을 알려준다. 일상화된 범주의 담론에 저항하기 위해 새로운 이야깃거리를 제시함으로써 정치적 변화를 야기할 수 있는 것이다. 따라서 이야깃거리는 실제 갈등에서 담론주체들이 전술로 채택하게 되는 서사라고 할 수 있다. 물론 이것은 단순한 가능성일 수 있다. 이러한 가능성을 넘어 이야깃거리가 실제적인 파급효과를 갖기 위해서는 이야깃거리를 사용하는 담론주체들의 집단이 필요하다. 그것이 바로 담론연합이다.

담론연합이란 다양한 이유에 의해서 특정한 이야깃거리에 관심을 갖는 행위자들로 구성된 집단을 기초로 한다. 그 위에 일련의 이야깃거리, 그 이야깃거리를 발언하는 행위자들, 그리고 이러한 담론행위가 기초하고 있는 사회적 관습들로 이루어진다. 여기서 이야깃거리는 담론연합을 하나로 묶어주는 접착제 역할을 한다(같은 책, p. 65). 그리고 정치란 담론적 헤게모니를 위한 투쟁, 행위자들이 실재에 대한 자신들의 정의에 대한 지원을 확보하고자 노력하는 투쟁이다(같은 책, p. 59). 따라서 환경갈등을 담론의 정치학으로 본다는 것은 담론을 통해서 상이하게 환경을 구성하는 주체들이 자신들의 구성방식에 동조하는 사람들과 소통하고 연대하여 집단을 형성해서, 상이한 구성방식을 갖고 있는 담론주체들과 대립하고 충돌한다는 뜻이다. 이렇게 본다면 환경문제에 대한 이야깃거리를 공유하는 담론주체들이 담론연합을 형성하여 다른 담론연합과 대치하는 것이 바로 환경갈등인 것이다.

담론연합은 전통적인 정치적 연합이나 연대 그리고 계급집단과 다를 뿐 아니라, 여기에 참여하는 사람들에게 자신이 처한 상황에 대한 폭넓은 안목을 제공한다. 왜냐하면 담론연합은 이야깃거리를 생산하는 사람들의 활동을 장려하고 새로운 위상의 정치를 모색하도록 만들기 때문이다. 담론연합 속에서 이야깃거리가 가지는 담론적 힘은 개인의 전략적 선택이나 논리적인 요소에서 나오는 것이라기보다 '담론적 친화성'(discursive affinities)에서 나온다.[14] 예를 들어 논쟁적인 담론의 서로 다른 요소들이 유사한 인지적 혹은 담론적 구조를 가질 경우를 생각해 보자. 그럴 경우 행위자들은 논쟁의 세부사항을 이해하지는 못할지라도 친화성이 있는 논의가 '타당한 것처럼 보인다'고 주장하게 되는 것이다. 이처럼 담론연합은 논리나 전략보다는 담론적 친화성에 의해 담론적 권력을 행사하게 된다. 따라서 담론연합 속에 담긴 이야깃거리는 행위자들의 지식생산에도 영향을 끼친다.

'이야깃거리'와 '담론연합' 개념은 환경담론의 정치로서 환경갈등을

---

14) 담론적 친화성은 헤이어가 M. Weber의 선택적 친화성(selective affinities) 개념에서 빌려온 것이다. 어떤 사회적 관습이나 실천들 중에서 각각의 영속에 도움이 될 경우에 그 관습이나 실천은 선택적 친화성이 있다고 할 수 있다. 예컨대 베버는 칼빈교도들의 기독교윤리(청교도윤리)와 자본주의 정신은 서로를 강화시켜 주고 유지시키는 데 도움이 되기 때문에 선택적 친화성이 있다고 보았다(Hajer 1995, p. 67).

분석하는 데 적절한 분석도구인 것으로 보인다. 환경갈등의 갈등전선은 상이한 담론적 질서 속에서 상이하게 자연을 구성하는 집단들이 형성하는 이해관계의 차이에서 비롯되기 때문이다. 즉 대립되는 이야깃거리의 형성과 변화 그리고 대립되는 담론연합의 형성과 분열 등을 분석함으로써 환경갈등의 원인과 전개과정 그리고 갈등해결을 위한 단서의 추출도 가능하다는 것이다.

대립되는 이야깃거리의 형성과 변화, 대립되는 담론연합의 형성과 분열을 분석한다는 것은 무엇을 말하는가? 이것은 어떤 지배적 이야깃거리가 왜, 어떻게 재생산되다가 왜, 어떻게 제동이 걸렸는지, 이러한 이야깃거리에 의해 형성되는 담론연합은 왜, 어떻게 형성되었다가 분열하였는지를 분석하는 것이다. 따라서 이야깃거리와 담론연합은 위천갈등과 같이 물의 이용을 둘러싼 갈등에서 어떤 담론에 의해 이해관계가 형성되며 대립하면서 낙동강이라는 자연을 구성하는지를 보여줌으로써 위천갈등의 성격을 규명하는 데 기여할 것으로 판단하였다.[15] 이하에서는 이러한 분석도구들을 이용하여 위천갈등을 분석할 틀을 제시하고자 한다.

---

15) 담론연합이라는 용어를 사용한 Hajer의 본래 의도에 비추어볼 때 위천갈등에서 나타난 담론연합은 부적절할 수도 있다. 왜냐하면 Hajer가 말하는 담론연합은 매우 느슨한 형태의 결합을 의미하는데, 위천갈등의 경우에는 느슨한 형태의 담론연합도 있지만 때로는 매우 강력한 이익집단의 행태를 보이는 경우도 있었기 때문이다. 하지만 그 이익집단의 결속력은 매우 취약하여 전체적으로는 담론연합으로 성격짓는 것이 타당해 보인다. 그래서 Hajer의 용어를 세분하여 '강한 담론연합'과 '약한 담론연합'으로 나누고, 위천갈등과 같은 경우에서 나타나는 형태를 '강한 담론연합'으로 규정하는 것도 생각해 볼 수 있을 것이다. 이는 차후 연구과제로 미루어둔다.

3. 사례연구

위천갈등의 역사적 배경

갈등의 발단

　위천갈등은 1980년대 후반 환경오염이 사회적 문제로 제기되면서 다량의 폐수를 방출하는 염색업체가 환경규제의 대상이 되기 시작한 데서 비롯되었다. 대구·경북지역에서 비산염색공단 이외 지역에 산재해 있던 180여 개 염색업체는 1989년 9월 염색협업공단추진위원회를 구성하여 공해방지시설을 갖춘 신규 염색공단 개발을 추진하기로 하고 후보입지로 달성군 위천리 지역 일대를 경상북도에 제안하였다. 기존 공단에 입주하지 못한 업체들이 폐수 같은 환경문제를 처리하기 위해서는 공동시설의 이용이 불가피하다는 것이 이유였다. 경상북도는 1990년 달성군 위천리 일대를 음식료품·섬유·의복 중심의 공업개발장려지구로 지정해 줄 것을 건설부에 건의하였고, 90년 12월 동지역(276.5만평)은 국토이용계획이 변경되어 도시지역으로 전환되었다. 같은 해 경상북도는 건설부에 지방공단지정 승인을 신청하였으며, 당시 신청한 위천지방공단의 규모는 104.8만평(공단 90.1만평, 배후 주거지역 14.7만평), 오·폐수배출량 16만톤/일(폐수 15.5만톤/일)이었다(김고운 1998, 43쪽).

　그러나 기존 대구 염색공단업주들은 직물대기업이 참여한 새로운 공단조성은 시설과잉을 초래하고 무리한 신·증설을 불러 기존 중소염색업체들이 도산할 것이라는 이유로, 합리화추진위원회를 구성해서 반대입장을 표시하였다. 또한 위천공단에서 하루 15만 정도의 산업폐수가 배출될 경우 낙동강의 수질오염을 피할 수 없다는 이유로 부산·경남권도 이에 반발을 하였다. 더구나 91년 낙동강 페놀 오염사태와 더불어 염색공단 폐수 무단배출사건이 발생하여 부산·경남지역의 주민들은 수질에 대해 더 민감한 반응을 보이게 되었던 것이다.[16]

뿐만 아니라 정부부처간에 의견대립도 있었다. 경북도의 위천공단 지정승인 신청 이후 중앙정부에서는 여러 차례 관련회의를 소집하여 해당 지자체(1995년 3월 이전에는 경북도 그 이후에는 대구광역시)에 신청사항에 대한 수정보완을 지시하였다. 92년 4월 10일 공해업종 이전 집단화를 위한 중앙관련기관 실무협의(상공부 주관)에서 환경처는 낙동강 수질오염을 우려하여 이를 반대했다. 4월 15일 위천공단조성과 직접 관련된 관계기관 회의(상공부, 환경처, 부산, 대구, 경남, 경북 담당과장)에서도 환경처의 반대로 의견조정이 곤란하여, 이 안건은 청와대 회의에 회부되었다. 4월 17일 청와대 비서실에서 열린 위천공단조성을 위한 관계기관회의(경제기획원, 상공부, 건설부, 환경처, 경북도 담당국장)에서 공단조성시 폐수종말처리장 설치 등 철저한 공해방지계획을 수립하여 낙동강 수질오염의 해소방안을 수립하기로 했다. 그러나 92년 5월 8일 공업단지 입지심의위원회 회의(중앙부처 관계국장 18명)에서 환경처의 반대로 입지지정이 유보되었다.

갈등의 심화

갈등이 심화되기 시작한 것은 95년에 지방자치제도가 본격적으로 시행되면서부터이다. 95년 3월 행정구역이 개편되면서 달성군이 대구광역시로 편입되어 업무이관이 되자 위천공단 조성업무는 재추진되었다. 이에 따라 4월부터 부산에서는 위천공단에 반대하는 시민단체의 움직임이 활발해졌다. 그러나 대구시는 95년 6월 민선 자치단체장의 주도하

---

16) 부산시민들의 수돗물에 대한 불신과 불만은 급기야 법적 소송으로 비화되었다. 부산지역 환경단체관계 100명 명의로 국가와 부산시를 상대로 1억 원의 손해배상 청구소송을 내었으나 소송결과 원고측이 패소했다. 재판부는 헌법과 관련법률에 국가의 수질보전 의무를 명시한 것은 단순한 선언적 의미를 넘어선다고 밝히면서도 국가가 그 동안 막대한 돈을 들여 하수처리장을 설치한 점 등을 감안하면 수질개선을 위해 취할 수 있는 조치를 게을리 한 것으로 평가할 수 없으며 부산시 역시 수질개선을 위해 중앙정부를 상대로 각종 정책을 제시한 점 등을 고려할 때 불법행위를 했다고는 할 수 없다고 했다 (『경향신문』1998. 2. 15 참조).

에 위천공단계획을 대대적으로 수정하여 건교부에 국가산업단지로 지정해 줄 것을 요청하였는데, 침체위기에 놓인 대구지역경제의 활성화, 극심한 공업용지 부족난의 해소 등을 해결하기 위해서는 위천국가산업단지가 필요하다는 것이었다. 그리고 낙동강의 수질을 고려하여 주요 유치업종을 염색업이 아닌 자동차산업을 비롯한 첨단산업으로 바꾸고 조성면적도 220만 평으로 확대할 것을 건의했다. 이어 95년 7월에는 건교부뿐 아니라 재경원, 환경부, 농림부 등에 위천국가공단 지정을 재건의하였으며 대구시의회는 위천국가공단 지정 촉구를 결의하였다.[17]

  대구시의 위천국가산업단지 지정요청 이후 부산시 상수도 수질감시위원회, 시민환경단체, 부산발전연구원 등에서 여러 차례 반대의사 표명이 있었다. 대구시는 자체적으로 대구지역 환경단체들을 비롯한 시민단체 및 종교단체들과 간담회를 열어서 위천국가산업단지의 필요성을 홍보하였다. 한편 부산에서는 위천공단조성 관련 3대원칙(염색·섬유·도금업종 입주 배제, 낙동강 1~2급수 달성까지 공단조성 유보, 가동중인 폐수공장의 단계적 이전)을 제시하면서 서명운동이나 시민결의대회를 열기도 하였다. 이제 위천공단의 국가산업단지 승인문제는 중요한 지역 이슈가 된 것이다(김고운 1998, 43쪽).

  그 이듬해인 96년 4월 11일에 있을 총선을 둘러싸고 위천공단문제는 정치적인 쟁점으로 비화되었다. 각 지역 출신 국회의원들은 위천공단문제를 둘러싸고 극명하게 대립하였고, 의회가 이 문제에 개입하면서 지역대립구도가 본격적으로 형성되기 시작했다. 그러나 선거운동과정에서 각 정당은 두 지역의 정서를 고려하여 극히 모호한 입장천명으로 일관하였다. 중앙정부(총리실 행정조정실)는 위천공단문제가 지역간의 감정대립으로 되지 않도록 하기 위해 '낙동강수질평가자문단'을 구성하여 그 결과에 따라 지정 여부를 결정하기로 하고 이를 대구시에 통보함

---

17) 농림부에 건의한 것은 위천국가산업단지 조성 예정지의 약 27%인 81만 평 정도가 농업진흥지역이기 때문에 이를 용도전환 해주기를 건의한 것이다(최병두 1999, 309쪽).

으로써 총선 이후로 결정은 유보되었다.

4월총선 이후 '낙동강수질평가자문단' 회의에서 구성원들은 위천공단 조성 여부에 대해 지역별로 극명한 대조를 이루는 입장을 보였다. 따라서 7월에 열릴 '공업입지심의위원회'에서 위천공단 조성 여부와 그 규모가 최종적으로 결정될 것으로 예상되었다(최병두 1999, 311쪽). 그러나 96년 7월 초에 건교부와 환경부가 구미4공단을 국가공단으로 지정하고 안동공단의 국가공단화도 추진하겠다고 발표하자 부산·경남지역의 위천공단의 국가공단지정 반대운동은 더 거세어졌다(『부산일보』 1996. 7. 3). 7월 22일 신한국당의 영남권 4개 시·도지부장 공동기자간담회에서 부산·경남 출신 정치인들은 공단지정의 전제조건으로 낙동강유역종합개발계획을 제시함으로써 현단계의 위천국가산업단지 조성 자체를 반대하였다. 7월 25일에는 대구시가 작성한 낙동강수질보전대책에 대한 건설교통부의 수질전문가 자문내용과 환경부의 수질영향부석 자문단의 최종검토 의견이 발표되었으나 각 지역이 추천한 인사들의 의견이 두 부서 모두 찬성과 반대로 극명하게 대립되었으며 중립적 인사들은 대구시 계획의 보완을 요구하는 데 그침으로써 아무런 결론을 내릴 수 없게 되었다(『매일신문』 1996. 7. 25).

이러한 상황에서 8월 2일 부산시와 경남도 의회는 공동으로 낙동강 상류지역의 공단조성을 반대하기 위한 '부산·경남 낙동강 중상류지역 공단조성저지대책협의회'를 구성하였다. 부산시의 이러한 반대움직임을 의식하여 신한국당의 이홍구 대표는 8월 22일 신한국당 지구당개편 대회 참석차 대구를 방문한 자리에서 "낙동강 수질개선 없이는 공단조성은 불가능하다"고 말하면서 '선 낙동강 수질개선, 후 위천공단 건설'이라는 입장을 보였다(『부산일보』 1996. 8. 23). 여당의 이러한 입장표명에 대해 대구시는 즉각 정치적 힘의 논리가 관철된 결과라고 반박하였고 (『매일신문』 1996. 8. 23 사설), 8~9월에는 대구지역 정치가·전문가·언론이 정부의 이러한 입장에 대대적인 반대의견을 표출하였다. 대구·

부산 출신 국회의원들의 간담회, 시·군의원들의 공단지정 요구결의, 대구상의의 공단조속지정 탄원(청와대)이 있었으며, 시의회·대구상의·기초의회 및 기타 사회단체 대표들로 위천시민대책위원회가 구성되었다(최병두 1999, 311쪽).

그러나 9월 14일 이수성 국무총리는 '낙동강 수질개선과 위천공단 지정의 동시추진'이라는 입장표명과 함께 11월중에 정부의 공식적인 입장을 밝히겠다고 하였다. 이로 인해 신한국당 내부에 논란이 발생하였다. 이런 상황에서 11월 중순에는 대구 달성공단의 폐수관이 터지면서 낙동강에 1만 정도의 폐수가 유입된 사고가 발생하였는데, 현장 수질검사에서는 크실렌을 비롯한 화학물질이 검출되었다. 당연히 부산시민들의 낙동강 수질개선에 대한 요구는 더 커졌다. 그러나 12월 19일 김영삼 대통령은 대구 지하철2호선 기공식에서 '수질개선과 위천공단 병행추진'이라는 방침을 밝힘으로써 위천공단조성을 기정사실화하자, '위천공단결사저지부산시민총궐기본부'와 '위천공단저지와 낙동강살리기 경남지역본부'는 위천공단 백지화 요구를 관철시키기 위해 대규모 상경투쟁단을 조직하였다.

부산·경남지역의 위천공단반대 요구가 격렬해지자 중앙정부는 '낙동강수질개선기획단'을 구성하고 '낙동강관리특별법' 제정시에도 부산·경남의 요구조건을 대폭 수용한다고 발표하기에 이르렀다(『부산일보』 1996. 12. 25). 하지만 12월 30일 여당인 신한국당의 당정협의에서 위천공단 지정방침이 결정되고 수질개선대책과 위천공단 지정을 다음해 1월에 발표한다는 입장이 정해지면서 부산지역의 반대는 정점에 다다르게 된다. 12월 30일 당일 '위천공단결사저지 부산총궐기본부' 소속회원 80명이 부산시청 중회의실을 점거하고 무기한 농성에 들어갔다. 부산·경남지역의 반대움직임은 97년 1월 10일 대규모 시민결의대회로 나타났고, 이 대회에는 부산에서 1만 5천 명, 경남에서 7천 명이 참가하였다(김고운 1998, 44쪽). 부산의 시민결의대회 이후 '낙동강수질개선특별법'을 제정하기 위한 본격적인 움직임이 시작되고 환경부가 '상수원수질개선특별법안'을 제정하려고 하면서 갈등의 이슈가 법안제정 문제로 넘어가게 되자 갈등은 다소 주춤하는 듯했다.

갈등의 전환

위천갈등은 잠시의 소강상태를 거친 후 다시 재연되면서 갈등의 공간적 범위가 확대되어 나갔다. 97년 5월 중순에 중앙정부는 지방산업단지 승인 범위확대 방침을 발표하였는데, 이 방침에 따르면 지방산업단지의 범위를 현재의 30만 평 미만에서 100만 평 미만으로 대폭 확대하고 조성되는 지방산업단지에 대해서 지금의 국가산업단지와 동일한 수준의 기반시설 건설비용을 국고로 지원한다는 것이었다. 이에 문희갑 대구시장은 97년 5월 19일 위천공단을 국가공단으로 지정하지 못하면 지방공단으로 전환하여 추진할 것이며, 수질개선계획은 일부 포기할 수밖에 없다는 내용의 기자회견을 하였고, 이로 인해 다시 부산의 반대움직임이 거세지면서 갈등이 재연되었다(『부산일보』 1997. 5. 21). 5~8월에 대구에서는 간헐적인 위천공단 조기지정을 위한 궐기대회가 있었고, 부산·경남에서는 낙동강특별법을 관철시키기 위한 공청회, 연대집회 등이 계속 개최되었다.

97년 12월의 대통령선거를 즈음해서 각 당이 내어놓은 선거공약에는 위천공단에 대한 내용이 들어 있었지만 확정된 입장을 천명하지는 않았다. 갈등이 재연된 것은 대구시 달성군 보궐선거를 통해서였다. 98년 4월 12일 조세형 국민회의 총재권한대행이 대구에서 개최된 국민회의 달성지구당 개편대회에서 돌발적으로 "대구 위천공단이 최단시일 내에 국가공단으로 지정될 수 있도록 하겠다"고 언급한 것이다. 이를 계기로 부산·경남지역의 민간환경단체와 시의회 등은 규탄선언문을 채택하고 국민회의 중앙당사를 항의방문하였다.

한편 건교부와 환경부는 부산지역의 깨끗한 식수원을 확보하기 위해

(동시에 위천공단 조성도 추진하기 위해) 경남지역의 1급수 식수원을 부산으로 끌어오기 위한 사업과 대구지역 오·폐수를 바다로 직송하는 방안에 대한 조사용역을 실시하였다. 조사용역 결과와 공청회를 거쳐 남강댐 상류지역인 지리산 권역에 댐 2개(천평댐과 문정댐)를 건설하여 수자원을 확보한 뒤, 하루 200만t의 식수원을 생산해 부산이 150만t, 경남이 50만t을 사용하는 방안을 추진하기로 한 것이다. 그러나 이러한 계획에 대해 경남도를 비롯한 환경단체들은 낙동강수질개선에 대한 포기행위이며 위천공단 지정을 위한 대책이라면서 격렬하게 반대하였다. 새로운 갈등의 형태가 나타나기 시작한 것이다.

98년 8월 위천공단 지정을 위한 건교부, 환경부 등 관계부처와 대구, 부산 등 지방자치단체 그리고 민간환경단체들이 함께 참여하는 '위천공단대책위원회'가 구성되었고 9~10월에 두 차례의 회의가 열렸지만 실질적인 결론은 내리지 못하였다. 더군다나 99년에 들어서자 2000년의 총선을 대비하여 정치인들이 대구·경북지역에서 위천공단 조기설립 약속 등을 남발하고, IMF로부터 구제금융을 받게 된 국가적 위기상황에서 낙후된 지역경제상황을 이용하여 지역정서를 부추기는 정치집회(구미집회)를 계속 개최하자 위천공단 설립을 둘러싼 지역갈등은 더욱 더 해법을 찾기 어려워 보였다.

한편 99년 4월 초 부산시는 정부의 낙동강수계 물관리종합대책에 광역상수도사업을 포함시켜 줄 것으로 요청하였다. 부산시는 낙동강수계의 심각한 용수부족 현상과 더불어 낙동강 하류의 수질개선은 조기달성이 불가능하다고 판단하고 비상상수원 확보 차원에서 광역상수도사업이 필요하다고 보았다. 그리고 상수도 이용에 대한 물이용부담금은 부산시가 수익자 부담원칙에 의해 부담한다고 하였다. 이에 대해 부산지역의 일부 전문가와 민간환경운동단체는, 광역상수도 개발논의는 낙동강 수질개선 노력을 포기하는 것이며 경남지역 주민과 부산시민들간의 반목을 초래할 수 있다면서 반대의사를 표명하였다.

99년 5월에는 대구, 경북, 부산, 경남 등 4개 지방자치단체가 경북 경주시에서 '낙동강수계 물관리종합대책 수립을 위한 토론회'를 열었으나 위천공단조성과 광역상수원 개발을 둘러싸고 첨예하게 대립함으로써 아무런 합의점도 이끌어내지 못하였다. 특히 지리산 주변지역에 식수댐을 건설하려는 광역상수도사업을 둘러싼 부산시와 경남도 간의 대립은 더 심화되었다. 이 과정에서 '지리산 식수댐계획 백지화투쟁운동본부'가 결성되었고 낙동강을 살리는 것과 지리산 생태계를 보호하는 사업이 연계되기 시작하였다. 지리산에 식수댐을 건설할 경우 중산리계곡, 달궁계곡 입구 등이 수몰됨으로써 지리산 생태계가 파괴된다는 것이 이유였다.

99년 10월 21일 정부(국무조정실, 환경부, 건설교통부, 농림부, 낙동강 수계 6개 시·도)는 '낙동강수계 물관리종합대책'(시안)을 발표하였다. 이 발표안에는 수질오염총량관리제 도입, 물이용부담금 도입, 갈수조정댐 건설, 수변녹지 조성, 강변여과수 개발, 산업단지 완충저류조 설치, 물수요관리목표제 도입, 환경기초시설 건설 등 상당히 발전적인 내용이 들어 있었으나 실제로 적용하는 데 어려움이 많다는 지적이 양 지역의 전문가와 시민운동단체들로부터 나왔다. 특히 부산·경남지역의 시민운동단체들은 환경부의 대책이 위천공단조성을 전제로 하고 있다며 반발하였다. 대구시를 다른 지역보다 1년 먼저 '오염총량 특별관리지역'으로 지정한 것이 증거라는 것이었다. 부산의 한 언론에 의하면 대구시가 오염특별관리지역으로 지정되면 수질개선 효과가 어느 정도 나타날 수도 있고, 설사 개선효과가 없어도 관리지역 지정으로 생활에 불편을 겪은 대구시민들에게 보상 차원에서 공단을 허용해야 한다는 논리가 제기될 수 있기 때문이었다(『부산일보』 1999. 10. 22 사설). 뿐만 아니라 대책안에서 '앞으로 개발되는 산업단지'에 한해 산업단지 완충저류조 설치를 의무화한 것과 산업단지에 대해서는 특정수질 유해물질 배출을 예외적으로 허용한 것도 위천공단을 염두에 둔 것이라는 해석도 있

었다.[18]

 정부합동으로 제출한 '낙동강수계 물관리종합대책'(시안)에 대한 공청회는 각 지역에서 주민들과 시민환경단체대표들의 시위로 무산되었다. 10월 25일 진주지역에서 열릴 예정이던 공청회가 무산되었고, 27일 부산·울산 지역의 공청회도 무산되었으며, 29일 대구지역의 공청회 역시 경북 영주 봉화지역 주민들의 '송리원댐 건설 반대'시위로 무산되었다. 모든 지역에서 공청회가 무산되면서 1999년 12월에 정부는 기존의 내용을 보완하여 「낙동강수계 물관리종합대책-낙동강 생명찾기 대장정」(최종시안)이라는 보고서를 제출하였다. 이 보고서는 공청회를 통해 반영된 지역민들의 불만사항을 반영하고자 하였으나 실제로는 갈등의 여지가 있는 부분에 대한 결정을 1년 정도 유보시킨 것으로 보였다.[19]

 이 보고서를 근거로 하여 쟁점이 되는 부분에 대한 추가검토를 하기 위해 구성된 '낙동강물이용조사단'은 2000년 6월 3차 회의결과를 제출하였는데, 여기에서는 낙동강유역의 신규댐 건설방안을 더 이상 논의하지 않는 것이 바람직하며 기존의 4개 다목적 댐을 최적활용하는 것이 중요하다는 견해를 밝혔다. 조사단은 당초 조사항목에 포함되어 있던 "신규 댐건설 필요시 위치, 규모 등 구체적인 방안을 검토한다"는 문항을 아예 삭제한 것이다(낙동강물이용조사단 2000, 122쪽). 그러나 '낙동강물

---

18) 부산환경운동연합 구자상 사무처장의 『부산일보』와의 인터뷰(1999. 10. 22).
19) 최종시안에는 오염총량관리제를 실시하면서 BOD를 우선 적용하고 COD, 총인, 총질소 등 추가관리항목을 포함시키기 위한 조정방안을 2000년에 제시하고 2001년에 정부방침을 확정키로 하였다. 그리고 특정 수질유해물질배출시설 허가제한구역으로부터 산업단지를 제외시킬 것인지에 대해서도 별도의 종합대책을 2000년 말까지 수립토록 하였다. 또한 경남지역과 부산지역 간에 마찰을 일으켜온 갈수조정댐 혹은 식수댐 건설은 외견상 포기된 것처럼 보이지만 실제로는 취수원 다변화라고 하여 강변여과수와 더불어 청정수원을 취수원으로 할 가능성도 검토하고 있다. 이에 대한 최종적인 결정은 '낙동강물이용조사단'을 구성하여 그 조사결과를 따르겠다고 하였다(『부산일보』 1999. 12. 25; 김석봉 2000; 「낙동강수계 물관리종합대책-낙동강 생명찾기 대장정」 1999, 300쪽 참조).

이용조사단'의 제안은 구속력을 가진 것은 아니었다. 따라서 정부가 경남 함양군 휴천면 문정리 엄천강과 산청군 시천면 중산리 덕천강 중·상류지점 지리산 일대에 식수댐을 건설하려는 계획이 완전히 철회된 것이 아니었다(『매일신문』 2000. 8. 9;『부산일보』 2000. 9. 22).

'낙동강수계 물관리종합대책'과 함께 제출되었던 '낙동강수계 물관리 및 주민지원 등에 관한 법률안'(이하 낙동강특별법)에 대해서 부산시는 이 법안이 낙동강 상류지역에 대규모 추가오염원 조성을 합법화시키는 명분을 제공할 뿐 아니라 전국에서 가장 나쁜 수질의 원수를 사용하면서 가장 비싼 정수비용을 부담하게 한다며 법안제정을 거부하였다. 그러자 문희갑 대구시장은 대구시에 대한 국회감사장(2000. 10. 27)에서 위천공단이 조성되지 않더라도 일대에 공장이 설립되는 것을 막을 수 없다는 발언을 하였다. 게다가 경북 출신 의원들이 '낙동강특별법'이 정한 규제 수준을 한강 수준으로 완화시키겠다는 입장을 표명하였다. 이러한 상황 변화로 인해 부산시와 부산의 환경운동단체들은 차선책으로 정부가 제시한 '낙동강특별법'의 조건부 수용[20]을 제시하였다. 그럼에도 불구하고 임시국회 회기 내 처리는 불가능하게 되었다. 하지만 낙동강특별법은 2001년 말에 국회 환경노동위원회를 통과하여 2002년 1월 현재 시행령을 마련중이다.

환경갈등의 담론분석

쟁점 1: 위천국가산업단지는 환경친화적인가?

이 쟁점은 위천갈등에서 가장 오랫동안 그리고 가장 첨예하게 대두된 쟁점이다. 이 쟁점에서 지배담론은 '행정적 합리주의' 담론이라고 할 수

---

20) 세 가지 요구조건을 내걸었다. 첫째 낙동강 수계관리위원회의 기능 강화, 둘째 오염물질 총량관리 대상에 COD포함, 셋째 상수원보호구역을 환경부장관의 직권으로 지정할 수 있도록 할 것 등이다.

있다. 이 담론은 한국의 산업화과정과 수자원개발과정을 통해서 지배적인 환경담론으로 자리잡았다. 즉 환경문제가 발생하면 편익과 비용을 따져 전체적인 편익을 증진시키는 방향으로 환경문제를 해결해야 한다는 것이다. '행정적 합리주의' 담론은 주로 전문가에 의한 환경문제 해결방식을 주장하기 때문에 객관적이고 보편적인 이해관계를 반영하는 것으로 인식된다. 그러나 위천갈등 과정에서 '행정적 합리주의' 담론은 보편적인 이해관계보다는 지역의 이해관계를 형성하고 반영하는 경우가 많았다.

한편 저항담론으로 사용된 것은 크게 볼 때 '녹색급진주의' 담론이라고 할 수 있다. '녹색급진주의' 담론은 위천국가산업단지의 환경친화성 여부라는 쟁점에서 과학기술과 관료제에 기초한 수질관리가 초래할 수 있는 위험과 불확실성을 염려하며, 낙동강 생태계의 우선적 복원을 촉구하였다. 녹색급진주의 담론 중에서 '녹색합리주의' 담론을 사용하는 담론주체들은 부산지역의 시민운동단체들로 이루어진 낙동강살리기·위천공단결사저지 부산시민총궐기본부(이하 궐기본부)와 부산지역의 언론이라고 할 수 있다. 그리고 '녹색낭만주의' 담론을 사용하는 담론주체로는 대구광역시에 소재하는 '영남자연생태보존회'를 들 수 있다.

위천국가산업단지가 환경 친화적인가라는 쟁점을 두고 갈등을 벌인 담론주체들은 다음과 같은 기준에 따라 분류해 볼 수 있다. 첫번째 기준은 담론의 내용으로, 이 기준에 따라서 지배담론인 '행정적 합리주의' 담론을 사용한 담론주체들과 저항담론인 '녹색합리주의' 담론과 '녹색낭만주의' 담론을 사용한 담론주체들로 구분될 수 있다. 두번째 기준은 위천국가산업단지 조성에 대한 입장으로, 이 기준에 의하면 산업단지 조성을 찬성한 주체들과 반대한 주체들로 나눠질 수 있다. 이를 도식화하면 〈그림 1〉과 같다.

우선 〈그림 1〉의 1에 해당하는 담론주체는 지배담론인 '행정적 합리주의' 담론을 사용하면서 위천공단조성을 찬성하는 입장을 나타내는 담

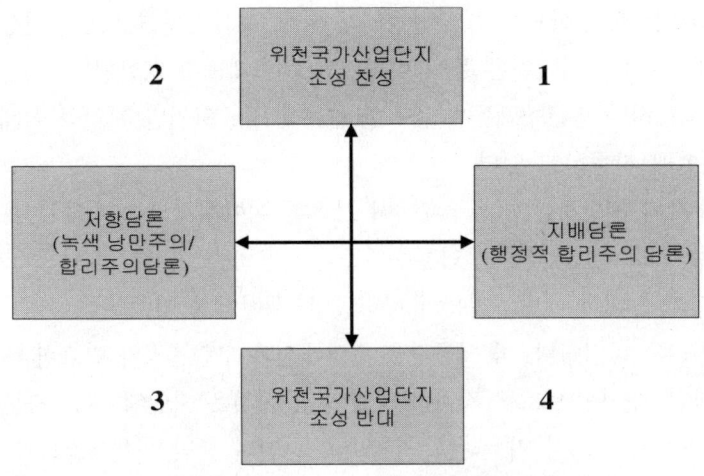

〈그림 1〉 위천국가산업단지의 친환경성 쟁점을 둘러싼 담론주체들

론주체들이다. 대구광역시와 대구광역시 의회, 대구경북개발연구원 그리고 대구지역 언론(대구매일신문)과 대구상공인집단(대구상공회의소), 상공부(현재 산업자원부), 건설부(현재 건설교통부), 96년 6월 이전의 대구 경제정의실천시민연합 등을 들 수 있다. 2에 해당하는 담론주체는 녹색낭만주의 담론 혹은 녹색합리주의 담론을 사용하면서 위천공단의 조성을 찬성하는 입장인데, 이런 입장을 표명한 담론주체는 발견할 수 없었다. 3에 해당하는 담론주체는 녹색합리주의 담론과 녹색낭만주의 담론을 사용하는 담론주체들로 구성되는데, 낙동강살리기·위천공단결사저지 부산시민총궐기본부(본부에 소속된 시민운동단체들), 대구환경운동연합을 비롯한 환경운동단체들, 일부 전문가들,[21] 부산지역언론 그리고 영남자연생태보존회이다. 4에 해당하는 담론주체들은 '행정적 합리주의' 담론을 사용하면서 위천공단조성을 반대하는 입장을

---

21) 여기서 말하는 전문가들은 주로 대학교수와 연구원에 재직하는 전문연구원을 의미한다.

나타내는데, 부산광역시, 부산광역시 의회, 부산발전연구원, 부산상공회의소, 부산의 지역언론 등이 이러한 담론주체들에 포함된다. 이들은 1에 해당하는 담론주체들과 동일한 담론을 사용하지만 지역적 이해관계로 인해 갈등하고 있다.

각각에 해당하는 담론주체들이 사용한 이야깃거리를 검토해 보기로 하자. 1과 4에 해당하는 담론주체들이 사용하는 이야깃거리는 과거 낙동강의 근대적 개발과정에서 나타났던 '행정적 합리주의' 담론의 이야깃거리와 동일하다. 즉 낙동강을 수질개선과 수량관리가 필요한 객관적 대상인 '수자원'으로 상징화하는 것이다. 이것은 자연에 대한 자본주의적 관계의 문화적 기초라 할 수 있다. 자연의 규범적인 요소들을 단지 용도(use)로서 용해시켜 버리는 것이다. 낙동강은 다른 목적을 가진 존재가 아니라 주민들의 필요를 만족시켜 주는 수자원으로서만 개발되어야 한다. 그리고 산업화에 의해 초래된 수질오염과 수량부족이라는 위험은 불가피하게 근대적 과학기술을 바탕으로 한 관리기법과 공학적 처리기술로 해결할 수밖에 없다.

이처럼 낙동강을 주민들의 필요를 만족시켜 주는 대상인 '수자원'으로 간주할 경우 물 이용을 둘러싼 갈등의 전선은 지역적 이해관계에 따라 형성된다. 동일한 수계를 공유하는 지역주민들의 필요란 지역의 조건에 따라 입장이 전혀 달라지기 때문이다. 예컨대 낙동강 중류지역인 대구광역시의 필요는 낙동강을 산업발전을 위해 사용하고자 하는 것이고, 낙동강 하류지역인 부산·경남지역의 필요는 낙동강을 식수원으로 삼고자 하는 것이다. 즉 지역적 필요 그 자체를 의문시하지 않는 담론을 사용할 경우, 낙동강을 필요를 만족시켜야 하는 수자원으로 상징화하기 때문에 지역적 이해관계에 쉽게 굴복하게 된다.

그러나 낙동강을 수자원이 아닌 규범적 주체로 상징화하여 '생명' 혹은 '생명의 젖줄'이라는 이야깃거리를 사용할 경우 지역의 필요 자체를 의문시할 수 있게 된다. 왜냐하면 낙동강을 생명 혹은 생명의 젖줄로 상징화함으로써 근대적 개발패러다임에 의해서 객관화되고 규범적 요소를 상실하였던 낙동강을 다시 재마법화(re-enchantment)할 수 있기 때문이다. 다시 말해 지역의 공유재인 낙동강이 근대적 개발과 산업화에 의해 생태적 경계와 무관하게 분리되어 이용되고 과학적으로 관리된 결과 낙동강의 생태계는 회복하기 어려울 정도로 파괴되었기 때문에, 이를 다시금 복원시키려면 기존의 산업화방식과 다른 방식, 즉 생태주의적 원리에 기반한 방식을 채택해야 한다고 주장할 수 있는 것이다. 이처럼 낙동강이 단순히 지역의 필요를 만족시켜 주는 수자원이 아니라 내재적 가치를 가진 존재로서 상징화되면 지역적 이해관계로부터 일정한 거리를 둘 수 있는 가능성이 생긴다. 물론 이것은 가능성이지 필연성은 아니다.

쟁점 2: 낙동강 물분배는 어떻게 이루어져야 하는가?

위천갈등의 두번째 쟁점은 위천갈등을 해결하기 위해서 낙동강 물분배를 어떤 원칙에 의해서, 어떤 메커니즘을 통해 수행할 것인가라는 문제였다. "갈등해결의 주체가 전문가들인가 아니면 일반주민들인가?" "공정한 물분배는 어떤 원칙에 의해서 이루어지는가?" "이러한 원칙은 어떤 메커니즘을 통해 실제상황에 적용될 수 있는가?" 등이 쟁점이 되었다. 이 쟁점들은 첫번째 쟁점처럼 지역주민들간의 시위나 궐기대회 등의 직접적 행동을 유발하지는 않았다. 그럼에도 불구하고 정책결정에 대한 이론적 지침이나 갈등해결방안 모색이라는 차원에서 매우 중요한 대립점을 이루었고, 중요한 것은 지배담론으로 사용된 담론이 좀더 상호이해를 증진시킬 가능성이 높은 담론이었다는 점이다. 이것은 첫번째 쟁점에서 보았듯이 위천갈등이 지역적 이해관계를 넘어서지 못하고 격렬하게 전개된 탓에 이를 해결하기 위한 방안을 모색하는 과정에서 형성된 쟁점이기 때문이다. 이 쟁점에 대해 일부 전문가들과 정부기관 그리고 환경단체들이 갈등의 해결방안으로서 상이한 주장을 하였으며, 이에 근거하여 역시 상이한 해결방안을 제시하였다.

이 쟁점에서 지배담론으로 사용된 환경담론은 '행정적 합리주의' 담론 이외에도 '경제적 합리주의' 담론이었다. 즉 과학기술전문가와 제도 및 법률에 의한 분배결정 그리고 비용분담에서 오염원인자 부담원칙 또는 수혜자(수익자) 부담원칙에 의거하여 시장메커니즘을 통한 물분배 방식을 주장하는 담론이었다. 반면 저항담론으로 사용된 환경담론은 녹색낭만주의와 녹색합리주의 담론이었다. 즉 낙동강에 의존하고 있는 낙동강유역 주민들은 동일한 생태계를 공유하고 있기 때문에 물 이용과 분배에 대해 서로 합의함으로써 갈등을 해결하자는 주장을 하였다. 행정구역을 넘어서서 낙동강이라는 생태계를 공유하는 집단들이 서로 합의에 이를 수 있도록 제도를 조정함으로써 물분배 문제를 해결해야 된다는 주장인 것이다.

낙동강 물분배 문제를 어떻게 결정할 것인가는 쟁점을 놓고 갈등한 담론주체들은 다음과 같은 기준에 의해 분류할 수 있다. 역시 첫번째 기준은 담론의 내용인데, 이 기준에 따르면 지배담론인 '경제적 합리주의' 담론과 '행정적 합리주의' 담론을 사용한 담론주체들과 저항담론인 녹색낭만주의 담론과 녹색합리주의 담론을 사용한 담론주체들로 구분될 수 있다. 두번째 기준은 낙동강 물분배 방식으로, 갈등을 해결하기 위해 국가가 정한 원칙에 의해 물을 분배하는 것이 바람직하고 효과적이라고 주장하는 담론주체들과 자발적인 물분배가 더 바람직하고 효과적이라는 담론주체들로 구분될 수 있다. 각 담론주체들을 분류하여 도식화하면 〈그림 2〉와 같다.

여기에서 1에 해당하는 담론주체들은 '경제적 합리주의' 담론과 '행정적 합리주의' 담론을 동시에 사용한다. 그래서 낙동강을 공유재산자원으로 보면서 물분배 문제와 관련된 갈등을 해결하기 위해서는 수혜자부담원칙과 오염자부담원칙을 결합해서 원칙으로 삼아야 한다고 주장한다. 물분배는 국가가 정한 원칙에 의해 수행하는 것이 바람직하다고 주

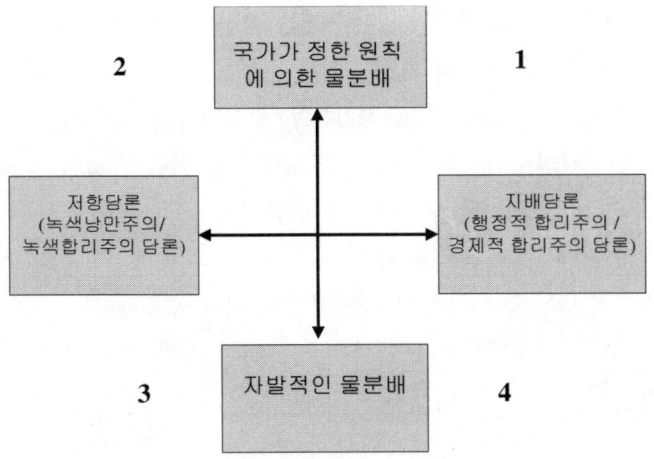

<그림 2> 낙동강 물분배문제 결정을 둘러싼 쟁점의 담론주체들

장하는 것이다. 이러한 주장을 하는 담론주체들은 주로 학계를 중심으로 한 전문연구자들과 지역언론매체들이다. 대구・경북지역의 일부 대학교수, 대구・경북지역 연구소의 일부 전문연구원, 부산지역의 일부 전문연구원, 대구광역시,[22] 위천공단추진범시민대책위원회,[23] 대구와 부산 지역의 언론 들이 이 담론연합을 구성하고 있다. 2에 해당하는 담론주체는 없는 것으로 보이는데, 저항담론을 사용하면서 국가가 지정한

---

22) 대구광역시는 95년 4월 3일 부산시민단체의 항의방문을 받은 자리에서 염색단지(앞서 위천갈등의 전개과정에서 살펴보았듯이 당시는 위천공단이 염색단지로 계획되었음) 조성의 불가피성을 설명하고, 과중한 환경투자비를 부산경남이 분담해야 한다고 주장하였다(『대구매일신문』1995. 4. 8).
23) 대책위원회의 박홍식 대표는 96년 2월 23일『대구매일신문』에 기고한 글에서 오염자부담원칙이나 희생자부담원칙을 따르는 것이 대구광역시의 산업단지 조성으로 인한 오염방지 비용을 모두 부산・경남 지역주민에게 부담지우는 것이 아니라고 이해한다고 하였다. 그리고 그는 공동기금이나 상호보상제도 등의 방법을 논의하는 방향에서 비용부담에 대한 타협을 통해 갈등을 해결하려는 입장을 보이고 있다. 그의 입장은 환경문제와 경제문제를 적절한 수준에서 절충함으로서 갈등을 완화시키려는 입장으로서 생태학의 기술화 담론에 더 가깝다고 할 수 있다(『대구매일신문』1996. 2. 23).

원칙에 따라 물을 분배하자는 담론주체는 발견되지 않았다. 3에 해당하는 담론주체들은 양 지역의 환경·여성 운동을 하는 시민운동단체들이라고 할 수 있으며, 이중에서도 궐기본부(소속단체 중에서 특히 낙동강 공동체), 영남자연생태보존회 등이 대표적이다. 이들은 갈등의 초기부터 생태주의적 입장을 담은 성명서를 발표하고 공동선언문을 채택함으로써 지역언론에 큰 비중으로 자주 보도되었다.[24] 녹색낭만주의 담론과 녹색합리주의 담론을 사용하여 공동의 생태계를 공유한다는 지리적 정체성에 기초한 이해관계의 동일성을 강조하며, 낙동강 물분배 문제로 일어난 갈등을 해결하기 위해서는 이해당사자들의 자발적인 협조와 상호이해에 기초한 합의가 필요하다고 주장하였다. 4에 해당하는 담론주체들은 철저하게 '경제적 합리주의' 담론을 이용하여 갈등을 해결하려는 입장을 보였는데, 환경갈등도 다른 사회적 갈등과 마찬가지로 경제적 보상으로 해소할 수 있다고 보기 때문에 낙동강 물분배의 권한을 분산시켜 당사자들간의 거래와 공동협력(공동비용부담)에 의해 갈등을 해결할 수 있다는 입장이다. 여기에 해당하는 담론주체는 서울과 같은 외부지역의 일부 전문연구원을 들 수 있다.

각 담론주체들이 사용한 이야깃거리는 다음과 같다. 우선 1과 4에 해당하는 담론주체들은 '행정적 합리주의'와 '경제적 합리주의'라는 지배담론을 사용하며, '공유재산자원'이라는 이야깃거리를 통해 낙동강을 상징화하였다. 즉 낙동강은 공동소유의 재화이기 때문에 책임도 공동으로 분담해야 한다는 것이다. 책임을 공동으로 부담하기 위해서는 사회적 비용을 정량화해야 하는데, 정량화는 강물을 오염시킴으로써 발생하는 사회적 비용과 오염활동의 감소로 인해 발생하는 비용이 화폐가치로는 같다는 것을 의미한다. 따라서 지배담론을 사용하는 담론연합은 화폐가

---

24) 그러나 99년 11월 24일에 있었던 이들의 공동선언에 대해서 양 지역의 언론은 각각 상이한 입장을 보였다. 부산지역언론에서는 지역주의를 넘어선 쾌거로 보았고, 대구지역언론에서는 환경단체의 지나친 단순함 때문에 결국 부산지역의 이해관계에 이용당했다는 식으로 보도하였다(『부산일보』 1999. 11. 25;『대구매일신문』 1999. 11. 27).

치라는 도구적 가치를 지닌 재화로서 낙동강을 상징화하고 있다. 이로써 낙동강 생태계가 가지는 질적 특성의 고려나 낙동강에 대한 규범적 접근은 제외된다. 이것은 자연을 탈마법화시키고 상품으로 변형시킨 근대적 환경담론의 전형적인 특징이라고 할 수 있다. 3에 해당하는 담론주체들은 녹색낭만주의 담론과 녹색합리주의 담론이라는 저항담론을 사용하고 있는데, 이들이 사용하는 이야깃거리는 '영남의 젖줄 낙동강' 혹은 '우리의 생명 낙동강'이다. 낙동강유역 주민에게 공통적인 정체성을 부여해 줄 수 있는 근거로서 낙동강을 인식하고 이를 '젖줄' 혹은 '생명'으로 상징화한 것이다. 그리고 근대적 산업화와 개발로 인해 훼손된 낙동강의 생태계 복원은 '생명찾기'로 명명되었다.

이상의 쟁점에서도 지배담론연합이 사용하는 '공유재산자원'이라는 이야깃거리와 저항담론연합이 사용하는 '영남의 젖줄'이라는 이야깃거리는 낙동강을 전혀 상이한 방식으로 구성하고 있음을 알 수 있다. '공유재산자원'으로 낙동강을 구성한다는 것은 낙동강의 가치를 화폐가치로 환산할 수 있다고 보고 갈등이 발생하였을 경우에 경제적 보상으로 갈등문제를 해결할 수 있다는 것이다. 따라서 국가가 정한 원칙이나 시장메커니즘에 의존한 물 분배방식을 선호하게 된다. 반면에 '영남의 젖줄'로 낙동강을 구성한다는 것은 행정구역으로 나누어진 낙동강을 하나의 생태계로 보고 생태계 전체를 통합적으로 고려한다는 것을 의미한다. 생태계는 화폐가치로 환원되어 분리될 수 있는 것이 아니기 때문에 낙동강생태계를 공유하는 주민(시민)들은 낙동강의 생태계 복원이라는 공통의 목적을 공유함으로써 물분배 문제에 대해 합의에 이를 수 있다는 것이다. 따라서 대중들과 자발적 합의라는 메커니즘에 의존한 물분배를 강조하게 된다.

쟁점 3: 광역상수도는 낙동강 물문제를 해결할 수 있는가?

이 쟁점은 앞의 두 쟁점에 비해서 비교적 최근에 제기된 것이다. 광역상수도가 낙동강 물문제의 해결방안이 될 수 있는가라는 문제를 둘러 싼 논쟁은 97년부터 시작되었지만 99년 정부가 마련한 '낙동강수계 물관리종합대책'을 계기로 본격화되었다가 2001년 말 낙동강특별법이 국회를 통과하면서 현재는 소강상태에 있다. 이 쟁점을 둘러싼 담론연합 간의 갈등은 첫번째 쟁점의 경우와 매우 유사한 측면이 있다. 즉 낙동강의 근대적 개발패러다임에 대한 저항담론의 생태적 비판이 제기되었다는 점에서 유사하다. 그러나 지배담론연합이 사용한 담론이 바뀌었고, 저항담론연합의 공간적 범위가 확대되어 지역적 이해관계로부터 벗어나기 시작했으며, 근대적 개발패러다임에 대한 본격적인 비판이 시작되었다는 점에서 담론의 역동성을 가장 극적으로 보여주고 있다고 할 수 있다.

앞서 언급했듯이 97년에 건교부와 환경부는 위천갈등에 대한 해결책으로 광역상수도 설치를 검토하였고, 이후 1999년 4월에는 부산시가 정부에 광역상수도 사업을 낙동강 관리대책으로 넣어주기를 요구하였다. 그리고 동년 5월에는 대구, 경북, 부산, 경남 등 4개 지방자치단체가 경북 경주시에서 '낙동강수계물관리종합대책 수립을 위한 토론회'를 열었으나 위천공단조성과 광역상수원 개발을 둘러싸고 첨예하게 대립함으로써 아무런 합의점도 이끌어내지 못하였으며, 따라서 논란이 되었던 부분에 대해서는 '낙동강물이용조사단'을 구성하여(2000. 1. 31) 각 부문별로 검토를 하였다.

이러한 과정에서 낙동강 생태계 문제와 지리산 생태계 문제가 연계되어 논의되기 시작함으로써 위천갈등은 단순한 지역간 갈등이 아니라 근대적 개발패러다임에 대한 생태적 비판이라는 성격이 두드러지게 된 것으로 판단된다. 낙동강 생태계 문제와 지리산 생태계 문제가 함께 논의되었다는 것은 낙동강의 물문제를 해결하기 위해 지리산에 식수댐을 건설할 경우 중산리계곡, 달궁계곡 입구 등이 수몰되어 지리산 생태계가 파괴된다는 인식이 확산되면서 두 문제가 결국 하나의 문제라고 주장하는 담론주체들이 등장했음을 의미한다. 낙동강 수질오염과 지리산 생태계 파괴는 결국 우리나라의 근대화방식이 가진 반(反)환경성을 드러내는 것이라는 인식이 전국적으로 확산되기 시작한 것이다. 이러한 인식에 기초하여 제기된 근대화에 대한 생태적 비판은 위천갈등의 해결이 기존의 갈등조정방안과 같은 대증적(對症的) 접근에 의존할 수 없음을 보여주었다.

"광역상수도가 낙동강 물문제에 대한 해결방안인가?"라는 쟁점에서 대립하였던 담론주체들 역시 두 가지 기준에 의해 분류해 볼 수 있다. 첫번째 기준은 담론의 내용이다. 이 쟁점에서 지배담론을 형성하였던 담론은 '지속 가능성' 담론과 '실용적 민주주의' 담론이라고 할 수 있다. 앞에서 설명하였듯이 실용적 민주주의 담론은 갈등의 전개과정에서 저항담론과 대립하면서 사용하게 된 담론으로 보이며, 지배담론에 저항하였던 담론은 녹색급진주의 담론이라고 할 수 있다. 즉 녹색낭만주의 담론과 녹색합리주의 담론이 다같이 사용된 것으로 보인다. 두번째 기준은 광역상수도 개발에 대한 입장이다. 우선 광역상수도 개발을 찬성하는 입장은 낙동강의 현재상황을 감안해 볼 때 비록 한국의 근대화과정에서 나타난 개발방식이 문제가 있었지만 그럼에도 불구하고 계속 낙동강을 근대적으로 개발하자는 주장이었다. 이에 대해 낙동강의 생태계가 이미 심각할 정도로 파괴되었기 때문에 광역상수도 개발을 반대하거나 유보하자는 담론주체들이 있었다. 이 두 가지 기준을 도식화하면 〈그림 3〉과 같다.

1에 해당하는 담론주체들은 '지속 가능성' 담론을 사용하면서 광역상수도를 건설하여 낙동강 물문제를 해결할 수 있다고 주장하였다. 여기에 해당하는 대표적인 담론주체들로는 중앙정부(특히 건설교통부), 수자원공사, 부산광역시를 들 수 있다. 이들은 기존의 개발담론에 한계가 있다는 것을 인정하면서도 현재 심각할 정도로 악화된 낙동강 수질개선 여부가 매우 불투명한 상황에서 광역상수도 개발이 불가피한 대안이라

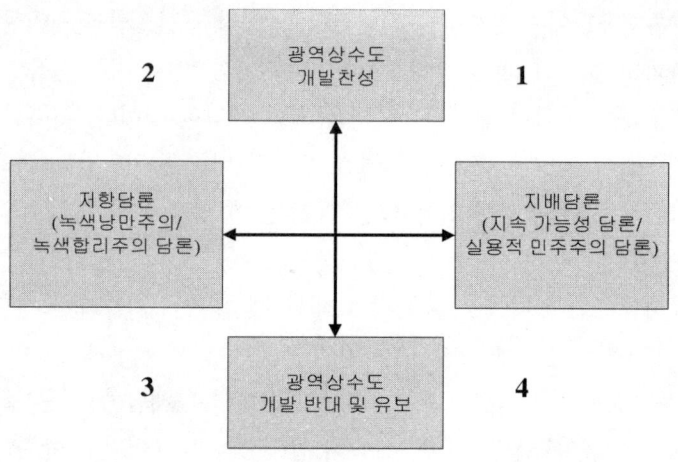

〈그림 3〉 광역상수도 개발과 관련된 쟁점의 담론주체들

는 현실적 입장을 천명하였다. 그래서 '지속 가능성' 담론에 기초한 공급논리를 개진하였던 것이다. 2에 해당하는 담론주체들은 없는 것으로 보인다. 즉 저항담론을 사용하면서 광역상수도 개발을 지지하는 담론주체들은 없었다. 3에 해당하는 담론주체들은 저항담론을 사용하면서 광역상수도 개발을 반대하는 입장을 천명하였고, 여기에 포함되는 대표적인 담론주체들은 진주환경운동연합을 비롯하여 부산·경남지역의 환경시민운동단체들(특히 낙동강살리기·위천공단결사저지 부산경남총궐기본부에 소속된 단체들), '범영남권낙동강유역댐 반대투쟁위원회' 그리고 전국단위로 결성된 '지리산살리기국민행동'과 '지리산살리기댐 백지화추진 범불교연대' 등이다. 전국적 단위의 환경·시민 운동단체가 담론연합에 포함되었다는 것은 위천갈등문제가 지역의 경계를 넘어섰다는 것을 보여준다. 4에 해당하는 담론주체들은 지배담론인 '실용적 민주주의' 담론을 사용하면서 광역상수도 개발에 대해 반대하거나 유보적인 입장을 나타내는 담론주체들이라고 할 수 있으며, 대표적인 담론주체는 '낙동강물이용조사단'이다.

각 담론주체들이 사용한 이야깃거리는 다음과 같다. 1과 4에 포함되는 담론주체들이 사용한 이야깃거리는 '안전하고 안정적인 상수원'이라는 문구로 압축될 수 있다. 이를 통해 이들이 주장하려는 것은 낙동강이 수질 측면에서 안전하고, 수량 측면에서 (갈수기에도) 안정적으로 공급될 수 있는 상수원으로 기능해야 하며, 이를 위해서는 어쩔 수 없이 추가적인 댐건설이 필요하다는 것이다. 물론 이 댐은 과거와 같이 값비싼 사회적 비용을 치르면서 건설되는 것이 아니라 환경피해를 최소화하는 댐이며, 이러한 댐을 지리산계곡에 건설하여 깨끗한 물을 낙동강 본류의 물과 합쳐 희석시킴으로써 식수로 사용될 원수의 수질을 일정 수준으로 유지하고, 갈수기 같은 비상사태에도 사용할 수 있는 물을 예비로 저장할 수도 있다는 것이다. 이러한 담론은 전형적으로 '지속 가능성' 담론이 가지는 특징, 즉 환경문제에 대처하면서 기존의 경제성장을 지속할 수 있는 발전방식을 추구한다는 것이다. 3에 해당하는 저항담론연합이 사용하는 이야깃거리는 '생태계의 복원'이라는 용어로 압축된다. 즉 낙동강 생태계나 지리산 생태계가 이미 근대적 개발패러다임에 의해 파괴되었기 때문에 더 이상 파괴를 방치할 수 없으며, 훼손된 생태계를 복원시키기 위해서는 근대적 개발패러다임하에서 주장되는 위천국가산업단지 조성이나 지리산댐 건설이 즉각 거부되어야 한다는 것이다. 이처럼 '생태계의 복원'이라는 이야깃거리는 전국 단위의 담론주체들에 의해서 사용되었다.

4. 위천갈등의 특성과 국가기능의 변화

위천갈등의 특성

담론분석을 통해 위천갈등의 갈등전선을 재구성해 본 결과 위천갈등에 참여하였던 다양한 행위자들은 크게 '지배담론연합'에 포함되는 담론주체들과 '저항담론연합'에 포함되는 담론주체들로 구분되었다. 양 담론연합은 각 쟁점에 걸쳐 낙동강을 상이한 방식으로 구성하였으며, 지역의 경제적 이해관계에 영향을 받기도 하면서 갈등을 빚었다. 특히 객관적이고 보편적인 담론으로 간주되던 '환경문제해결' 담론(행정적 합리주의와 경제적 합리주의 담론)을 사용하는 담론주체들이 오히려 지역의 이해관계를 넘어서기 어렵다는 것을 발견할 수 있는데, 이것은 '환경문제해결' 담론을 사용하게 되면 낙동강을 지역의 필요를 충족시키는 수자원으로만 구성할 수 없음으로 해서 논리적으로 지역의 이해관계로부터 자유로울 수 없기 때문이다. 따라서 '환경문제해결' 담론에 근거한 갈등해결 노력은 실제로 지역간의 대립을 조장할 가능성이 높았다고 할 수 있다.

담론의 역동성 측면에서 주목해야 할 점은 두번째 쟁점에서 경제적 합리주의 담론을 사용하여 지배담론이 저항담론과 상당히 유사한 점을 가졌음에도 불구하고 갈등의 완화되지 않았다는 점이다. 즉 낙동강을 화폐가치로 환원하여 경제적 보상을 통해 갈등을 해결하려는 시도가 실제로는 효과가 없었음을 보여주었다. 이것은 양 지역에서 낙동강을 상이한 방식으로 구성했기 때문이다. 따라서 만일 양 지역이 낙동강의 구성방식에 상호 동의할 수 있다면, 아니면 최소한 상대방의 구성방식을 인정할 수 있다면 갈등해결의 실마리를 찾을 것으로 보인다.

위천갈등에 대한 담론분석 결과, 위천갈등의 기본적인 성격은 근대적 개발패러다임(좀더 구체적으로는 자본주의적 자연-사회관계)에 대한 생태주의적 문제제기가 점차 세력을 확장하는 과정이라고 규정할 수 있다. 녹색급진주의 담론을 사용하는 저항담론연합이 새로운 담론의 질서를 형성해 나가는 과정으로 해석될 수 있다는 것이다. 저항담론연합의 생태주의적 문제제기는 크게 두 가지 측면에서 이루어졌는데, 하나는 근대적인 환경문제 해결방식에 대한 비판이고 다른 하나는 자연의 상품화에 대한 생태주의적 비판이다.

우선 위천갈등은 환경문제를 과학기술과 관료제, 시장메커니즘을 사용해서 해결하는 근대적 패러다임의 한계를 보여준다는 특성을 가지고 있다. 위천갈등의 세번째 쟁점에서 지배담론연합은 근대적 개발패러다임을 그대로 주장한 것이 아니라 이른바 '지탱 가능한 개발'이라는, 환경을 고려한 개발방식을 주장하였다. 그럼에도 불구하고 저항담론연합은 근대적 개발패러다임의 '실패'가 아닌 '성공'의 결과를 의문시하였다. 즉 근대적 개발패러다임의 성공이 가져온 생태적 결과는 결국 예측할 수 없는 '불확실성'과 '위험'의 도래라는 것을 문제시한 것이다. 낙동강의 근대적 개발이 시작된 이후 경험적으로 목격한 낙동강 생태적 조건의 악화와 수차례에 걸친 오염사고 그리고 낙동강대책의 실패는 저항담론연합의 정당성을 강화시켜 주는 측면이 있었다. 시민들은 생활용수 부족이나 수돗물에서 악취가 나는 경험을 예전에 비해 자주 하게 되었고, 90년대 초반부터 전개된 환경운동의 확산으로 환경의식이 과거에 비해 높아져서 저항담론연합의 주장에 지지를 보내게 된 것으로 보인다.[25]

특히 이러한 대중적 지지는 낙동강 물분배 문제와 지리산 생태계 보호 문제가 연계되면서 저항담론연합에 포함된 담론주체들이 지역적 이해관계가 아니라 보편적 맥락에서 생태주의적 주장을 하면서 더 확대되었다. 자신들은 단순히 위천공단 건설을 반대하는 것이 아니라 근대적 개발논리에 의해 파괴된 낙동강과 그럴 위험에 처한 지리산을 살리고자 하는 것이라고 주장하면서 대중적 지지를 얻을 수 있었던 것이다. 그 결과 지역이기주의 운동이라는 혐의를 벗고 전국적인 범위의 저항담론연합이 형성될 수 있었고, 근대적 개발패러다임에 대한 생태주의적 문제제기로 자신들의 주장을 자리매김할 수 있었다.

---

25) 이것은 부산·경남의 궐기본부에 참여한 106개 단체가 매우 다양한 운동을 전개한 단체들이라는 사실에서 증명된다.

둘째, 위천갈등은 자연의 상품화에 대한 생태주의적 비판 그리고 전문가나 국가(관료 및 전문가)에 의한 집합재의 분배문제 해결을 생태주의적으로 비판한다는 특성을 가지고 있다. 위천갈등의 두번째 쟁점에서 살펴보았듯이 지배담론연합은 위천갈등의 조성을 전제로 하여 여기서 발생하는 사회적 비용을 각 해당 지역이 분담함으로써 갈등을 해결하고자 하였다. 이를 위해서는 물이라는 자연의 권리를 거래할 수 있는 시장메커니즘이 필요하고, 이 메커니즘이 작동되기 위한 전제조건은 자연의 이용에 따른 생태적 결과가 화폐가치로 측정될 수 있어야 한다는 것이다. 이것은 자연을 상품화시키는 근대적 자본주의의 전형적인 자연구성방식이다. 저항담론의 생태주의적 비판은 이러한 근대적 자본주의의 자연구성방식에 대한 비판이다. 다시 말해 근대적 자본주의의 자연구성방식이 자연의 도구적 가치를 강조하고 상품화시킴으로써 자연을 탈마법화시키는 것이라면, 저항담론연합은 자연이 도구로만 간주되는 것이 아니라 하나의 목적으로 간주되어야 한다는 입장을 취함으로써 자연을 재마법화시키고 있다. 이것은 녹색낭만주의 담론의 핵심적인 주장이라고 할 수 있다. 또한 저항담론연합은 전문가에 의한 갈등해결보다는 공동의 생태계 속에 포함된 일원으로서 지역주민의 정체성을 규정함으로써 상호이해를 통한 자발적 합의를 통한 갈등해결을 주장하였으며, 이는 근대적 개발패러다임의 전문가중심의 문제해결방식과는 다른 방식이라고 할 수 있다.

앞의 두 가지 측면에서 볼 때 위천갈등은 단순히 지역감정에 기초한 지역갈등이라고 보기가 어렵다. 위천갈등은 근대적 개발패러다임에 대한 생태적 반성 혹은 성찰이라는 특성이 있으며, 동시에 효율성과 전문가 중심주의 그리고 도구주의적 합리성을 강조하는 근대적 자본주의 문화를 생태주의적인 입장에서 비판하는 가치비판의 성격을 가지는 것으로 보인다. 따라서 위천갈등을 해결하기 위해서는 위천갈등의 이러한 특성을 고려해야 할 것이다.

국가기능의 변화

위천갈등이 근대적 개발패러다임과 자연의 상품화에 대한 생태적 비판의 성격을 띤다고 할 때, 이것은 국가의 환경갈등 해결기능에 대한 근본적인 문제제기라고 해석할 수 있다. 거칠게 이야기하자면 1960년대 이후 국가주도의 경제성장이 이루어지고 그 과정에서 발생하는 제반 환경문제와 이로 인한 사회적 갈등은 권위주의적 방법에 의해 해결 혹은 억압되었다. 총량적 부의 확대를 위해 불균등 지역발전전략이 채택되어 개발에 따른 환경파괴의 비용과 편익이 지역적으로 불공평하게 분배되어도 이에 대한 문제제기가 시민사회로부터 제출되기 어려운 구조였다. 그러나 87년 이후 시민사회가 양적으로 성장하고 90년대의 시민운동이 일정한 성과를 거두면서 시민들의 권리의식은 고양되고 이해관계의 대립은 점차 더 복잡하고도 격렬한 양상으로 나타났다. 권위주의적 통치방식에 의해 더 이상 억누르기 힘든 상황이 자주 발생하게 된 것이다. 앞에서 고찰한 위천갈등의 특성을 볼 때 이 갈등도 국가의 갈등 조정 혹은 해결 기능이 일정한 한계가 있음을 보여주는 사례로 이해할 수 있다.

만일 위천갈등과 같은 갈등이 계속 반복되어 국가의 갈등 조정 혹은 해결 기능에 한계를 드러낸다면 향후 국가의 기능은 어떻게 재편되어야 할 것인가? 필자는 위천갈등의 담론분석에서 도출된 위천갈등의 성격이 국가기능의 재편방향을 어느 정도 제시하고 있다고 본다. 위천갈등에 대한 담론분석의 결과, 위천갈등과정에는 상이한 환경담론을 사용하는 담론주체들이 담론연합을 형성하여 대립하고 있음을 알 수 있었다. 담론연합의 대립은 다른 말로 하면 낙동강에 대한 상이한 구성방식을 가진 집단들이 대립하고 있다는 뜻이다. 앞에서 언급하였듯이 낙동강을 지역의 필요를 충족시켜 주는 수자원으로 구성할 경우 지역의 이해관계를 넘어서서 갈등을 봉합하기는 어렵다. 이런 이유로 비록 지배담론연합이 계속해서 지배담론의 구성을 변화시켜 상호 의사소통의 장을 형성하려 했음에도 불구하고 기본적으로 낙동강을 지역의 필요를 충족시키는 수자원으로 구성한다는 전제를 버리지 않았기 때문에 저항담론연합과 상호합의에 의한 갈등해결이 어려웠던 것이다. 따라서 낙동강의 구성방식에 대한 일치 혹은 상호인정이 위천갈등 해결의 선결과제라고 할 수 있겠다.

그러므로 중요한 것은 각 담론들간의 소통가능성을 증대시킴으로써 상호 보완할 가능성을 높이는 일이다. 소통이 증대되고 보완점이 더 많이 발견된다면 담론들간의 갈등은 줄어들 것이기 때문이다. 이렇게 볼 때 향후 국가가 사회적 갈등해결과정에 개입하여 소기의 목적을 달성하고자 한다면, 상이한 담론들간의 소통 가능성을 높이는 제도적 장치를 마련하는 것이 필요할 것이다. 집합재인 자연환경의 분배문제를 다룸에 있어서 절차와 의사소통을 중시하는 민주주의적인 방식으로 접근하는 것이 필요하다는 것이다. 왜냐하면 불확실성과 위험이 만연한 현재의 상황에서는 자연-사회의 상호작용과 목적-수단의 관계를 공개적이고 성찰적인 방식으로 고찰하는 것이 위험과 불확실성을 최소화하고 적절한 대안을 찾을 수 있게 하기 때문이다(Hayward 1995, p. 186).

이러한 측면에서 중앙정부주도의 낙동강수계 물관리종합대책이나 낙동강물이용조사단 활동 등은 일단 긍정적인 측면이 있었다고 할 수 있다. 그러나 물관리종합대책이나 조사단활동은 여전히 전문가중심의 활동에 국한되어 있다는 한계가 있다. 앞에서 살펴보았듯이 위천갈등의 담론주체들은 매우 복잡하게 구성되어 있다. 따라서 낙동강의 구성방식에 대한 최소한의 합의 혹은 상호인정이 확보되려면 더 많은 풀뿌리행위자들이 결정과정에 참여해야 한다. 이를 위해서는 형식적인 공청회나 설명회가 아닌 실질적인 합의형성의 장이 제도적으로 마련되어야 할 것이다. 이러한 과정에서 민주적인 사회가 형성될 수 있는 가능성도 더 높아질 것이다.

참고문헌

『경향신문』
『대구매일신문』
『부산일보』
『중앙일보』
구도완 (1994),「한국 환경운동의 역사와 특성」, 서울대학교 대학원 박사학위논문.
구자상 (1998),「개발시대의 수리정책 실패를 계속할 수는 없다」, 낙동강살리기 위천공단 결사저지 부산시민총궐기본부, 『낙동강은 흐른다』 창간호.
구자상 (1999),「물관리정책 패러다임적 전환을 위하여」,『안심하고 마실 수 있는 상수원수 확보방안 시민대토론회 자료집』.
김고운 (1998),「지역간 환경갈등에서 환경운동단체의 역할」, 서울대학교 환경계획학과석사학위논문.
김석봉 (2000),「지리산 댐 건설계획의 실상을 밝힌다」, 환경운동연합,『함께사는 길』.
김종달 (1999),「위천공단 환경분쟁 조정원칙과 제도화방안」, 대구경북개발연구원, 『대구경북포럼』 5·6월호. (http://rose0.kyungpook.ac.kr/~rieee/paper/wichon.html)
낙동강살리기 위천공단 결사저지 부산경남총궐기본부 (1998),「낙동강 살리기 위천공단 결사저지 부산경남총궐기본부 제16차 전체 대표자회의 결의문」.
낙동강공동체 엮음 (1997),『겨레의 강 생명의 강 낙동강생명찾기 백서』.
낙동강물이용조사단 (2000),『낙동강물이용조사단 제3차 회의자료』.
낙동강보존회 (1999),『낙동강보존회 21년사』.
낙동강살리기운동협의회·페놀피해임산부모임·환경보존변호사모임 (1992),『페놀사태자료집』.
노진철 (1998),「지방자치시대 정책결정의 위험부담과 지역갈등」, 한국정치학회, 『환경과 정치』.
녹색연합 (1996),「낙동강 위천국가공단 유치계획은 일단 유보되어야 합니다」(녹색연합 4월 정책제언).
대구광역시 (1996a),「대구위천국가산업단지개발계획」.
_____ (1996b),「위천국가산업단지 지정 관련 낙동강 수질개선효과 예측」.
_____ (1996c),「위천국가산업단지의 실상」.
_____ (1998),「위천국가산업단지 지정」.

대구상공회의소 (1986), 『대구 상의(商議)80년사』.
대구환경운동연합 (2000), 「위천공단조성의 문제점들」(내부자료).
래쉬・어리 (1998), 『기호와 공간의 경계』, 박형준・권기돈 옮김, 현대미학사. (S. Lash, & J. Urry, *Economic of Signs and Space*, London: Sage Publications, 1994.)
류승원 (2000), 「위천국가공단화에 대한 견해」(미발표원고).
문순홍 (1999), 「시간, 공간 그리고 생물지역론」, 문순홍 편, 『생태학의 담론, 담론의 생태학』, 솔.
문태훈 (1998), 「낙동강・위천공단의 환경분쟁 해결방안」, 한국정치학회, 『환경과 정치』.
박영도 (1994), 「맑스주의의 약한 부활과 의사소통 합리성」, 『경제와 사회』 겨울호, 통권 24호.
_____ (1995), 「현대 사회이론에서의 비판 패러다임의 구조변동: Kant/Hegel/Marx/Habermas를 중심으로」, 서울대학교 사회학과 박사학위논문.
박재환 (1992), 『사회갈등과 이데올로기』, 나남.
부산광역시 수돗물의 안전성 진단위원회 (1997), 「위천공단에 대한 성명서」.
부산광역시 (1996), 『낙동강현황과 수질보전대책』.
_____ (1997), 『낙동강백서』.
부산발전연구원 (1996), 「대구위천국가산업단지 조성에 따른 낙동강 수질보전대책 검토 및 부산의 대응방안」.
사득환 (1997), 『한국 환경정책의 이해: 환경정치, 환경행정, 중간집단』, 비봉.
서찬수 (1999), 「낙동강 물관리대책, 이것이 문제다」, 『지방자치』 통권 135호.
송교욱 (1998), 「낙동강・위천공단문제의 해결방안 모색」, 한국정치학회, 『환경과 정치』.
송승달 외 (1996), 『낙동강생태보고서』, 영남자연생태보존회.
신성교 (1999), 「낙동강의 물 현황과 대책」, 『안심하고 마실 수 있는 상수원수 확보방안 시민 대토론회 자료집』.
영남자연생태보존회 (1995), 「성명서」.
영남자연생태보존회・낙동강공동체 (1999), 「낙동강 생명찾기를 위한 제안」.
울리히 벡 (1998), 『정치의 재발견: 위험사회 그 이후―재귀적 근대사회』, 문순홍 옮김, 거름.
위천공단결사저지 부산시민총궐기본부 (1997), 「시민을 분열시키는 신한국당 부산시 지부의 기만적인 행위를 규탄한다」(성명서).
위천공단저지 부산시민대책위원회・위천공단조성반대 경남지역비상대책위원회

(1996), 「낙동강을 죽이는 위천공단!」.
윤근섭·송정기 (1997), 「수자원 이용에 따른 지역이해의 구조에 관한 연구」, 『한국사회학』 제31집.
이상우 (1999), 「환경오염문제를 둘러싼 지역갈등에 관한 연구」, 영남대학교 대학원 정치외교학과석사학위논문.
이상헌 (1993), 「한국 환경운동의 이데올로기와 주체에 관한 연구」, 서울대학교 환경대학원석사학위논문.
_____ (2000), 「자연의 합리적 재마법화(再魔法化)를 위하여」, 『공간과 사회』 통권 14호.
_____ (2001), 「물이용을 둘러싼 환경갈등의 담론분석」, 서울대학교 박사학위논문.
이정전 (1997a), 「오염원인자부담의 원칙과 수혜자부담의 원칙」, 서울대학교경제연구소, 『경제논집』 제36권, 제3·4호.
_____ (1997b), 「수요관리와 물의 효율적 이용」, 경실련환경개발센터, 『21세기 물 관리정책의 방향』.
정부합동 (1999), 『낙동강수계 물관리종합대책: 낙동강생명찾기 대장정』.
조명래 (1996), 「지방자치시대의 지역갈등: 지역이기주의의 올바른 이해를 위해」.
조성덕 (1997), 「낙동강 수질개선을 위한 지역간 비용분담에 관한 연구」, 경북대학교 대학원 경제학과석사학위논문.
지리산 식수댐계획 백지화투쟁본부 (1999a), 「생존권 사수를 위한 지리산 식수댐계획 백지화 총궐기 대회 결의문」.
_____ (1999b), 「서부경남 식수댐 건설계획 저지를 위한 경남도민의 총궐기를 촉구한다!!」, http://kfem0591.joinet.or.kr/special/sik_su/1.htm.
최민영 (1997), 「지방정부간 환경갈등조정방안: 위천국가공단조성사례를 중심으로」, 계명대학교 행정학과석사학위논문.
최병두 (1995), 「위천공단조성을 둘러싼 지역개발과 환경보전간의 갈등」, 영남지역환경운동연합, 『낙동강보존과 위천공단조성문제에 관한 공동토론회 자료집』.
_____ (1999), 『환경갈등과 불평등: 한국 환경문제의 재인식』, 한울.
Baechler, J. (1976), *Qu'est ce que l'idéologie?*, Paris: Gallimard, Idées.
Best, J. (1993), "But Seriously Folks: The Limitations of the Strict Constructionist Interpretation of Social Problems," J. A. Holstein and G. Miller eds., *Reconsidering Social Constructionism: Debates in Social Problems Theory*, New York: Aldinede Gruyter.

Billig, M. (1987), *Arguing and Thinking: A Rhetorical Approach to Social Psychology*, Cambridge: Cambridge Univ. Press.

Callinicos, A. (1987), *Making History: Agency, Structure, and Change in Social Theory*, Cambridge: Polity Press. (『역사와 행위』, 김용학 옮김, 교보문고, 1991.)

Dahl, R. A. (1969), "A Critique of the Ruling Elite Model," R. Bell et als eds., *Political Powers*, New York.

_____ (1989), *Democracy and Its Critics*, New Haven: Yale University Press. (『민주주의와 그 비판자들』, 조갑제 옮김, 문학과지성사, 1999.)

Dant, T. (1991), *Knowledge, Ideology and Discourse: A Sociological perspective*, London/New York: Routledge.

Dinar, A. & E. T. Loehman ed. (1995), *Water Quantity/Quality Management and Conflict Resolution: Institution, Processes, and Economic Analyses*, Westport, Connecticut/London: Praeger.

Dryzek, J. (1987), *Rational Ecology: Environment and Political Economy*, Oxford: Basil Blackwell. (『환경문제와 사회적 선택』, 최승·김태경·김인호·이재영 옮김, 신구문화사, 1995.)

_____ (1997), *The Politics of the Earth: Environmental Discourse*, Oxford: Oxford Univ. Press.

_____ (1999), "Global Ecological Democracy," N. Low ed., *Global Ethics & Environment*, London/New York: Routledge.

Eder, K. (1996a), *The Social Construction of Nature: A Sociology of Ecological Enlightenment*, M. Ritter trans., London: Sage Publications.

_____ (1996b), "The Institutionalisation of Environmentalism: Ecological Discourse and the Second Transformation of the Public Sphere," S. Lash, B. Szerszynski, & B. Wynne ed., *Risk, Environment and Modernity: Towards a New Ecology*, London: SAGE Publications.

Elster, J. (1985), *Making Sense of Marx*, Cambridge: Cambridge Univ. Press.

Elster, J. ed., (1985), *Karl Marx: A Reader*, Cambridge: Cambridge University Press.

Escobar, A. (1995), *Encountering Development: The Making and Unmaking of the Third World*, Princeton, New Jersey: Princeton University Press.

_____ (1996), "Constructing Nature: Elements for Poststructural Political Ecology," R. Peet & M. Watts ed., *Liberation Ecologies: Environment, Development, Social Movements*, London/New York: Routledge.

Ezcurra, E. & M. Mazari-Hiriart (1996), "Are Mega Cities Viable?: A Cautionary Tale from Mexico City," *Environment* Jan/Feb, vol. 38/no. 1.

Foucault, M. (1978), *The History of Sexuality*, R. Hurley trans., New York: Pantheon Books. (『성의 역사: 쾌락의 활용』 제2권, 문경자·신은영 옮김, 나남, 1990.)

_____ (1979), *Discipline and Punish: The Birth of the Prison*, A. Sheridan trans., New York: Vintage Books.

_____ (1984), "Nietzsche, Genealogy, History," Paul Rabinow ed., *The Foucault Reader*, New York: Pantheon Books.

Garner, R. (1995), *Environmental Politics*, London: Prentice Hall.

Habermas, J. (1974), *Theory and Practice*, J. Viertel trans., London: Heinemann.

_____ (1979), *Communication and the Evolution of Society*, T. McCarthy trans., London: Heinemann.

_____ (1984), *The Theory of Communicative Action*, Lodon: Heinemann Educational.

_____ (1987), *The Philosophical Discourse of Modernity: Twelve Lectures*, F. Lawrence trans., Cambridge: Polity Press.

_____ (1993), *Justification and Application: Remarks on Discourse Ethics*, C. Cronin trans., Cambridge, Mass.: The MIT Press.

Hajer, M. (1995), *The Politics of Environmental Discourse: Ecological Modernization and the Policy Process*, Clarendon Press.

_____ (1996), "Ecological Modernisation as Cultural Politics," S. Lash, B. Szerszynski, & B. Wynne ed., *Risk, Environment and Modernity: Towards a New Ecology*.

Hannigan, J. (1995), *Environmental Sociology: A Social Constructionist Perspective*, London/ New York: Routledge.

Harre, R. & P. Stearns ed. (1995), *Discursive Psychology in Practice*, London: Sage Publications.

Harvey, D. (1993), "The Nature of Environment: The Dialectics of Social and Environmental Change," *Socialist Register* 29.

Hayward, T. (1995), *Ecological Thought: An Introduction*, Cambridge: Polity Press.

Hirschman, A. (1977), *The Passions and the Interests: Political Arguments for Capitalism before Its Triumph*, Princeton, NJ: Princeton University Press. (『열정과 이해관계: 고전적 자본주의 옹호론』, 김승현 옮김, 나남, 1994.)

Lefebvre, H. (1991), *The Production of Space*, N. Donaldson-Smith trans., Oxford: Basil Blackwell.

Lowi, M. (1993), *Water and Power: The Politics of a Scarce Resource in the Jordan River Basin*, Cambridge Univ. Press.

_____ (1994), "Conflict and Cooperation in Resource Development," E. Boulding ed., *Peace Building in the Middle East: Challenges for States and for Civil Society*, Boulder, Colo: Lynne Rienner Publishers.

Mannheim, K. (1944), *Diagnosis of Our Time*, New York: Oxford Univ. Press.

Mazur, A. & J. Lee (1993), "Sounding the Global Alarm: Environmental Issues in the U. S. National News," *Social Studies of Science* 23.

McCully, P. (1996), *Silenced Rivers: The Ecology and Politics of Large Dams*, London/New Jersey: Zed Books.

O'Riordan, T. (1981), *Environmentalism* 2nd edit., London: Pion.

Ohlsson, L. ed. (1995), *Hydropolitics: Conflicts over Water as a Development Constraint*, Zed Books.

Pepper, D. (1984), *Roots of Modern Environmentalism*, London: Routledge. (『현대환경론: 환경문제에 대한 환경철학적・민중론적 이해』, 이명우・오구균 외 옮김, 한길사, 1989.)

Platt, R. H. (1995), "The 2020 Water Supply Study for Metropolitan Boston," *JAPA* vol. 61/no. 2., Spring.

Rafter, N. (1992), "Claims-making and Socio-cultural Context in the First U.S. Eugenics Campaign," *Social Problems* vol. 35.

Smith, N. (1984), *Uneven Development: Nature, Capital and the Production of Space*, Basil Blackwell.

_____ (1996), "The Production of Nature," G. Robertson, et al. eds., *FutureNatural: Nature, Science, Culture*, London/New York: Routledge.

_____ (1998), "Nature at the Millenium: Production and Re-enchantment," B. Braun & N. Castree eds., *Remaking Reality: Nature at the Millenium*, London/New York: Routledge.

Stedman, J. G. (1983), *Languages of Class: Studies in English Working Class History, 1832-1982*, Cambridge: Cambridge Univ. Press.

Swyngedouw, E. (1995), "The Contradiction of Urban Water Provision," *TWPR* vol. 17/no. 4.

_____ (1996), "The City as a Hybrid: On Nature, Society and Cyborg Urbanization," *CNS* vol. 7/no. 2, June.

_____ (1997), "Power, Nature, and the City. The Conquest of Water and the Political Ecology of Urbanization in Guayaquil, Ecuador: 1880-1990," *EPA* vol. 29.

_____ (1999), "The Production of Nature: Water and Modernisation in Spain," *AAAG*, vol. 89/no. 3.

Szasz, A. (1994), *Ecopopulism: Toxic Waste and the Movement for Environmental Justice*, Minneapolis: Univ. of Minnesota Press.

Tester, K. (1991), *Animals and Society: The Humanity of Animal Rights*, New York: Routledge.

Ward, C. (1997), *Reflected in Water: A Crisis of Social Responsibility*, Cassell.

Wenz, P. (1988), *Environmental Justice*, New York: SUNY Press.

한반도 '녹색' 통일경제체제의 모색

송 태 수[*]

1. 머리말

 90년대 들어 남북한 공히 그 축적체제의 한계를 드러냈다. 북한은 '3 난'의 위기에 처하게 되는가 하면 남한은 IMF위기를 맞은 이후 엄청난 대량실업을 양산하면서 혹독한 구조조정과정을 거쳤음에도 불구하고 여전히 경기회복의 기미는 보이지 않고 있다. 그 끝이 어디인지 아무도 모른다. 어쩌면 끝이 없는 구조조정의 과정일 수도 있다. 이른바 글로벌 화는 바닥으로의 경쟁을 끊임없이 재촉하고 있지만, 이에 대한 구체적 인 대안제시 또한 만만치 않다.
 동유럽 사회주의의 붕괴와 더불어 어느 정도 자신감을 가지기 시작한 정부는 북한에 대해 조금은 유연한 자세를 보이기도 했지만 여전히 관

---

[*] 서울대 한국정치연구소

계는 정치의 과잉으로 인해 제자리를 찾지 못하고 있다. 이른바 경제적 합리성에 입각한 민간 차원에서의 교류를 통해서라도 안정적 관계의 유지가 필요하다 하지만, 그리 쉽지 않다.

'6·15남북공동선언'을 정점으로 통일에 대한 연구결과는 많이 나오고 있지만, 일반적 합의의 창출은 그리 쉽지 않다는 것을 알 수 있다. 이런 불안정한 상황 속에서 즉응적으로 정해지는 단기적인 교류·협력의 방향과 그에 따라 추진되는 남북경협의 실행이 이후의 통일비용을 규정하게 될 것이라는 점은 체제전환과정에 대한 논의에서 '타이밍'과 '시퀀싱' 이론(Timing & Sequencing Theory)에서 확인된 바 대로이다.[1] 따라서 남북경협이 본격적으로 가속화되기 이전에 장기적인 통일공동체의 지향점에 대한 합의를 이루어내는 것은 현재 상황에서 시급하다고 하겠다. 이를 좀더 구체화하기 위해서는 우선 상대 체제에 대한 구체적인 이해가 전제돼야겠으나, 그 이해방식은 또한 어떠한 관점 혹은 준거틀에 서는가에 따라 상이할 수밖에 없다.

이 글에서 필자는 한반도의 '녹색' 통일경제체제는 어떤 방향을 지향하는 것인가라는 문제의식을 가지고, 일반론적인 서술보다는 오히려 현재 남북한 상호 이질적인 경제체제의 내용을 녹색 대안경제체제 구상적 관점에서 비교한다. 이러한 이해의 준거틀 제시를 위해 2절에서는 독일이 통일과정에서 보여준 가능성과 문제점을 고찰한다. 통일에 대한 논의가 막 시작되던 상황에서 제출된 '생태적 재구조화 모델'은 현실화되지 못했지만, 이에 대한 분석으로 필자는 이질적 경제체제의 통일이라는 모멘텀을 통해 전개되는 새로운 상황의 내용에 접근한다. 이후 3절에서는 남북한 경제발전과정 및 산업구조가 비교된다. 여기서는 상호 이질적인 경제체제의 형성과정에 대한 대안적 관점에서의 비교에 초점이 맞춰진다. 다음 4절에서는 '녹색' 통일경제체제의 모색과 이에 근거

---

1) 이에 관해서는 Song(2000, 3장) 참조.

한 '녹색' 경제교류협력 전략의 문제를 고찰한 뒤 남북경협에서의 문제점과 녹색관점에서 단계적으로 실행에 옮겨질 수 있는 구체적인 방안을 검토한다.

2. 동서독 통합모델을 통한 통일경제체제에의 접근: '독일모델'과 '생태적 재구조화 모델'

국가주도의 체계통합의 과정을 거쳐 이루어진 독일통일은 경제체제통합의 관점에서 두 가지 측면에서 결정적인 오류를 드러냈다. 첫째 1990년 7월 1일 단행된 화폐통합의 문제를 들 수 있는데, 이는 동독의 통화정책적 주권상실을 의미했고 이후 모든 사회경제적 문제의 가장 근본적인 틀을 규정하는 조건으로 작용했다. 서독마르크(DM)에의 화폐적 흡수통합으로 동독경제는 서독경제 그리고 세계경제에 충격적으로 편입되었다.[2] 이는 유형자산가치의 화폐가치로의 전일화를 의미한다. 화폐적 가치로의 전일화는 이러한 사회적 내지 국민경제적 가치의 정당한 현시화를 용인하지 않는다. 뿐만 아니라 미시적·단기적 효율성이 거시적·중장기적 합리성을 억압하는 구조를 강제한다. 구동독의 생산설비의 세계시장 기준에 비춘 경쟁력 평가란 세계시장과 화폐경제에

---

2) 그러나 이러한 통합과정에는 동독에 대한 서독의 강제에 의해서라기보다는 동독주민의 자발적 요구가 강하게 작용했다. 즉 1989년 여름부터 90년 초까지 동독주민의 민주화에 대한 열망 그리고 서독의 물질적 부에 대한 갈망이 그 배경이라 할 수 있다. 동독주민, 서독의 정치·경제 엘리트집단 그리고 수많은 서독 기업가 및 자영업자들로 대별되는 이해관계에서 상호 이질적인 집단들은 통일달성에 대한 실질적인 이해공동체를 형성하고 있었는데(Wiesenthal 1999), 동독주민의 서독마르크에 대한 요구가 90년 초부터 강하게 표출되고 있었다. "서독마르크(DM)를 우리에게 주지 않으면, 우리가 서독마르크가 있는 곳으로 간다"는 동독주민들의 요구는 동독의 정부나 서독정치에도 중요한 압박요인으로 작용했다. 이렇게 해서 취해진 90년 7월 1일의 화폐통합은 "'피식민인'이 '식민통치자'의 입성을 요구하고 자신의 힘으로—대중시위와 같은 방식을 통하여—이를 관철시키는 사상 최초의 '식민지'역사"를 남긴 것으로 평가되기도 한다(Reich 2000).

'내포'(include)될 수 있는 기업·분야 이외의 모든 기업·분야의 '도태·배제(exclude)'를 의미하는 것으로(Altvater·Mahnkopf 1993, S. 230), 현대적인 기간산업, 양질 노동력의 풍부한 공급, 효율적인 생산구조 및 혁신적 잠재력을 확보한 주도적 '중심부' 이외의 지역은 낙후성의 확대재생산이라는 '양극화'로 귀결된다. '시장엄격주의'(Markt-Rigorismus)에 입각한 콜정부의 산업구조조정정책의 결과, 구동독은 낙후지역으로 주변화한 것이다. 서독 마르크경제권에로의 급격한 흡수로 인해 2~3배의 임금 및 자재가격 상승효과를 초래한 상태에서 대부분의 기업(약 90%)이 문을 닫게 될 것이라는 대다수 연구자들의 경고에도 불구하고 다른 조치가 취해지지 않음으로 인해 동독 자본스톡의 50~70%는 일거에 '고철'이 되어버렸다(Hagemann 1993, S. 13).

독일 통일경제체제 구성과정의 두번째 관건적 요인으로는 1국가체제로의 통일 이후 이루어진 구동독 지역경제의 구조재편문제를 들 수 있다. 그 핵심 문제는 구동독 '인민소유기업'(VEB)의 사유화정책이었는데, 이는 이후 동독지역의 경제발전방향을 좌우하는 것이었다. 보수연립정부의 신탁청에 의한 사유화정책은 1982년 콜정부의 집권과 동시에 일관되게 추진해 온 '규제완화정책'의 연장선상에서 이해할 수 있는 것으로, 국가개입의 여지를 가능한 빠른 시간 내에 제거할 뿐만 아니라 규제완화정책을 구동독지역에서 '주도적'이고 '모범적'으로 관철시키려던 기민/기사련(CDU/CSU)과 자민당(FDP) 보수연합정부의 의지가 강력하게 반영되었다. 그 결과 신탁청은 "신속한 사유화를 가장 우선적"인 것으로 규정하고 있었으며, 연방정부 경제부 학술자문위원회는 명시적으로 "통일국면을 구서독 지방정부나 지방자치단체 차원에서 지지부진한 상태에 있는 사유화를 실현할 수 있는 호기(Chance)로 활용해" 동독지역에서만큼은 사유화가 신속하고 전일적으로 추진되도록 해야한다고 주장하는 정도였다(Wissenschaftlicher Beirat beim BMWi 1991, S. 13).

신탁청은 동독 인민자산의 민영화에서 신자유주의적 시장엄격(嚴格)주의에 충실하게 공급측면 정책을 집행한 결과, 주로 서독자본에게 일방적으로 유리한 지위를 부여하였고 구동독지역에 뿌리내린 경쟁력 있는 기업을 창출하기보다는 오히려 한편으로 구서독자본에의 집중[3]을, 다른 한편 콤비나트의 수직·수평적 내지 지역경제 내적 연관성의 파괴로 인한 지역경제의 자립적 발전 가능성 차단과 구동독 산업기반의 해체를 초래했다. 신탁청에 의한 시장엄격주의적 사유화정책은 실질적으로는 신탁청의 의식적 '개입'을 통한 시장'방임'적 산업구조재편이었고, 이는 구동독지역 산업입지의 약화와 '주변화'를 낳았다. 구동독지역은 자립적 회생능력을 갖추지 못하고 재정 및 자본 양면에서 구서독에 '의존적인 경제구조'로 남게 되었다. 이로 인해 구동독지역의 경제는 '선순환'(virtuous cycle)보다는 누적적 '악순환'(vicious cycle)에 빠져 독일의 '메초조르노'(Mezzogiorno)로 남을 가능성이 훨씬 크다 하겠다.[4]

요약하자면 독일은 통일을 계기로 기존의 팽창지향적이면서 대외의존적인 '서독모델'을 재편할 수 있는 기회를 맞았다. 그러나 보수연합 콜정부는 구동독의 재편을, 서독자본의 유럽연합에의 요구를 중심으로 해서 이를 위한 하나의 방편으로 삼았고, 이를 통해서 구동독을 세계경제체제에 통합하려는 정책을 추구했다. 이에 따라 통일수상 콜은 극단적으로 이질적이던 동독의 경제체제를 세계경제체제의 규준에 따라 급격히 재편하려 했다. 즉 무제한적 가치증식체계를 내재적 본질로 하는 화폐경제체제에 구동독체제를 편입시키는 것이었다. 이는 대안적 체제전환모델이었던 '생태적 재구조화' 모델의 가치체계와는 대립하는 것이

---

[3] 연방카르텔청(廳)의 위촉으로 이루어진 '함부르크경제연구소'의 연구에 따르면 구동독지역의 시장구조는 서독지역에 비해 독과점율이 훨씬 높을 뿐 아니라, 그것도 서독에서 주도적인 기업에 의해 장악되어 있는 것으로 나타났다(Frisch 1992).
[4] Myrdal 1957. 한 경제정책그룹(Memorandum)의 모델연구에 따르면 동서독 지역간 경제가 평준화되기 위해서 구동독지역이 1992~98년의 연평균성장률 6%를 기준으로 할 때 약 30년, 그리고 현실적 예상경제성장률(97~98년 연평균경제성장률) 2%가 지속될 경우 약 60년 이상 소요될 것으로 추정된다.

었다.[5] 성장주의 전략에 입각한 '서독모델'과 달리 '생태적 재구조화' 모델은 에너지 절약적이고 생태친화적 규준을 근본으로 하는 체제전환전략을 말한다. 이 전략은 구동독체제가 확보하고 있던 생태친화적인 제도 및 시설——예를 들면 '폐용원자재 수거제'(SERO), 공간상의 상대적 밀집성 및 성기게 짜여진 자동차도로망 등——을 유지하면서 지역경제의 활성화를 지향하는 산업구조로의 재편을 모색하는 동시에 기왕에 발생한 구동독의 환경·생태 훼손의 심각성에 대해서는 즉각적인 조치를 취하려는 대안이었다.

통일이라는 모멘텀은 독일에 새로운 기회를 제공하고 있었으나 콜정부는 '서독모델'을 택함으로써 대안적 경제체제로의 이행가능성을 차단해 버렸다. 그 결과 세부적으로는 ① 교통망 재건·보수에서는 동독의 주철보도(主鐵補道)[6] 대신에 차도 재포장 및 확충에 역점을 두었고 ② 물동량 및 인간의 공간적 이동거리 확장을 초래한 산업구조로의 재편 정책을 취하고 ③ 기존 동독의 자원절약적 시스템 대신 구서독제도를 이식함으로써 생태친화적 체제로의 전환의 기회를 상실하였다.

통일은 기회이면서 동시에 문제의 심화일 수 있다. 독일의 통일은 오히려 후자의 측면이 강할 수 있었음에도 불구하고 세계시장에서 차지하는 서독의 지위에 의해서 봉합된 상태로 체제전환의 긴 '터널'에 희미한 빛이 보이기 시작한 상태라 하겠다. 통일과정에서 상호 이질적인 체제는 각기 자신의 내부에 작동하고 있는 메커니즘에 고유한 속성으로 인해 자신을 관철시키려는 관성을 갖게 마련인데, 이는 결국 양 체제간 힘의 관계에 의해서 결정된다. 녹색 대안적 통일경제체제의 지향은 이러한 문제에 대한 의식과 자각을 전제한다. 아래에서는 남북한 경제체

---

5) 생태적 재구조화 모델에 관해서는 Umweltreport DDR(1990) 참조.
6) 물류이동에서 차지하는 비중을 보면 동독의 경우 철도 72.5%, 도로수송 18.6%였던 반면, 서독의 경우 철도 23.9%, 도로 51.4%였으며, 사람수송에 있어 동독의 경우 자동차 54.7%, 철도 16.3%, 버스 14.6%였던 반면, 서독의 경우 자동차 79.9%, 철도 4%, 버스 4.3%로 나타나고 있다(같은 책, S. 156).

제 각각의 상대화를 시도해 본다.

3. 남북한 산업구조 및 경제개발정책의 비교

수출주도형 성장전략과 그 '지탱 가능성'의 불가능성

남한 경제체제의 형성에 여러 관건적인 요인 중 첫째는 '근대화' 프로젝트이다. 1950년대 전후복구과정을 통한 원조에 의한 성장 이후 남한 경제의 중심 과제는 '근대화'로 설정되었다. 62년부터 박정희정권에 의해 본격화한 경제개발계획은 국가가 경제 및 사회 전반적인 부분에 대한 계획을 수립하고 근대화과제를 실현해 가는 과정이었다. 이에는 국가에 의한 경제계획의 수립과 국가의 강력한 추진이 전제되는 것으로, 사회적인 측면에서 국가의 역할은 "자본가와 노동자에 대한 차별적 정책으로 구체화"하였고(김대환 1995, 322쪽), 경제적으로 "정부에 의한 '인위적 자원배분'과 '경쟁제한정책'으로 요약"될 수 있다(정운찬 2001, 264쪽). 자본의 축적과 실현을 위한 기업에 대한 재정·금융적 특혜는 남한 자본가의 성장에서 핵심적인 역할을 수행하였는데, "정부는 유망산업을 선정하여 기업별로 사업영역을 선정해 주었고, 은행을 산업정책의 수단으로 이용하여 산업별·기업별로 자금지원 규모를 결정·집행"하였다(같은 곳).

이러한 정책으로 기업은 한편으로 경쟁과 자금동원의 압력에서 해방되었고, 다른 한편 노동자의 장시간노동과 저임금정책으로 성장에만 전념할 수 있었다. 이러한 총량위주의 성장정책은 국내시장의 제약 속에서 수출주도 전략에 의해 실현되었다. 70년 수출에서 세계 49위, 수입에서 세계 28위였던 남한은 92년 세계 12위의 수출입국으로 그 지위가 상승되었다. 무역의존도는 한때 90%를 웃돌다가 80년대를 지나면서 1992

년 기준 53.8%로 줄었지만, 여전히 수출주도경제정책은 남한 경제성장의 기조를 이루고 있다(김대환 1995, 322쪽).

남한경제의 두번째 관건적 요인으로는 대기업중심 경제체제의 문제를 지적할 수 있다. 고도성장을 목표로 한 정부의 보호정책 속에서 몸집 불리기에 치중해 온 대기업은 시장원리의 기본 법칙인 적자생존의 논리를 넘어서는 이른바 '대마불사'의 신화를 창조하면서 "이윤극대화를 추구하기보다는 규모극대화에 전력을 다했다. 규모극대화 전략은 필연적으로 중복과잉투자를 낳을 수밖에 없었다"(정운찬 2001, 266쪽). 정부에 의한 인위적 자원배분의 과정에서 동원된 금융기관들도 정부의 지원으로 절대 망하지 않는다는 믿음을 가지게 되었고, 이러한 믿음은 금융기관의 '도덕적 해이'를 유발했다.

80년대 말까지 일정 정도 유지되었던 수출주도형 경제성장정책은 정부·재벌·금융기관 간 역학관계가 변화하기 시작한 90년대 초반부터 그간 누적돼 왔던 부정적 모순구조가 급격히 현실의 문제로 등장하기 시작했다. 우선 규모극대화에 열을 올리던 재벌가문은 경쟁력 제고를 위한 연구나 시설재 개선을 위한 투자보다는 경쟁력에 대한 타진도 거의 부재한 상태에서 사업다각화를 위한 투자로 자신들의 영향력을 극대화시켰다. 금융기관은 투자계획에 대한 사업수익성 판단의 능력도 부재했지만, 다른 한편 재벌가문의 교차소유구조 속에서 모기업의 자금력에 대한 기대를 예상투자손실에 대한 담보로 여기고 대출심사는 소홀히 한 채 자금을 제공하는 구조가 정착됐다.

이러한 재벌의 실물부분에서의 중복과잉투자로 인해 발생한 거품의 규모는 이미 정부의 부분적 지원대출방식으로 해결될 수 있는 선을 넘어서기 시작했다. 그러나 규모가 커지면 커질수록 자신들의 미래는 더욱 안전하다는 것을 믿었던 재벌기업들의 '대마불사' 심리는 더욱 모험적이고 팽창적인 투자를 하도록 만들었고, "국가는 이러한 과잉투자로 유발될 인플레이션을 잡기 위해 또다시 민간부문에 개입하여 투자를 규제해야만 했다. 이처럼 한 번의 정부의 시장개입이 다른 시장개입을 초래하는 악순환 현상이 벌어지게 되었고, 국가와 전체 국민경제는 재벌들의 포로가 되어 끌려다니게 되었다"(윤영관 2001, 383~84쪽). 90년대는 국가의 감시 없는 재벌체제로, 재벌은 자유화와 개방을 요구했고 외화를 들여왔으며 과잉중복투자를 유발하였다. 이러한 상황이 10여 년간 지속되다가 97년 말 IMF위기가 터진 것이다.

남한 경제체제의 세번째 핵심적 요인으로는 금융시장 자율화 문제를 들 수 있다. 80년대 들어 관치금융의 폐해를 지적하는 목소리가 커지면서 실물부문을 뒷받침하는 금융부문의 자율적인 역할을 강화하자는 이른바 '금융자율화'가 점차 추진되었다. 그러나 이러한 '금융자율화'는 1993~94년을 전후로 국내 금융자유화와 동시에 자본시장 개방의 가속화를 통해 금융자율화를 완성하려 하였던바, 이에는 냉전체제의 붕괴와 더불어 변화된 세계자본주의 체제 내적인 변화의 힘이 동시에 작용했다. 즉 미국을 비롯한 선진자본주의 국가의 금융자본의 자본시장 개방 압력이 크게 작용했던 것이다. "과거에도 단기적인 투기목적의 국제금융이동이 있었으나, 자본주의 체제를 위협하는 재앙은 방지해야 한다는 암묵적 경계심 때문에 자체적으로 조정되는 측면이 있었다. 그러나 세계자본주의를 잠재적으로 위협하던 사회주의가 붕괴한 오늘날에는 오직 개별투자자들의 이윤극대화를 추구하는 단기적 투기금융이 활개를 치게 되었다"(정운찬 2001, 280~81쪽). 정부와 철저한 시장주의자들은 이에 대한 철저한 준비도 하지 않은 채 이른바 '금융자율화' 조치란 이름 아래 이들에게 문을 열어준 것이다.

이러한 국제금융시장 개방배경에는 국제금융자본의 압력 외에도 재벌체제의 두 가지 문제점이 동시에 고려돼야 한다. 한편으로 대기업·재벌체제는 기본적으로 끝없는 수요의 확대라는 조건 아래에서만 유지될 수 있는 것이다. 즉 재벌체제야말로 남한의 경제가 해외시장 의존적일 수밖에 없게 하는 근본적인 원인이다. 이런 구조적 제약하에서 미국을 중심으로 하는 선진자본주의 국가들——이는 남한 대기업·재벌기업에게는 절실한 상품시장이다——의 국제금융시장 개방요구를 받아들일 수밖에 없었던 것이다. 다른 한편 재벌과 정부 간 역학관계에서 재벌이 우위를 점하게 된 사실이다. 즉 국내 금융기관으로부터만 차입할 수 있는 상황에서 정부의 간섭을 받지 않고 자신들의 몸집 불리기를 위해서 이러한 자본시장의 개방이 필요했다. 90년대에 진행된 절제 없는 자본자유화 과정을 통해 대기업들은 저리의 해외자금을 차입하여 경쟁적으로 사업규모를 확장해 나갔고 도덕적 해이 현상은 국제적 차원으로까지 연계·심화되어 나갔다. 90년대에 이루어진 국제금융시장에의 개방과 동시에 이에 긴박(緊縛)되어 있는 재벌체제를 중심으로 편성된 남한의 경제체제는 세계경제체제에 깊숙이 편입되었고, 이로써 지구적으로 일상화한 위기체제에의 편입이 공고히 된 것이다.

'자주적 민족경제건설' 노선과 그 한계

북한의 경제체제는 남한 경제체제의 대외의존적·팽창적 성격과 판이하게 대비되는데, 아래에서는 이에 대해 살펴보기로 한다. 특히 북한 경제체제의 성격에 대한 이해에 있어 가능한 내재적 관점에서의 연구가 선행돼야 할 것이다. 그러나 신자유주의적 입장이 강하게 지배하고 있는 현실은 이러한 관점에서 북한경제에 대한 연구와 그에 기초한 남북경협 방안의 모색을 방해하고 있다. 이러한 인식에 근거해 아래에서는 먼저 북한 경제체제의 고유성을 확인하고 이를 녹색 대안적 관점에서 새로이 이해할 필요성을 동시에 제기한 후, 당면한 경제난의 원인까지를 간단히 고찰하기로 한다.

사회주의 건설을 지향하면서 경제복구를 시작한 북한 경제체제는 첫째, 자립적 민족경제체제로 규정될 수 있다. 이 노선은 시기마다 그 강조점이 달라지긴 했지만 북한의 기본적인 경제노선으로 자리하고 있다.

이러한 자립적 민족경제건설 노선은 외세에 의한 분단상황에서 자본주의의 위협과 동시에 사회주의 강국들 사이에서 자주성을 지키면서 경제를 건설하기 위한 경제건설전략으로서 정치적 상황의 요구가 크게 작용한 것이었다.[7]

북한의 자주적 민족경제 노선에 따른 산업구조는 이러한 조건과 동시에 기본적으로 중공업 우선적 발전정책을 통해 형성되었다. 이는 북한의 자원분포와 분단 이전의 산업구조와의 연관성, 분단 이후 북한당국의 산업정책에 따라 형성되어 왔다. 북한은 58년에 생산관계의 사회화 작업을 완수하고 57년부터 실행한 5개년계획(1년 단축하여 60년 종료)과 61년 착수한 7개년계획(3년 연장하여 70년 종료)을 통하여 사회주의적 공업화의 과제를 달성한 것으로 발표되었다. 이 시기 발전과정은 "사회주의 경제건설의 기본노선"에 따라 "중공업을 우선적으로 발전시키면서 경공업과 농업을 동시에 발전"시키려 했다.[8] 그 결과 공업부문별 구조변동의 추이(1949~89)에서도 기계제작, 금속가공공업 등 중공업분야 비중의 급성장이 두드러진데, 기계제작공업이 중공업의 핵심이며 모든 부문의 발전과 기술진보의 기초로 간주되었기 때문이다(황의각 1999a, 87쪽).

기계·금속·화학 공업은 북한의 군수산업과 밀접한 연관 아래 육성되어 왔던 것으로, 이 분야 발전에 필요한 상당량의 천연자원을 보유하

---

7) 북한의 '자립적 민족경제'의 기본내용은 "① 자주적이며 다면적인 경제구조를 확립하는 것 ② 인민경제의 기술적 토대를 튼튼히 하는 것 ③ 튼튼한 원료, 연료, 동력기지를 꾸리는 것 ④ 민족기술 간부대열을 튼튼히 꾸리고 자체의 기술에 기초하여 나라의 경제를 발전시키는 것" 등으로 요약된다(김대환 1995, 324쪽 주 13).

8) 황의각 1999a, 85쪽. 공업화는 전후방 파급효과가 큰 중공업의 성장에 우선을 두면서도 동시적으로 경공업과 농업의 발전에도 상당한 관심과 비중을 두고 있었다. 원래 경공업의 기초가 미약했었고 농업생산비중 역시 매우 낮았던 시대적 상황으로 인해 인민의 기본적인 생활의 보장을 위한 산업정책이었던 것으로 이해된다. "그러나 처음부터 중공업의 비중이 절대적인 산업구조에서 북한 경제건설의 노선이 중공업의 발전속도를 늦추면서 거기에 경공업과 농업을 따라 세우는 것이 아니라, 중공업의 끊임없는 높은 발전속도를 목표로 하면서 경공업과 농업의 성장을 추구하려 했기 때문에 중공업과 기타 분야와의 상대적 격차는 시간이 갈수록 심화될 수밖에 없었다."(같은 글, 86쪽)

고 있었던 점도 한 이유로 작용했다고 판단된다. 특히 북한 군수산업의 과비중 문제는 자원과 기술수준의 제약 속에서 타부문의 위축을 초래했다. 북한당국이 매년 발표하는 재정지출 중 군사비중은 1967~71년 (연평균 30~33%) 기간을 제외하고 연평균 10~15% 수준에 머물고 있지만, 80년대 말부터 최근까지는 북한 군수산업의 생산규모가 사회총생산의 25~30%에 이르는 것으로 추정된다.[9] 북한의 군수산업 위주의 중공업 육성은 소비재공업 등 민수산업의 궁핍화를 귀결했다. 그 결과 공업구조에서 중공업 대 경공업의 비율은 1956년 52.4 대 47.6에서 1987년에는 69.0 대 31.0으로 최대격차를 나타낸 이후 1990년에는 67.3 대 32.7로 경공업 비중이 다소 개선되지만 큰 변화는 없는 상태이다(같은 글, 88쪽).

북한의 농업·경공업 분야 개선노력은 지속적으로 나타나는데 1984년 '경공업 혁명'의 기치를 내걸고 이른바 8·3인민소비품증산운동을 김정일 주도로 전개한 바 있어, 그 구체적인 개선징조는 87년 이후 미미한 정도로 나타난다. 이후에도 1989년을 '경공업의 해'로 지정하고 동년 6월에는 경공업발전3개년계획(1989. 7~1992. 6)을 수립하여 방직·식료가공공업 및 일용품공업 발전을 꾀하지만 89년 이후 북한의 우방인 동유럽 사회주의 체제의 붕괴로 인해 북한 경공업에 필요한 원료·자재·동력 등의 공급이 불가능해짐에 따라 경공업의 발전은 기대에 크게 못 미치는 미미한 수준에 머물고 있는 실정이다.

북한 산업구조의 두번째 특징으로는 지역별 부존자원을 비롯한 원료공급, 공업용수 및 교통 등 자연적 입지조건에 맞추어 산업이 육성되고 산업부문별 구성측면에서 대개 중화학공업 중심으로 형성되어 있다는

---

9) 1980년대 후반 군수산업 비중의 급격한 상승은 전투기·전차·초계정 및 미사일 등을 중동과 아프리카 국가들에 수출하는 정도로 발전한 데 기인하는 것으로, 80년대 말 기준으로 북한의 군수산업은 기술 및 제품의 질적인 면에서 세계적 수준에 근접하는 것으로 추정된다. 이는 러시아의 북한전문가인 트리구벤코의 주장으로 한국경제신문사 주최 국제학술회의 "북한 경제의 현황과 전망"에서의 발표내용에 따른다(같은 글, 87쪽). 1994년 군사비 지출규모에서 남한은 109억 달러로 GNP의 3.5%에 이르고, 북한은 56억 달러로 GNP의 26.7%로 추정된다(Albrecht 1997, S. 4).

점을 들 수 있다.[10]

예를 들어 평양공업지구는 북한공업의 1/4을 차지하고 있는 최대의 종합공업지구로 지하자원과 공업용수가 풍부하고 전력공급시설이 양호하다. 우수한 철광석 부존지역이고 북한 최대의 석탄산지에 접하고 있으며 석회석, 금·은 등 비철금속 매장 역시 상당하다. 평양지구는 평양이 차지하는 중요성 때문에 다양한 산업부문의 발달이 두드러진데, 대규모의 전기기관차공장·전기케이블공장·공작기계공장·시멘트공장 등 중공업부문 외에 소비재 생산공장의 분포도 탁월하다. 북한 최대의 섬유공장(평양종합방직공장·평양제사공장), 담배공장, 곡물공장, 육류가공공장 및 고무공장 등이 위치하고 있다.

이런 평양공업지구를 제외하고는 주로 지역별 부존자원에 따른 공업부문이 발달되어 있다. 예를 들어 청진공업지구는 북한 최대의 철광산지, 갈탄매장지, 석회석 등의 풍부한 지하자원을 보유하고 있음에 따라 제철·제강소, 조선소, 철도공장 및 시멘트공장 그리고 화섬공장과 제약공장 등이 소재하고 있다. 함흥공업지구는 최대의 화학공업지구로 이에는 발달된 수력발전소, 공업용수의 풍부성 및 무연탄 및 석회석 등의 화학공업원료로 사용되는 지하자원의 매장이 풍부하다. 청천강공업지구는 70년대에 새로 조성된 신흥화학공업지구로 북한의 최대 석탄산지를 옆에 두고 있으며 갈탄과 석회석의 매장 역시 풍부한 지역이다. 중국의 대경(大慶)유전에서 이 지역 내의 봉화화학으로 송유관이 설치되어 있으며 지역 내 수력 및 화력발전소가 위치하고 있다. 이러한 지경학적 조건으로 인해 석회질소비료공장, 시멘트공장, 제약공장, 비날론기업소 및 제반 화학공장 등이 위치하고 있다.

---

10) 현재 북한의 중요 공업지구로는 동부의 청진공업지구·김책공업지구·함흥공업지구·원산공업지구와 북부 내륙의 강계공업지구, 서부의 신의주공업지구·청천강(박천)공업지구·평양공업지구가 중심을 이루고 있다. 최근에는 외자유치를 목적으로 동북부인 나진·선봉지구의 개방을 통한 개발과 황해도의 해주지역도 공업지구로 지정하여 개발하려하고 있다(황의각 1999b, 430쪽).

셋째, 북한 경제체제에서 주목되는 것은 지방공업이라는 산업단위이다.[11] 지방공업은 앞에서 언급한 대규모 중앙공업에 비해 부차적인 위치에 있지만 대규모 중앙공업이 충족시키지 못하는 부분, 특히 경공업 분야의 소비재를 보완하는 것을 주된 목적으로 건설·운영되는 산업단위라 할 수 있다. 지방공업은 "북한의 산업관리체계에서 중앙공업과 대비되는 범주로서 지방의 원료원천에 의거하여 인민소비품에 대한 지방의 수요를 충족시키며, 지방의 각급 행정경제기관들에 의하여 지도되고 관리·운영되는 공업분야"(이석기 1998, 5쪽)로 정의될 수 있다. 중앙공업은 전국적인 의미를 갖는 중·대규모 공장으로 구성되어 있으며, 주로 중화학공업과 채취공업, 신발 및 섬유 등 일부 경공업분야에 집중적으로 배치되어 있는 반면, 지방공업은 주로 부족한 소비재를 지방의 자원을 이용하여 생산·공급하기 위하여 설립된 중소규모(수십 명)의 기업소들로 구성되어 있으며 식품, 의류, 생필품 등을 주로 생산하고 있다. 이외에도 원자재를 공급하기 위한 중소화학, 기계공업 등도 지방공업에 일부 배치되어 있다. 지방공업은 대개 일용품(32%), 음식료 가공(16%), 섬유 및 의복(20%) 부문에 많이 분포되어 있다.[12]

이러한 지방공업이 현재 북한에서 차지하는 비중은 결코 무시할 수 없는 수준이라 할 것이다. 90년대 중반 현재 약 4천여 개의 지방산업공장들이 존재하는 것으로 보이는데, 이들이 생활필수품 공급의 약 절반 정도를 담당하고 있는 것으로 추정된다(같은 책, 6쪽). 즉 경공업제품 중 중앙공업이 담당하고 있는 신발과 섬유 등 일부를 제외한 생필품 대부

---

11) 아래 지방공업에 대한 논의는 이석기(1998)에 주로 의거한다.
12) 음식료가공분야에는 식료공장, 곡산공장(옥수수 등을 가공하여 전분·포도당·기름·당과류 등을 생산하는 공장), 기름공장, 과자공장, 고기가공공장, 채소가공공장, 과실물(주스)가공공장, 수산물가공공장, 장공장, 조미료공장, 음료공장, 맥주공장 등이 있다. 기타 일용품공업부문은 초보적 플라스틱제품을 생산하는 수지일용품공장, 양초·비누·장판 등을 생산하는 화학일용품공장, 주방용구를 생산하는 철제일용품 및 법랑철기공장, 초보적인 전기제품을 생산하는 전기일용품공장, 목재일용품공장, 도자기공장, 그릇공장, 자전거공장 등이 있다(같은 책, 11~14쪽).

분을 지방산업공장들이 공급하고 있다. 최근의 극심한 경제난 속에서 국가의 자원투입은 상대적으로 적게 하면서도 자체적인 원자재에 기초하는 지방공업의 중요성이 강조되는 것은 당연한 것이라 할 수 있다. 90년대 중반 이후 경공업 및 지방공업의 필요성이 특히 강조되고 있다.

넷째, 북한경제에서 특징적인 점은 1974년 이후 도입된 연합기업소제도이다. 이는 구동독의 콤비나트와 비슷한 형태로 "원료, 연료를 생산하는 기업소들과 그것을 이용하는 기업소들로 이루어진 하나의 거창한 공업생산 유기체"이다. 이는 경제규모가 커지고 특히 공업부문에 있어 규모의 경제가 요구되고 중간재·소재 등의 부족으로 인한 생산차질을 해소하여 기업의 자급자족체제를 유지하기 위한 것으로 이해된다.

북한당국에 따르면 연합기업소는 생산계획에서 광범위한 권한과 경영상의 독자권을 가진다고 한다. 그러나 북한에서 '대안의 사업체계'[13]의 지속적인 관철로서 연합기업소를 평가하고 있는 것으로 보아, 이러한 독자권의 행사 여부가 어느 정도인지는 의문의 여지가 있다(김대환 1995, 325쪽 주 15). 다른 측면에서 연합기업소는 "계획·생산·기술을 통합·접목시켜 생산증대를 기하려는 체계로 자재공급과 후방(소비자 물자) 공급체계까지를 포함하는 것"으로서(황의각 1999a, 91쪽) 구동독의 콤비나트와도 비교될 수 있는데, 이럴 경우 연합기업소는 그 안에 독립단위의 기업들뿐만 아니라 생산설비의 유지, 연구개발, 하청업체 등을 포함해 지역경제의 동적인 이노베이션을 가능하게 할 공적 사회간접자본까지를 포괄하고 있는 것으로 이해될 수 있다.

즉 동서독 경제체제의 통일과정에서 확인되듯이 경제체제의 전환과정에서 화폐가치로 현상될 수 없는 사회적 가치가 축적되어 있는 중요한 단위라는 점에 주목해야 한다. 동서독 통일과정에서 이러한 사회적

---

13) '대안의 사업체계'는 1961년 12월 김일성이 대안전기공장에 들러 지시한 내용으로 상부기관이 하부기관을 도와주고 윗사람이 아랫사람을 도와주는 방식의 공업경영방식을 지시한 데서 유래하는 것으로, 종래의 지배인 단독책임하에서의 기업관리체계와 달리 집단적 관리체계이다(황의각 1999a, 91쪽).

네트워크가――오랜 경험적 역사를 가지고서야 창출될 수 있는 가치임에도 불구하고――화폐가치로 현상하지 못하는 이유로 무자비하게 파괴되어 이후 동독지역 경제의 재활능력을 거세당했던 점을 고려할 때, 북한 경제구조의 이해에서 주의를 요하는 점이다.[14]

끝으로, 앞에 열거된 특징을 갖는 북한 경제체제의 문제점을 살펴보고 최근 위기상황의 원인을 간단히 살펴보자.

현재 북한은 80년대 초·중반 기존 축적체제의 모순이 첨예화함과 동시에 외채위기까지 겹쳐 심각한 경제위기에 빠져 있는 듯하다. '자주적인 민족경제' 노선에 따른 경제발전전략은 노동력 및 천연자원의 양적 투입을 위주로 생산성 향상이 가능했던 외연적 확장의 시기까지는 어느 정도 효과적이었으나 70년대 중반부터 전세계적으로 추구되는 기술혁신과 이를 위한 거대한 자본의 투입을 전제로 한 내포적 발전단계에 와서는 명백한 한계를 드러낼 수밖에 없었다. 특히 외국 선진기술 및 자본 도입의 부진, 선진 경영관리능력의 결핍, 경공업과 소비재 생산의 낙후에 따른 국민생활의 궁핍화 및 제한된 생산성 향상에 따른 노동력 집중적 투입방식과 그 한계가 심화되면서 성장속도가 크게 떨어졌다.

북한 경제위기의 내적 원인의 다른 하나는 현실사회주의 경제체제 전체가 안고 있었던 문제로 자원배분의 왜곡에 따른 문제를 지적할 수 있다. 이른바 '연성예산제약'(soft budget constraints)의 문제는 북한 경제

---

14) 구동독의 콤비나트 내에는 상황의 변화에 유연하게 대처할 수 있는 잠재역량의 풀(pool)이 형성되어 있었고 여기에는 다양한 네트워크가 형성되어 있었다. 그러나 시장가치에 따른 매각정책으로 콤비나트가 무작위 해체·분할 매각됨으로써 산업기업과 유연하고 혁신적인 잠재역량의 풀 사이의 '오래 된 공생관계'가 무너지게 되었다. 전환과정에서 지역경제의 자립적이고 혁신적인 구조조정을 위해 '필수적'이었던(Bluhm 1992, SS. 27~31) 네트워크 관계들은 짧은 시일 내에 '고사'(枯死)되었다. 서독기업이 주축을 이루던 매입자본은 콤비나트 중 경쟁력 있는 '알짜' 기업단위나 기업의 일부만 매입하거나 아니면 확대된 동독 및 동유럽 시장 진출에 필요한 부분만을 인수했다. 그 결과 구동독지역에는 서독기업과 경쟁할 수 있는 기업들이 거의 다 사라지고, 대개의 경우 서독 모기업의 '연장된 생산라인'이나 부품제조업체 혹은 판매영업부서로 전락했다. 콤비나트의 붕괴와 그로 인한 사회적 자본의 퇴장 및 체제전환과정에서의 부정적 결과에 관한 상세한 내용은 Song(2000, SS. 152~61) 참조.

체제에도 해당하는 것이며, 특히 북한의 수령지도체계의 문제와 연관되어 김일성·김정일 특별지도에 따른 임기응변적이고 임의적인 지원·강화로 인해 '연성예산제약'의 문제는 더욱더 심각해진다.[15] 자원제약의 문제와 그 배분에서의 비효율성 문제는 국력에 비해 지나치게 높은 비중을 차지하는 국방비와 전시적인 사업에의 자원낭비 문제에도 동일하게 적용되는 것으로 자력갱생과 자립적 민족경제 건설을 기본 원칙으로 하는 북한경제에 커다란 부담으로 작용했다.[16]

최근 북한의 경제난은 이러한 내부적인 문제뿐 아니라 대외경제관계의 악화에서도 그 원인을 찾을 수 있다. 특히 1989년 이후 동유럽 사회주의 체제와 구소련의 붕괴는 북한경제에 치명적인 타격을 주는 것으로, 북한경제는 93년 이후 마이너스 성장을 거듭해 왔다. 구소련과 구동유럽권 국가들이 청산거래를 중단하고 경화결제로 전환하자 북한이 도입하던 연료와 원자재 수입량이 급격히 감소하여 경제는 악화일로를 걸을 수밖에 없었다. 구소련과 구동유럽권의 붕괴 이래 북한의 대외무역은 급격히 줄어들어 94년에는 이전 시기(89년 기준 연 50억 달러, 수출 20억 달러)의 절반도 못되는 21억 달러(수출 8억 4천만 달러)에 불과하였으며 95, 96년에는 수재까지 겹쳐 그보다 더 악화되었다(김성훈 1999, 221쪽). 그 결과 90년대 후반 외채규모는 약 70억~100억 달러로 추정된다. 북한경제는 이러한 내부적 요인과 외부적 요인이 겹침으로써 종래와 같은

---

15) 김일성이나 김정일이 방문한 생산단위는 원하는 원자재나 기계설비 등의 제공을 받을 수 있고, 또 그들이 지속적인 관심을 보이기 때문에 당에서나 정무원 각 산하 관련부처에서도 계속적인 지원을 하게 된다. 그러한 생산기관은 할당량을 초과달성하게 마련이고 모범생산단위로 부각되기에 이른다. 그러나 이런 특별지원 등은 당초 계획에도 없던 생산요소나 기계설비 등이 지도부의 재량에 의해 타부문 혹은 타생산부문에 전용되는데(황의각 1999a, 92~93쪽), 이는 비경제적 관계에 따른 예산제약 연성화의 전형적인 경우라 할 수 있다. '연성예산제약'의 문제에 관해서는 Kornai(1986) 참조.
16) 체제유지를 위한 전시적 행사비를 위하여 지출되는 비용은 막대하여, 이런 소모성 지출을 절약할 경우 100만~200만 톤의 양곡을 살 수 있다는 추산까지도 나오고 있다(김성훈 1999, 221쪽). 이러한 과다한 전시적 행사비 지출은 북한식 사회주의 통치방식의 하나로 이해되어야 한다.

축적방식을 더 이상 지속하기 어려운 상태에 처해 있다고 할 수 있다.

지금까지 상호 이질적인 경제체제의 형성과정에 대해 대안적 관점에서 새롭게 이해해 보려 했다. 독일의 통일과정에 대한 2절의 서술에서 보았듯이 동서독에서 1989~90년에 전개되었던 것과 유사한 상황이 전개된다고 가정하면 남한 경제체제의 팽창에의 요구는 서독 경제체제의 그러한 요구보다 더 강하게 나타날 수 있다. 그러나 이러한 가능성보다는 오히려 다른 방향으로의 상황전개 가능성이 소진되지 않은 현재의 상황에서 우리는 동서독 통일의 결과로 고착된 문제점을 한반도 통일경제체제의 구상적·형성적 과정에서 지양해야 할 문제점으로 이해할 수 있다. 아래에서는 '녹색' 통일경제체제의 모색 차원에서 요구되는 관점과 이에 근거한 '녹색' 경제교류협력 전략의 문제를 고찰한 뒤 남북경협에서의 문제점과 녹색관점에서 단계적으로 실행에 옮겨질 수 있는 구체적인 방안을 살펴보기로 한다.

4. 한반도 '녹색' 통일경제체제의 모색과 그 실천전략

'녹색' 통일경제체제의 모색

한반도 '녹색' 통일경제체제의 모색은 우선 남한의 팽창적이고 대외의존적인 경제발전전략이 그 지탱 가능성의 측면에서 심각한 문제를 드러냈다는 사실로부터 출발해야 한다. 이러한 남한의 경제체제가 지탱 가능하기 위해서는 지속적인 기술혁신이 필요하다.

앞에서 보았듯이 남한경제는 그간 기술혁신을 촉진하는 구조로 형성되었다기보다 오히려 저임노동력과 관치금융의 재정·금융적 특혜를 통한 '인위적 자원배분'과 '경쟁제한정책'으로 유지되어 왔다. 즉 국가의 강력한 리더십에 의거한 생산요소 동원형 경제체제이고——실제가치와 무관하게 강제력에 의해 현상가치만 축소 유지돼 왔던——자원낭비형 체제에 다름 아니었던 것이다. 그러나 이러한 경제체제는 금융주도형 세계자본주의 체제하에서는 더 이상 유지하기 어렵게 되었다. 글로벌 금융자본은 이제 가공할 속도로 시공간적 경계성을 초월하여 자본증식을 위하여 이동하고 있으므로 해서 '인위적 자원배분' 체계의 작동을 불가능하게 하고 있다. 모든 경제행위자에게 무한경쟁을 강요하는 방식으로 전화하는 속에서 남한의 축적체제는 그 지속 가능성을 보장받지 못하게 되었다. 그러한 축적체제는 중국의 의사(擬似)남한형 발전모델에게 자신의 자리를 내어줄 수밖에 없는 상태에 이른 것이다. 다른 측면에서 남한 경제체제의 낭비성은 그 중심 행위자로서 재벌체제의 문제를 통해 여실히 드러났다. 즉 재벌체제가 규모극대화에 자신의 사활을 걸 수밖에 없는 구조, 이로 인한 중복과잉투자 유발 및 무한 수요확대 요청 등에서 확인된다.

한반도의 녹색 통일경제체제는 더 이상 해외시장에의 의존성 확대·심화, 성장·팽창위주의 개발주의, 중앙정부에 의한 '인위적 자원배분'이 아닌 대내시장 지향적이면서 분배 지향적이고 자원배분 결정과정에서 더욱 광범한 시민사회의 참여를 보장하는 것 등이 그 내용이어야 한다. 뿐만 아니라 끝없는 수요의 확대라는 조건 아래서만 유지될 수 있는 재벌은 이러한 남한 발전전략의 중추로서, 이들의 내적인 요구는 성장 지향성, 확대팽창성 및 대외의존성 등이며 자원·에너지 낭비적인 체제와 친화력을 가지고 있다. 따라서 대기업이나 재벌 중심의 성장전략에서 지방에 확고하게 뿌리내린 중소기업 중심으로 생산과 소비의 지역적 자립성 내지 완결성을 지향하는, 즉 대안적 지역공동체를 지향하는 방향으로의 통일방안이 요구된다.

앞에서 보았듯이 북한 경제체제 및 산업구조에서 두드러진 점은 산업 발달이 지역의 부존자원을 비롯한 원료공급, 공업용수 및 교통 등 자연적 입지조건에 맞추어 육성되었다는 점이다. 앞의 몇몇 공업지구 현황

검토에서도 확인되듯이 비슷한 규모(수천 명)의 중화학공업이나 제철공업 등이 각기 다른 지역에 배치돼 있는 점도 주목된다. 이는 물론 한편으로 전시상황에 대비하기 위한 것으로 보이지만, 다른 한편으로 제한적인 자원상황에서 자연적 조건에 적응하려는 의도에 따른 것으로 이해할 수 있다. 이러한 공업지구 발달상황과 관련해 대부분의 경제학자들은 '중복투자'의 문제와 규모의 경제 면에서 '비효율성' 문제를 언급하는데(황의각 1995b, 436쪽), 이는 다른 각도에서 이해될 필요가 있다.

즉 남한의 중복투자는 기본적으로 남한 내부의 수요능력을 훨씬 초과하는 정도로 대기업에 의해서 무분별하게 과잉 중복투자되어 해외시장에서 판로를 개척하지 못하면 그 자산가치가 급격히 저감되는 반면, 북한의 '중복투자'는 설비자본규모와 수요관계의 불균형이 크게 발생하지 않는 상태의 투자인 만큼——비록 규모의 경제효과를 극대화하지 못하는 비효율성의 문제로 해석할 수는 있어도——남한의 중복투자로 인해 발생하는 문제와는 그 질을 달리하고 있다. 따라서 이러한 근거에 입각해 북한경제체제의 '남한화' 주장에는 동의하기 어려우며, 오히려 생산과 분배의 지역적 자립성 지향 및 자원이용의 측면에서 긍정적인 요소로 검토돼야 할 것이다.

동일한 관점에서 북한의 공업구조에 대한 이해에서 우리는 군(郡)단위 자치권에 의해서 유지되는 지방산업공장에 착목할 필요가 있다. 현재 북한에서 지방산업공장은 경공업 발전의 한 대안으로까지 강조되고 있는데, 이는 무엇보다도 지방의 원료와 자재 그리고 노동력을 동원하여 국가의 큰 투자 없이 빠른 시일 내에 생산시설을 건설할 수 있고 생산시설을 원료산지 및 소비지에 가까운 곳에 설립함으로써 원료확보에 유리하고 수송 필요성을 줄일 수 있기 때문이다. 이와 동시에 농촌이나 인근에 공업시설을 설치함으로써 농촌과 도시의 균형발전을 도모할 수 있으며, 여성이나 노인 등 중앙공업에서 충분히 활용하지 못하는 노동력을 활용할 수 있다는 점, 그리고 공업시설을 전국적으로 분산함으로써 전쟁발발시 피해를 줄일 수 있다는 점도 고려되었을 것으로 보인다 (이석기 1998, 9~10쪽). 이러한 지방산업공장에서 생산되는 생산품은 일상소비재 경공업제품으로 기본적으로 생산지역의 소비를 위한 것이다. 우리는 이러한 산업 및 공업구조에서 생산과 분배에서의 지역적 자립성 내지 완결성을 실현하는 생산체제의 가능성을 엿볼 수 있다.[17]

'녹색' 경제교류협력 전략

북한의 면적은 남한의 1.3배인데 도로포장률은 약 30%이고 고속도로는 남포-평양-원산을 잇는 240km의 동서노선과 90년대 초반 개통된 평양-개성간이 전부이고, 철도는 광궤와 표준궤의 이중구조로 거의 전부가 단선이다. 즉 전반적인 국토기반시설(infrastructure)의 낙후성을 알 수 있다. 북한은 남한에 비해 철도 총길이에서 약 70%, 도로 총길이에서 약 40%를 갖추고 있어 철도의 상대적인 발달을 알 수 있다.[18]

이러한 점에 착안하여 향후 국토기반시설에 대한 지원·투자에서 남한은 북한의 현재의 기조를 유지하는 상태에서 선로의 현대화 등에 주안점을 둬야 할 것이다. 현재 주로 진행되고 있는 설비, 원자재, 중간재 혹은 동력까지 공급하는 상태에서 저임노동력을 이용한 단순임가공 방식의 교류·협력에서 벗어나, 정부의 적극적 주도 아래 북한에 가장 절실히 요구되는 에너지 지원방안에 대한 적극적 의지를 가져야 한다. 북한의 현재와 같은 공장가동률 저조상태가 향후 더 지속된다면 북한 산업시설의 상당 부분이 '고철'로 될 가능성도 배제할 수 없다. 이는 또 다른 대량의 자원낭비를 초래하는 것에 다름 아니다.

---

17) 물론 이러한 문제의식 자체가 현재 북한 경제체제의 비효율성과 지방공업의 운영실태 및 시설에서의 열악성 등의 문제와 그 원인까지 용인하자는 것이 아님은 재론의 여지가 없다.
18) 대통령자문21세기위원회 1993, 257쪽. 북한의 사회기반시설 실태에 관해서는 허재완 (1999, 202~205쪽) 참조.

북한의 에너지수급구조는 국내 부존자원에 의존하여 에너지자급도를 높인다는 원칙 아래 '주탄종유'정책을 경직적이라 할 만큼 강하게 고집하여, 석탄 중심적이고 수력발전의 비중이 다른 나라에 비해 월등히 높다.[19] 국내에서 생산되지 않는 석유는 가능한 제한적으로 소비되고 있어 공업화된 나라들 중 석유소비율이 가장 낮은 편에 속하고 수송부문에 소비가 집중되어 있다. 자본부족으로 청정시설도 제대로 설치·가동되지 않은 상태에서 '주탄종유'정책의 관철은 대기환경오염의 주범으로 지적되고 있다. 이러한 문제와 동시에 에너지난으로 인해 공장가동률이 30~50% 이하로 떨어져 생산활동이 불가능한 상태에 이르고 있다는 사실을 고려할 때, 북한의 에너지난은 시급히 해결돼야 할 과제이다. 이를 위해서는 남북한 양자간 협력을 통해서뿐 아니라 다자간 혹은 국제기구와의 다양한 협력관계를 통해서 대안적 에너지원을 위한 투자에 이르기까지 다양한 방식의 노력이 필요하다 하겠다.

남북간 전력협력으로 인한 1차 수혜자는 북한이지만 "남한도 혜택을 볼 수 있다"(김정인 1999, 334쪽). 즉 남북한 전력수요가 계절대에 따라 다르기 때문에 북한의 겨울피크 수요시간대에 남한에서 송전, 남한의 피크시간대인 여름에 북한으로부터 수전함으로써 북한은 약 70만kW, 남한은 100만kW의 안정공급을 확보할 수 있다. 이를 위한 전력계통연결에는 2~3년이 쇼요될 것으로 예상되며(같은 글, 336~37쪽), 이와 동시에 낙후된 송배전시설의 현대화를 통하여 손실률(IAEA 15% 추정, 현실적 추정 30~50%)도 낮추어야 한다. 이외에도 KEDO프로젝트에 따른 경수로발전보다 에너지 공급 측면에서 남북한간 다른 형태의 에너지 협력방안을 모색하며 에너지 수요관리 측면에서 에너지의 효율을 증대시킬 수 있는 방안의 검토도 동시에 이루어질 필요가 있다. 아울러 동북아

---

19) 1994년 1차에너지(2717TOE)공급원 중 석탄이 81.4%, 수력이 11.1%, 석유가 4%를 차지하고 있으며, 최종에너지소비량(2123TOE)에서도 석탄 83%, 전력 7%, 석유가 4%를 차지하고 있다. 북한의 에너지상황에 관해서는 김정인(1999, 321쪽 이하) 참조.

각국(남북한, 중국, 러시아, 일본)도 "에너지 확보에 대한 위기의식과 협력의 필요성을 공유할 수 있는 여건을 충분히 확보"하고 있는 점을 고려하면 장기적으로는 다자간 에너지협력을 추진하는 것이 바람직하다(같은 글, 318~19쪽). 이러한 에너지협력과 동시에 대체에너지 공동개발과 같은 다국적 프로젝트의 적극적인 추진도 병행돼야 한다. 이는 또한 동북아 역내 평화구축을 위한 다자간안보협력체제의 구축 및 제도화 과정에 하나의 중심적인 수단으로 작용할 것이다(soft security).

남북경협의 문제점과 '녹색'대안

지나친 정치주의나 경제주의를 극복하려는 합리적 입장에서[20] 제출하는 현재 남북경협에서 요구되는 일반적 원칙은 대략 ① 정경분리의 원칙을 대전제로 하여 "'정치적 목적'의 프로젝트와 '순경제적 논리'에 따른 프로젝트를 엄밀히 구분", 추진할 것 ② "정부 또는 국가 차원의 교류협력사업과 민간기업 차원의 이윤을 목적으로 하는 경제합작사업을 구분해서 접근"할 것을 강조하고 있다(김성훈 1999, 227쪽). 특히 순수 민간기업 차원의 경협과 관련해서는 순(純)경제적 논리에 따라 현재 북한의 경제적 여건을 고려하여 임가공방식의 진출 및 제3국으로의 수출을 목적으로 한 노동집약적 수출산업과 합작사업에 깊숙이 파고들 것을 권하고 있다.[21]

그러나 이러한 수출지향적인 노동집약적 임가공방식의 경제교류·협

---

20) 남북경협 추진에 있어 국내여론은 대체로 경제주의(주로 경제학자들로 적극론자), 정치주의(주로 보수성향의 그룹으로 적극적 경협추진 반대론자)과 절충론자(정경분리주의자) 세 유형으로 구분할 수 있다(김성훈 1999, 230~31쪽).
21) 같은 글, 228~29쪽. 국민의 혈세를 사용하는 정부 차원의 프로젝트는, 일방적 '퍼주기'식 경협이라는 보수집단의 반대여론을 극복하고 국민적 동의를 구하여 추진돼야 하는 상황을 고려할 때 ① 북한주민의 복리를 증진하는 민생문제 또는 인도주의 목적의 사업 ② 북측의 개혁·개방과 남북통일을 촉진하는 사업 ③ 남측에 이익이 되는 사업 또는 통일 후의 국민부담을 미리 경감시켜줄 사업 등에 국한해야 한다고 일반적으로 권고된다(같은 글, 227쪽).

력은 기실 북한경제의 남한경제에의 수직적 분업체계화를 의미할 뿐이며, 이는 현재 남한의 문제점을 북한에 그대로 연장 내지 이식하는 것에 다름 아니다. 특히 이러한 임가공방식의 남북경협은 대개 사양 산업부문이고 환경오염산업일 개연성이 높다 하겠다.

분단 후 '냉전적 반공자유주의'(cold war anti-communist liberalism, 장달중 1995, 175쪽)를 기본 이념으로 한 반세기 역사에 이제야 갓 '탈냉전적' 실리주의가 사회 한편에서 동의를 얻어가고 있는 상태에서, 남북간 경제교류·협력은 정치·문화·사회적 관계보다는 "상대적으로 덜 민감하며 융통성을 지니고 있음"에도 불구하고 남북경협 그 자체에 문제가 되거나 장애요인으로 작용하는 다음과 같은 몇몇 특성을 지니고 있다(홍택기 1999, 251쪽 이하). 우선 실리추구에 입각한 '경제의 정치지배' 논리의 일관적 관철이 불가능하여 '정치의 경제지배적 상황'이 재연될 수 있는 소지를 안고 있다.

즉 남북관계의 안정성을 보장할 제도적 장치가 마련되지 못하고 있는 상황 속에서 핵사찰 문제라든가 여타의 정치적 갈등과 대화의 중단 등으로 인해 관계가 위협받을 수 있다. 뿐만 아니라 남북경협은 국제분업의 원리상 여전히 초보적인 단계를 극복하지 못하고 있고 남북 상호간 불균형적·편협적 구조를 보이고 있다. 이외에도 남북경협은 보다 근원적으로 남북이 상호 이질적인 목적을 지향한다는 문제를 안고 있다. 남한의 경우 기업의 '사적 영리추구' 동기가 강한 반면 북한의 경우 '국가적 수요충족'의 동기가 강하며, 남한의 경우 '경제확장적' 동기가 강하나 북한의 경우 '체제유지적' 동기가 강하다고 할 수 있다. 이러한 배경으로 인해 남북간의 관계에서는 기술교류협력이나 산업구조조정 등에 관한 협력 등이 전혀 이루어지지 못하고 있는 실정이다.

이러한 현실적 여건을 고려할 때 '녹색' 통일경제체제 모색의 입장에서 우리는 북한과의 다양한 관계형성과 신뢰구축 과정이 필요하다. 그 일례로 남북간 경제체제에 대한 실질적인 자료·정보의 상호공유를 가능하게 할 수 있는 제도적 틀을 제안·구성해야 한다. 특히 북한의 지배집단은 남한에 대한 상대적 우월성을 자기집단의 존립근거로 하고 있는 상태에서 남한이 우월적 자세로 북한에게 요구하는 것은 기본적 한계를 가질 수밖에 없다. 하지만 앞에 제시된 관점에 근거하여 북한 경제체제의 근본적 변경을 요구하지 않는 상태에서 생산성 향상에 대한 방법을 모색하기 위한 전문가집단의 상호교류를 모색한다면 현실적 가능성이 크게 높아진다. 동시에 이러한 교류의 제도화는 전문가집단간에 신뢰를 쌓아갈 수 있는 계기로 작용할 것이고, 이는 장기적으로 여론주도집단간 신뢰회복에 크게 기여할 것이다.

다른 실례로서 지역경제의 생산·분배의 자립성 지향이라는 관점에서 남북 강원도간 교류가 우리의 주목을 끈다. 남한의 강원도 지역은 지리적 인접성(145km를 접하고 있음)에서뿐 아니라 수출주도적 경제구조에서 상대적으로 배제되어 온 결과, 산업구조 측면에서도 남한 내에서 오히려 예외적인 지역성을 갖추고 있다. 즉 남한 내 경제발전에 포섭되지 않은 결과 지역 자립적 생산구조의 성격이 강하다는 점, 산간지형의 발달로 인한 농·산림업의 북한과의 유사성 및 휴양지로서의 관광산업의 발달 등을 지적할 수 있다. 2000년 12월 '남북강원도간 협력에 대한 기본사항과 우선 추진대상 협력사업에 대한 합의'를 토대로 금년 4월 북강원도에서 연어·치어를 공동으로 방류한 것이나 진행중인 '금강산 솔잎혹파리 공동방제사업' 등은 지방간 상호교류의 실마리를 보여준다 하겠다(염돈민 2001). 특히 금강산관광프로젝트와 관련해서는 남북 고성간 동해북부선 철도복원을 통한 개발이 우선되어 여타 차도의 개발을 가능한 제한하여 철도 중심의 교통망 형성을 가능하게 해 대안적 국토기반시설 체계에서 전형적 선례를 제시할 수 있어야 한다.[22]

---

22) 금강산개발과 관련해서는 스위스 및 오스트리아 등 세계적인 관광국이 알프스산을 철도중심으로 개발한 것을 참고할 수 있다. 알프스산에 오르기 위해서는 각종 단위별(유럽철도, 국철, 지방철도 등)로 배치된 기차를 15분 간격으로 이용할 수 있다.

끝으로, 생태친화적 통일방안 모색의 일환으로 예를 들어 비무장지대 내 '유엔환경기구'와 같은 국제기구를 유치하는 방안은 여러 측면에서 상징적 의미를 가질 수 있다. 녹색평화지대화를 의미하는 이러한 방안의 실현은 한반도의 생태친화성과 평화지향성을 동시에 국제사회에 선포하는 의미를 가지게 되며 비무장지대는 이에 필요한 조건을 충분히 갖추고 있다(손기웅 2000).

5. 맺음말

북한의 경제가 이미 10여 년 전부터 위기에 처해 있음은 분명한 사실이다. 그런가 하면 남한도 1997년 말 IMF위기를 맞기 훨씬 이전부터 이미 그 축적체제가 문제를 드러내고 있었다. 북한이 생존의 위협을 받을 정도로 심각한 위기상황에 처하게 된 것은 현실사회주의 붕괴를 계기로 표현된 것에 불과하고, 이미 현실사회주의 국가 전체가 안고 있었으며 '연성예산제약'의 문제로 표현되는 자원배분체계의 비효율성과 극단적 폐쇄성에 근원적인 문제가 있었다고 해야 할 것이다. 남한의 경제위기는 재벌체제의 자기존립근거로서 무한 시장확대에 대한 요구와 연관된 것이다.

평화적인 방법을 통한 통일경제체제에의 지향은, 현실적 조건을 고려할 때, 어느 한쪽의 일방적 우월성에 의해 결정되지도 않을 뿐더러 그래서도 안 될 것이다. 남한경제의 자원·에너지 낭비성은 통일을 준비하는 과정에서 정확하게 자기확인을 거쳐야 한다. 마찬가지로 북한의 이른바 '연성예산제약'의 비효율성 또한 관료주의 및 당관료의 자원배분에서의 비효율적 관리체계에 의해서 발생하는 문제라 할 때, 이로 인한 자원·에너지의 낭비는 심각한 문제이다. 뿐만 아니라 소수에게로의 권력집중과 시민참여의 배제로 인해 자원배분에 대한 사회적 합의기제가 없는 상태에서, 권력집단의 자원배분에서의 무능과 비효율성 문제의 심각성은 극에 달해 있다 하겠다. 이는 더 많은 노동력 지출을 강요하고 자연자원의 황폐화를 초래할 수 있다.

그러나 다른 한편 북한체제의 기본적인 문제가 심각함에도 불구하고 우리는 그 내부에서 생태친화적 발전모델의 단서들도 동시에 볼 수 있다. 남한 경제체제, 즉 시장경제체제는 그 팽창주의적·성장지향적·자원낭비적 문제점에도 불구하고 자원배분의 비효율성을 개별행위자의 비용으로 내화시킴으로써 효율성을 끊임없이 요구하는 체제라는 점 또한 중요한 단서를 제공하고 있다.

이 글에서 필자는 이러한 기본적 관점에 근거해 남한과 북한 각 경제체제를 새로운 관점에서 독해하려 했고 '녹색' 통일경제체제가 지향할 단서를 구체적으로 찾아보는 시도를 했다. 대안적인 통일경제체제의 구체화를 위한 더욱 심화된 연구가 필요하다 하겠다.

참고문헌

김대환 (1995), 「통일경제체제와 국가의 역할」, 『한반도통일국가의 체제구상』, 한겨레신문사·학술단체협의회 공동주최 해방50주년기념 학술대회논문집, 한겨레신문사.
김성훈 (1999), 「북한의 경제실상과 남북경협의 방향」, 북한경제포럼 편, 『남북한 경제통합론』, 오름.
김윤관 (2001), 「발전국가에서 21세기 정치경제모델로」, 한국정치학회 편, 『한국 정치경제의 위기와 대응』, 오름.
김정인 (1999), 「북한의 에너지구조와 남북한 협력문제」, 북한경제포럼 편, 『남북한 경제통합론』.
대통령자문21세기위원회 (1993), 『2000년에 열리는 통일시대』, 동아일보사.
손기웅 (2000), 『비무장지대 내 유엔환경기구 유치방안』, 통일부.
송태수 (2000), 「통독과정에서 신탁청에 의한 사유화 정책과 그 대안」, 『한국정치학회보』 34권/4호.

윤영관 (2001), 「발전국가에서 21세기 정치경제모델로」, 『한국정치경제의 위기와 대응』.

염돈민 (2001), 「남북협력시대의 중앙과 지방의 역할: 강원도의 남북교류를 중심으로」, 한국정치학회 학술대회발표문.

이석기 (1998), 『북한의 지방공업 현황과 발전전망』, 산업연구원.

장달중 (1995), 「분단반세기 남북한의 정치와 경제」, 박기덕·이종석 편, 『남북한 체제비교와 통합모델의 모색』, 세종연구소.

정운찬 (2001), 「한국 정치경제위기의 원인과 개혁방향」, 한국정치학회 편, 『한국 정치경제의 위기와 대응』.

허재완 (1999), 「북한의 국토개발상황」, 북한경제포럼 편, 『남북한 경제통합론』.

홍택기 (2001), 「남북한 경제협력의 평가와 확대방안」, 북한경제포럼 편, 『남북한 경제통합론』.

황의각 (1999a), 「북한의 공업구조」, 북한경제포럼 편, 『남북한 경제통합론』.

_____ (1999b), 「통일에 대비한 산업구조 조정방향」, 북한경제포럼 편, 『남북한 경제통합론』.

Albrecht, U. (1997), "Military Restructuring and Defense Conversion Issues: Korea's Tasks in the Light of the German Experience," U. Albrecht ed., *The political and socio-economic challenges of Korean Unification: Lessons from Germany's post-unification experience*, Arbeitspapiere des Instituts für Internationale Politik und Regionalstudien, Berlin(FUB).

Altvater, E. , B. Mahnkopf (1993), *Gewerkschaften vor der europäischen Herausforderung: Tarifpolitik nach Mauer und Maastricht*, Münster

Bluhm, K. (1992), "Strukturelle und soziale Mitgegebenheiten in der Transformation der ostdeutschen Industrie," D. Ipsen, E. Nickel Hrgs., *Ökonomische und rechtliche Konsequenzen der deutschen Vereinigung. Wirtschaftspolitische sowie arbeits- und unternehmensrechtliche Gestaltungsaspekte der Systemtransformation. Probleme der Einheit* Bd. 8, Marburg.

Frisch, T. (1992), *Privatisierung und Unternehmenkäufe in Ostdeutschland. Statistische Auswertung der Zusammenschlüsse mit ostdeutschen Unternehmen und Analyse ausgewählter Branchen*, HWWA-Report, Nr. 104.

Hagemann, H. (1993), "Makroökonomische Konsequenzen der deutschen Einigung," Hagemann ed., *Produktivitätswachstum, Verteilungskonflikte und Beschäftigungsniveau*,

Marburg.

Kornai, J. (1986), "The Soft Budget Constraint," *Kyklos* vol. 39/no. 1.

Myrdal, G. (1957), *Economic Theory and Underdeveloped Regions*, London.

Reich, J. (2000), "Zehn Jahre deutsche Einheit," *Aus Politik und Zeitgeschichte*, no. 1/2.

Song, Tae-Soo (2000), *Die Rolle der Treuhandanstal im Einigungsprozeß Deutschlands*, Berlin(Diss.)

Umweltreport DDR (1990), *Bilanz der Zerstörung. Kosten der Sanierung Strategien für den ökologischen Umbau.*

Wiesenthal, H. (1999), *Die Transformation der DDR. Verfahren und Resultate*, Gütersloh.

Wissenschaftlicher Beirat beim BMWi (1991), *Gutachten des Wissenschaftlichen Beirats beim Bundesministerium für Wirtschaft zu Problemen der Privatisierung in den neuen Bundesländern*, Bonn.

녹색국가 논의의 구조와 과정
녹색국가의 유형화·단계화 및 이를 결정하는 변수들

문 순 홍*

1992년 지구의 거의 모든 국가 정상들과 NGO들이 브라질 리우데자네이루에 모였다. 그리고 자연과 인간이 함께 살아가는 지구를 지키기 위한 공동행동강령으로 '의제21'을 채택하였다. 이 '의제21'은 "환경적으로 건강하고 지탱 가능한 발전"을 이념으로 한다. 이 이념을 "미래세대의 욕구를 충족시킬 수 있는 능력을 위태롭게 하지 않고 현 세대의 욕구를 충족시키는 발전"이라고 정의한 『우리 공동의 미래』(WCED 1987, p. 76)는 정부제도와 법의 변화는 물론 경제·사회 전반의 발전[1]을

---

* 대화문화아카데미 바람과 물 연구소 소장
1) 『우리 공동의 미래』는 지탱 가능한 발전에 도달하기 위해 다음과 같은 7가지 전략과제들을 제안하고 있다. ① 시민들이 결정과정에 효율적으로 참여하는 정치체계 ② 자립적이고 지속적인 토대 위에 잉여와 기술적 지식을 생산할 수 있는 경제체제 ③ 조화롭지 못한 발전에서 야기된 긴장을 해결할 수 있는 사회체제 ④ 발전을 위해 생태적 기반을 지속시키는 생산체제 ⑤ 지속적으로 새로운 해결을 추구하는 기술체제 ⑥ 무역과 재정의 지탱 가능한 패턴을 강화하는 국제체제 ⑦ 자기수정 능력을 가지고 있는 융통성 있는

지향하고 있다(같은 책, ch. 12).

이 글은 이 '지탱 가능한 발전'에 참여하고 있는 국가를 일단 녹색국가라 칭할 때, 한국국가의 녹색화[2]는 어디까지 왔으며 그 측정의 지표는 무엇이 될 수 있을 것인가란 물음에서 시작되었다. 그래서 이 글의 목적은 한국국가의 녹색화를 측정하기 위한 기본 작업들, 즉 녹색국가의 형태들과 국가의 녹색화단계들 그리고 녹색국가의 형태변형을 촉진시키는 변수들을 알아보는 데 있다.

사실 90년대 중반까지 녹색적 사유에서 국가에 대한 논의는 그리 진척되어 있지 않았다. 왜냐하면 그 동안의 녹색적 사유는 '환경'친화적인 미래사회에 대한 전반적인 밑그림들을 시민사회의 자유 및 자율성 확장에 터한 국가의 축소를 전제로 해서 그리고 있었기 때문이다. 그러나 신자유주의적 세계화란 상황에서 녹색국가 및 국가의 녹색화에 대한 요구가 강하게 등장하고 있다. 그 이유는 신자유주의가 "대외경쟁력과 국내경제 사이에서 완충지대역할을 하던 기존 국가의 역할을 긴급하게 변화하는 전지구경제로 국내경제를 적응시키는 기관의 역할로 바꾸고 있기 때문이다"(Eckersly 2000). 이 상황에서 국가의 일차적인 과제는 국가 내 경제활동들을 전지구적 관점에서 보다 경쟁적으로 만드는 것이다. 결과적으로 지탱 가능한 발전은 지속 가능한 경제성장으로 의미전환을 하였고 기존 복지국가는 경쟁국가로 변화하였다.

사실 이 신자유주의적 세계화란 보편적 상황에 한국국가도 편입되어 있다. 국경 없는 무한경쟁시대에 살아남기 위해 대외경쟁력 강화를 자신의 우선과제로 강요받고 있는 상황에서 더욱이 전통적으로 경제성장

행정체제(WCED 1987).
2) 이 한국국가의 녹색화란 두 가지 의미이다. 하나는 좁은 의미의 환경친화성을 국가 전반에서 높여가는 것이고, 다른 하나는 녹색을 가치로 국가성격―국가본질(기본과제), 대외관계에서의 국가, 정부(가장 협소한 의미의 국가 혹은 국가의 강제기구)의 사회관계, 사회의 성격(예로 집단화된 양상에 따른 갈등패턴, 계급관계, 성장동맹 대 생태동맹의 갈등 등)―을 바꾸어가는 것이다. 이 글의 후반부에서, 이 두 의미는 최소정의와 최대정의 그리고 녹색화 1단계와 녹색화 2단계로 발전한다.

을 국가의 최우선 핵심 과제로 추진해 온 한국국가[3]가 최소한의 녹색과제, 즉 환경보호를 국가의 핵심 과제로 받아들일 가능성은 더욱 희박해지고 있다.

이런 배경 아래서 이 글은 씌어졌다. 이 글은 녹색적 사유에서 한국의 지식사회가 갖는 특수성, 즉 녹색국가론의 공백이란 상황에서 진행되므로 다음과 같이 구성될 것이다. 우선 1절에서는 기본 개념으로 녹색, 국가 그리고 녹색친화적 국가에 대한 정의들이 다루어질 것이다. 2절에서는 모두에서 "지탱 가능한 발전을 추진하는 국가"로 간단히 정의된 녹색국가를 서구 녹색적 사유에서 발전해 온 역사적 과정을 추적함으로써 정교화해 보고, 이에 터해 3절에서 녹색국가의 정의들을 유형화하고 이를 녹색국가 논의의 층위들(녹색국가논의의 구조)로 재구성할 것이다. 4절에서는 과정으로서의 녹색국가 논의란 제목 아래 녹색국가의 형태 변형을 국가의 녹색화단계들로 가공하고 녹색국가형태 변화를 촉진하는 변수들을 논의할 것이다. 그리고 5절에서 '한국국가의 녹색화가 어디까지 왔나'를 주제로 한국국가의 녹색화단계와 이를 야기한 힘의 소재지를 추적해 한국국가의 녹색화 가능성 방향을 가늠해 볼 것이다.

---

[3] 이 국가를 장하준, 우 커밍스 등 일련의 학자들은 발전국가라 명명하고 있다. 발전국가란 "사유재산과 시장경제를 기본 원칙으로 하면서 국가가 스스로 설정한 부국강병이란 목표를 위해 시장에 대한 전략적 개입을 거침없이 행하는 국가"이다. 부국강병이란 후발 내지 후후발산업화 국가들이 한편으로는 경제발전 면에서 선발국가들을 추적하고, 다른 한편으로 선발국들의 정치경제적 팽창으로부터 자국을 보호하기 위해 국가적 목표로 설정한 것으로서 '방어적 근대화'로도 환치시킬 수 있는 개념이다. 이 국가에서 정치는 비효율적인 것으로 배척되고 대신 행정적 효율성이 이를 대체하여 경제발전을 이끄는 수가 많다. 발전국가에서도 결단주의적 의미의 정치가 존재하는데, 이것은 경제적 합리성이나 행정적 효율성 우위에 있는 것이다(김일영 1992, 1쪽). Woo-Cumings(1999, p. 1)는 "동북아시아 자본주의에서 경제적 삶을 구조화하고 있는 정치적이고 관료적이고 화폐화된 영향들의 그물망을 축약해서 표현한 것"이다. 이 국가형태는 서구가 지배하는 세계에 대한 이 지역 특유의 반응에서 기원하였다. 부패와 비효율성 등 이와 관련된 많은 문제들이 있음에도 불구하고, 오늘날 국가정책들은 국가의 경제적 경쟁력을 더 높이려는 욕구에 의해 그리고 잔여민족주의에 의해 지속적으로 정당화된다. 특히 이 국가에서 국가가 자신의 특정목적 즉, 경제성장에 도달하기 위해 산업가들에게 지렛대로 사용하는 것이 재정정책(채무-기반-체제)이다. 이 재정구조가 발전동맹을 형성한다(같은 책, p. 12).

1. 기본 개념들

녹색이란?

먼저 이 녹색이 의미하는 것은 인간 삶의 조건 혹은 컨텍스트가 달라졌다는 것이다. 정확히 인간사회가 자연에서 고립된 것이 아니라 유기적 연관관계 속에 있음을 말한다. 그래서 철학사적으로 녹색은 인간 철학사 및 사상사 내 소수 전통, 즉 유기체론의 재발견을 의미한다. 이런 맥락에서 녹색적 사유(생태패러다임)는 1980년대 중반까지(한국의 경우 90년대 초반까지) 새로운 실재관의 탐색과 구 실재관에서의 인간중심성·서구중심성·남성중심성의 비판에 그 논의를 집중하고 있었다. 이 녹색이 국가와 접합할 때, 국가과제 영역으로 변화된 인간 삶의 조건을 보전해야 한다는 과제(환경안보, 생태안보)가 들어간다.

녹색적 사유는 우리들 삶의 모든 측면, 예를 들어… 환경 및 사회와의 관계 (그리고 그 정도 및 질) 등에 관련된 다면의 지구적 위기 속에 놓여 있는 우리 자신에 대한 인식에 있다. (Capra · Spretnak 1984, p. xxiv)

두번째로 녹색은 유기체론 내 생명체로서의 개체 개념을 정치의 주체와 권력 개념으로 연결한 것이다. 녹색은 권력(힘)의 소재지를 체제(system)에서 '나'로 돌리고, 무수히 많은 '나'를 힘(권력)을 소지한 정치적 주체로 회복한다. 녹색에서 자연을 비롯하여 기존 체제에서 침묵이 강요된——이를 '배제된' 혹은 '정복된' 혹은 '권력 없는'이라고도 한다——집단들의 목소리는 사회를 구성하는 전영역에 드러난다. 그래서 녹색은 비정치화된 것을 정치화시키고 이를 통해 민주화를 심화하는 것이다. 특히 현체제와 관련하여 녹색은 정치참여의 형식(green movement, greenlist, green party 등)으로 사용되어 왔다. 그래서 녹색정치는 이미 동어반복이면서 정치의 어원을 회복하는 것이다. 녹색이 국가와 결합할 때 녹색국가는 변화된 권력과 정치주체 개념을 통해 기존 국가주권과 국가체제로 제한된 민주주의에 도전하는 것을 과제로 갖는다.[4]

녹색이란 생태위기를 인지한 주민 또는 시민운동단체의 정치적인 표현이다. (같은 책, p. 3; Bookchin 1988, p. 26)

(녹색)정치는 생태합리성의 수단, 자연의 권리, 보다 나은 세계의 수단이란 도구적 관점에 가치를 부여하지만, 동시에 정치의 목적 그 자체, 즉 내재적인 관점에도 가치를 부여한다. …녹색정치를 논한다는 것은 녹색이 무엇인가를 논하는 것이 아니라 정치의 의미와 가치가 무엇인가를 논하는 것이다. (Torgerson 1999, p. x)

세번째로 녹색은 정치의 내재적 물음을 다루는 것이므로, 정치의 영역을 국가로부터 시민사회로 이탈시키고 시민사회의 정치를 공동체와 가족의 영역으로 심화시킨다. 그래서 녹색정치에서 생활정치──벡의 용어로 아정치──는 주요한 의미를 갖고 국가와 기존 경제영역의 과제를 떠맡으면서 국가의 녹색화를 심화시킨다. 이렇게 될 때 국가과제는 자신을 해체하거나 살해하는 것이 되고[5] 궁극적으로 생태자치연방의 구현을 지향하게 된다.

국가란?

국가론 그 자체의 측면에서 볼 때 논의의 최근 전성기는 70년대 초반

---

4) 이 점에서 녹색국가는 정치에 대한 도구주의적 관점(행정개념으로 축소된 통치)을 넘어서는 것이다.
5) 울리히 벡에게 있어 재귀적 성찰성의 근대화는 제도의 자기살해를 한 부분으로 한다. 이에 관해서는 Beck(1994) 참조.

부터 80년대 중반경까지였다. 그러나 사회주의권 붕괴와 이에 연이은 세계화과정은 국가약화를 담론수준에서 번성시켰고, 이것이 국가론 약화(?)의 한 배경이 되었다. 국가론 약화의 또 다른 요인을 찾자면, 이는 시민사회 내적인 가치분화와 분열을 들 수 있을 것이다(Offe 1995).

여하튼 기존 국가에 대한 논의에서 국가개념에 대한 정의는 학자마다 다양하여 공통의 정의를 발견하는 것은 기실 불가능하다. 국가 그 자체에 대한 정의로는 이상주의적 정의(보편적 이타주의란 호혜적 감정에 의해 지지된 윤리공동체[6])에서 기능주의적 정의(사회질서의 유지자, 혹은 자본축적의 조건창출·유지자) 및 조직적 정의(여러 정부제도들의 집합체)[7] 등이 있다. 또한 시민사회와의 관계란 측면에서도 국가는 다양하게 정의될 수 있는데, 다원주의자들은 "정상적인 정치과정들을 만드는 것에서 국가가 적절하게 기능한다면 국가와 사회의 이익은 일치된다"고 가정한다. 반면 마르크스주의자들(자본주의국가론)과 페미니스트들(가부장제국가론)은 시민사회 내 특정집단(자본가, 남성)의 이익을 대변하는 특정 이데올로기를 개인들의 사적 영역에 이르기까지 침투시키고 개인의 삶을 강제하는 기제라고 설명하고, 신좌파들은 국가를 시민사회 내 여러 이해관계들(계급)이 투쟁하는 장소로 해석한다. 국가의 사회개입 정도에 따라서는 최소국가, 개입주의국가, 리바이던형 국가가 있고, 국가의 과제에 따라선 복지국가, 발전국가, 경쟁국가 등이 있다. 이런 정의들은 이후 녹색국가 논의의 층위들(구조)을 구성하는 데 유용할 것이다.

국가현상에 대한 분석 차원은 기존 자본주의 국가 논쟁에 참여한 학자들의 논의에서 도움을 받을 수 있다. 한국에선 이 논의가 80년대 중·

---

6) 이 정의는 헤겔의 것이다.
7) 이의 대표적인 정의로 스콧폴의 정의를 들 수 있다. "정치적 게임의 규칙들과 정부 리더십 및 정책에 구현된 정당한 권위의 장" "사회경제적 투쟁이 끝까지 싸우는 장소에 불과한 것이 아니라 행정적 권위에 의해 다소 조정되고 이끌어지는 일련의 행정조직, 경찰조직 그리고 군사조직의 세트이다."(Skocpol 1979, pp. 25, 28~29).

〈표 1〉 국가분석수준에 따른 이론들[8]

일반이론	사적유물론 그 자체를 지칭하며, 이 수준에서는 생산양식, 계급사회, 국가, 정치 등의 주제들이 특정 생산양식과 무관한 상태에서 고찰된다. 특히 국가와 관련하여 '국가가 되는 조건'(statehood, stateness)이 연구의 대상이다.	• 국가 그 자체를 무엇으로 볼 것인가?
특수이론	특정 생산양식에 관한 이론으로서, 특히 자본주의적 생산양식이 주된 관심의 대상이 된다. 이 경우 국가유형(type of state)이 논제가 된다.	• 경제의 유형 및 성격이 국가유형을 결정한다. 이로부터 유추해 보면 생태계와의 관계유형이 국가성격을 결정하는 일차적 요인으로 고려될 수 있다. • 협의의 국가(정부)와 경제의 관계
부문이론	생산양식을 구성하고 있는 세 부문(층위)—경제, 정치, 이데올로기—에 관한 이론으로, 자본주의 생산양식하에서 정치부문이론의 구성이 관심의 주대상이 된다. 국가종류와 관련하여 이 추상수준에 상응하는 것이 국가형태(form of state)이다.	• 현존사회의 지배집단 대(對) 이상사회를 추구하는 집단의 갈등(투쟁, 저항)이 국가형태를 결정한다. 이로부터 유추하면 개발·성장블록 대 생태블록의 갈등이 국가형태를 결정한다고 볼 수 있다.

후반경에 집중적으로 진행되었고, 국가개념에 대한 추상적 정의, 현실국가의 역사적·구조적 분석 차원들(분석의 층위 및 변수들) 그리고 협의적 국가형태들의 논의로 분화되어 발전해 갔다. 풀란차스(Poulantzas 1980), 제솝(Jessop 1982), 이국영(1989), 손호철(1989), 김일영(1992) 등에 의거해 필자는 국가분석의 수준들을 다음 〈표 1〉처럼 나누고 이를 위의 정의들과 연결시켜 국가논의의 층위들(구조)로 〈표 2〉를 만들어보았다. 또한 이들이 참여하였던 80년대 중·후반의 국가의 성격논쟁은 지탱 가능한 사회를 종착지로 한 한국국가의 현단계 파악에 '성격분석을 위한 변수들'로 응용될 수 있을 것이다.

---

8) 밥 제솝은 풀란차스의 이론을 그대로 따르고 있다. 이와 관련해서는 Poulantzas(1980, pp. 11~33, 142~56, 308~21); Jessop(1982, p. 148) 참조.

〈표 2〉 국가논의의 층위들

분석수준	2	3		국가개념정의	국가성/국가유형/국가형태			생태론에서 거론되는 국가	
								현국가 진단	지향국가
메타	일반이론				국가조건 (statehood/ stateness)	국가의 기원/출현 국가출현을 연구함		(분할세계관에 터한) 개체론 (기계체제) 국가	(연관적 세계관에 터한) 유기체국가
						국가의 본질			
거시				* 사회를 구조화된 총체로 보고, 이를 구성하는 제 수준 및 층위의 하나 * 사회 내 뿌리박혀 있는 권력구조 (급진페미니즘)	* 국가유형(statetype) * 사회의 (경제적) 토대에 의해 조건지어지는 계급 지배의 역사적 유형		인간중심 국가	생태국가	녹색민주화과정국가[5]	생태무정부주의 사회
							가부장제 국가			
							자본주의 국가			
중위	특수이론 · 부문이론	구조적 마르크스주의	신베버주의	* 제도나 조직 또는 그 구성원들의 집합체 * 엘리트지배가 경험적 관심의 대상임 * 이 개념의 분석적 의미는 국가관료기구가 적절한 통제능력을 갖추었을 때 유효한 개념임	* 국가형태 (state form) * 구체적인 계급구조나 계급간 세력관계, 국가기구나 정치제도 등의 요인까지 고려된 수준	국가기구	강제(억압)기구, 이데올로기(통합)기구, 합의기구 등의 배합	개발·성장기구가 보존·관리기구 우위로 배합	자유민주주의 구현단계	
						정부형태[1]	행정국가[2]	발전국가[6]의 경로에 위치지어져 있는 행정국가		
							의회국가[3]			
							사법국가			
						정치체제	파시즘/권위주의			
							민주주의 제유형			
미시	다원주의			국가개념 사용 거의 안 함. 대신 정치공동체, 정치체제 등의 개념을 선호. 그 이유는 개인의 행동을 관찰할 수 있는 정상적 정치의 영역으로 파악하기 때문임.	* 국가형태의 문제이지만, 기능과 크기의 문제로 접근(최소국가)		최소국가[4]		생태자치 연방제
							공동체를 바탕으로 한 municipalism	신자유주의에 터한 시장국가 (NPM국가)		

1) 여기에서 대통령중심제가 행정국가로 등치되고 내각책임제가 의회국가로 등치될 수 없다. 예로 같은 대통령중심제이지만 프랑스는 행정국가로 미국은 의회국가로 분리되고, 같은 내각책임제이지만 독일은 행정국가 경향이 강한 것으로 영국은 의회국가의 경향이 강한 것으로 분리한다.

2) 행정국가란 계서제의 원리와 전문성의 원리를 축으로 한 국가이다. 특히 전문가의 전문지식에 의해 운영되는 정부로, 복잡다단한 문제들에 대해 전문가가 그들의 전문가적인 식견이나 윤리의식에 따라 정책판단에 나서기 때문에 전문가 자율성이 보장된다. 이 전문가에 의한 자율정부가 행정국가의 핵심이다.
3) 의회국가는 여러 이해관계 당사자들의 의견을 결집하고, 결집된 의견을 조율하며 협상을 주도하는 국가이다. 그래서 대변의 원리와 조정의 원리로 구성된다.
4) 최소국가는 고전적 자유주의자들의 이상이었는데, 이들에게 국가는 사회질서와 평화의 준거틀을 제공하는 핵심 기능을 가진 방어체이다.
5) 녹색국가는 곧 녹색권위주의 국가(환경권위주의 국가, 생태권위주의 국가), 거버넌스형 녹색국가, 정당형 녹색국가, 녹색사회국가, 생태사회주의국가, 생태자치연방 등이 있다.
6) 발전국가는 이데올로기적인 구성요소와 구조적인 요소를 가지고 있다. 이데올로기 관점에서 이 국가는 본질적으로 경제성장과 산업화를 내용으로 하는 발전을 이념으로 한다. 국가의 임무로 경제발전을 보장하는 것, 즉 고율의 산업화와 자본축적을 의미한다. 이 국가는 정당성 원칙으로 sustained development를 촉진할 수 있는 능력을 내세우고, 여기서 발전이란 경제성장과 생산체제 내 구조변형을 의미한다. 국가구조의 측면에서, 발전국가는 다음과 같은 세 가지 구성요소를 가지고 있다. ① 현명하고 효과적으로 경제정책들을 이행할 수 있는 능력으로, 이런 능력은 제도적·기술적·행정적 그리고 정치적으로 결정된다. ② 국가의 사회 제세력들로부터의 자율성으로, 특정 의미에서 발전국가는 사회에 대해 '강한국가'이며, 핵심 사회행위자들로부터 '상대적 자율성'을 즐겨야만 한다(미르달의 저서에서, 약한국가는 발전프로젝트를 추진할 수 있는 행정능력이나 정치적 수단을 가지지 못한 국가이다). ③ 국가가 약탈적 방식으로 자율성을 사용하지 못하도록 하는 사회적 닻내림이 있어야 하는데, 이것이 응집된 핵심사회행위자들의 지지를 얻도록 도와준다.

녹색친화적인 국가논의의 방향

앞절에서 녹색은 존재조건에서 인간세계가 생태계와 연결되어 있음을 의미하고, 기존 국가만이 소지할 수 있었던 권력이 국가에서 시민 개개인으로 옮겨감을 의미하며, 그래서 녹색정치가 국가의 녹색화를 견인할 수 있는 힘임이 드러났다.

이런 녹색의 의미로 기존 국가론을 걸러 녹색친화적 국가논의의 방향을 설정한다면, 이는 다음과 같을 것이다. 우선 국가 그 자체에 대한 정의에서 녹색국가는 국가를 정부기구(government)로만 축소·해석하는 차원의 정의는 거부한다. 왜냐하면 이런 정의에서 정책결정이 이루어지는 공적 공간은 정부 내부로만 제한되기 때문이고 이로 인해 정부 내적 공간이 시민사회의 녹색정치로부터 영향을 받을 수 없기 때문이다. 이념형으로서의 녹색국가는 이상주의형 국가정의와 다원주의형 국가정의에 가장 친화성이 있다. 그러나 기존 국가의 형성·안착 과정이 오랜 시간을 요했듯이 필자는 녹색국가의 형성·안착에 오랜 시간이 필요할 것이라고 본다. 따라서 현실태로서의 녹색국가는 여러 이해관계들이 얽혀 있는 시민사회와의 관계에서 형성될 것이다. 이는 녹색국가가 시민사회와의 관계를 설명하는 여러 입장들 중 신좌파와 친화성이 있음을 말한다. 이념형으로서의 녹색국가는 시민사회에의 개입정도에서 최소정부와 친화성을 갖는다. 국가과제라는 측면에서 지탱 가능한 발전을 국가 핵심 과제로 하는 녹색국가는 복지국가 및 사회민주국가와의 공존을 추구하지만 반면 발전국가 및 경쟁국가와는 갈등적·대결적 입장에 있다.

이 지점에서 필자는 '지탱 가능한 발전을 추진하는 국가'로서의 녹색국가를 "인간존재의 조건변화로 인해 생태중심성과 인간중심성 그 사이에서 인간복지와 생태복지를 동시에 추구하는 국가"라고 유형화한다. 그리고 권력과 정치주체 개념의 변화로 녹색국가는 "그 특성이 시간과 장소에 따라 변화하는 구체적이고 역사적인 구조들과 행위자들로 구성된 국가"로 이해한다. 따라서 녹색국가란 유형 밑에는 다양한 형태의 녹색국가들이 존재할 수 있을 것이라고 가정한다.

2. 녹색적 사유에서의 국가논의

녹색적 사유가 등장한 것은 1970년을 전후한 시점이다. 이 당시 노르웨이의 철학자 아느 네스(A. Naess)는 오늘이 생태위기시대임을 천명하고 이 위기로부터 벗어나기 위해선 환경관리주의로부터 생태패러다임으로 전환해야 한다고 선언하였다. 또한 이 시기 반핵발전소운동을 중심으로 한 환경운동단체들이 녹색명단(green list)이란 방식으로 지방선거에 참여하기 시작하였고, 이후 서구 녹색적 사유에 터한 녹색정치의 시대가 이론적 측면에서 그리고 현실적 측면에서 열렸다.

약 20여 년이 흐른 시점에서, 구딘(Goodin 1994)과 터거슨(Torgerson 1999) 등은 지난 세월을 되돌아보며 "녹색정치에 근본적인 아이러니가 존재한다"고 지적하고 있는데, 이는 맞는 말이다. 이미 1절의 앞부분에서 지적하였듯이 녹색은 정치의 어원(정치의 내재적 의미)으로 되돌아간다는 상징을 담고 있는 개념이다. 그런데 녹색적 사유가 생태중심성을 택하고 인간중심성에 비판적이라는 점에서 그 공동의 기반을 가진다 할지라도(〈표 3〉 참조), 현체제 내에서 문제를 해결해야 한다는 압박감으로 인해 도구적인 정치개념을 강화시켜 왔기 때문이다. 이런 생태중심성 위에서 도구적 정치개념을 강조할 것인가 내재적 가치로서의 정치를 강조할 것인가는 초기 국가논의에서 생태절대주의 국가 대 생태무정부주의 사회의 긴장으로 존재했다.

〈표 3〉 인간중심주의 대 생태중심주의

인간중심주의	생태중심주의
규범적인 숙의가 인간이해관계에 배타적으로 맞추어져야 하는가?	인간이해관계라는 전통적인 중심성이 자연세계의 이해관계라는 평등적 관심으로 토론의 관점이 이동해야만 하는가?
인간의 이해관계를 위해 생태적 합리성을 촉진시킴을 의미하는가?	생태평등성의 이름으로 인간 이해관계를 넘어감을 의미하는가?
자연을 대신한 권리 및 생태합리성의 추구란 측면에서 도구적 의미의 녹색국가가 논의된다.	정치의 목적 그 내재적 관점이 녹색국가론에서 중요하고, 그래서 공영역에 기반한 참여정치로 논의가 넘어간다. 곧 녹색국가는 일련의 녹색민주화 과정의 스펙트럼 위에서 발현된다.

70년대 논의 특성: 생태절대주의 국가와 생태무정부주의 사회

생태절대주의 국가와 생태무정부주의 사회(국가)는 모두 생태적인 공유재 또는 공동선(common good)에 공통의 관심을 가지고 있다. 이들은 모두 생태위기에서 벗어나기 위해 생태중심성을 강조하지만, 공동선이 전자에는 자연자원 및 자정능력과 같은 공유재를 지칭하는 것인 반면 후자에는 '모두에게 좋은 것'에 대한 생태적 의미를 말한다.

생태절대주의 국가의 주창자들은 생태위기와 인류생존의 불확실성에 직면한 20세기 중·후반기를 근대국가의 탄생기와 동일한 상황으로 해석한다. "만인에 의한 만인의 투쟁상황"에서 홉스의 리바이던국가가 의미를 가졌던 것처럼, 생태공유재가 만인의 욕망으로 인해 파괴되는 상황에서 이를 관리할 유일한 방법은 생태적으로 엄격한 절대주의 국가, 즉 생태리바이던 국가라는 것이다.

반면 생태무정부주의 사회의 주창자들은 생태원리에 따라 개인의 자질에 맞게 사는 것을 생태적 공동선으로 보았다. 그래서 이들은 자율·자유를 추구하는 개인의 좋은 삶을 억압하는 기제로 기존 국가를 해석하였고, 생태친화적인 대안사회에선 이 국가에 그 존재의미를 부여하지 않았다. 물론 이 입장에서 자율적인 개인은 관계적 자아이면서 동시에 자기통제력이 있는 개인이다. 그래서 이 개인은 자기 조직하는 우주에서 하나의 소우주일 수 있고 공동선을 자신의 선으로 스스로 선택·체화·구현할 수 있다.

전자의 주창자들에는 오플즈(Opuls), 하일브로너(Heibroner) 등의 신홉스주의자들이 속해 있고, 후자의 주창자들엔 북친(Bookchin)으로 대표되는 사회생태론자들이 속해 있다.

80년대 논의특성: 생태사회주의의 국가

80년대를 전후하기까지 생태무정부계열의 국가이해가 녹색적 사유에서 근간을 이루었다. 왜냐하면 1절에서 드러나듯이 녹색의 정치이해는 도구적 관점이 아니라 목적 그 자체란 내재적 관점에 기반하고 있기 때문이다. 그래서 참여민주주의와 맥을 같이하는 생태공동체에 터한 자치사회가 환경·생태 운동의 이념적 지표가 되었으며, 녹색정치는 여전히 시민사회 내에서 확장된(되고 있는) 녹색공영역에 머물렀다. 그러나 현실적으로 모든 개인들이 다 전체와의 조화 속에서 스스로의 삶을 선택하고 규제·조정할 수 있는가? 현 사회체제의 불평등구조는 초기조건에서 이미 개인들에게 삶의 자유로운 선택을 균등하게 보장하지 않는다.

80년대는 녹색운동이 정당의 형태[9]를 구성하고 중앙(연방)선거에 참여하면서 열렸다. 이 시기 국가에 대한 관심과 논의는 정당구성 및 선거를 통한 국가진입이란 현실적 상황에서 자연스런 것이었다. 정당구성과 국가경영에의 참여란 사안에서 서구 녹색사유의 정치적 표현태는 현실주의와 원칙주의로 분리되고, 현실주의 계열의 논의들은 생태위기 극복에서의 국가역할을 강조하고 기존 국가이해를 재해석하였다. 이들에게 전통적 환경정책——환경부로 한정된 환경정책 혹은 사후처방적 환경정책——을 넘어선 녹색국가의 존재의미는 다음과 같은 물음에서 시작되었다. 자본주의 시대를 살아온 개인들의 내재화된 특정 가치가 공공재와 타자의 삶을 파괴할 때 어떻게 할 것인가? 환경에 부정적인 결과를 지속적으로 가져온 자본축적을 확대하려는 시도들을 누가 제어할 것인가? 서구의 녹색적 사유에서 이 물음을 중심으로 녹색국가를 논의한

---

9) 물론 녹색당이 말하는 정당은 그 목적 및 구성에서 기존 정당과 다르다. 기존 정당이 정권장악을 목적으로 하였다면, 녹색당은 협의의 정치권인 의회에 현존사회의 구성원들의 목소리를 대변하는 것을 목적으로 한다. 기존 정당이 사회운동과 명확한 분리를 추구하였다면 녹색당은 사회운동단체이면서 정치단체로서의 구성을 추구한다.

집단이 생태사회주의자들이었다.

우선 80년대 초반경 고르의 국가해석은 생태무정부주의의 국가논의와 생태사회주의의 현실참여자들 그 중간에 위치해 있었다(Gorz 1983). 그에게 후기산업사회의 국가는 선하지도 악하지도 않은 것이었다. 그래서 후기산업사회를 거쳐간 녹색국가는 더 이상 최상의 선과 동일시(자유주의적 다원주의 입장)되지 않으며 마르크스주의자들처럼 강제력을 그 내용적 핵심으로 갖지 않는다. 국가란 "객관적인 필연성을 법과 규범의 영역으로 성문화하고 그의 적용을 보장할 수 있는 능력을 가지고 있는 조직체" "법이 만들어지는 장소이며 동시에 사회적 필요기능을 객관화하기 위해 필요한 규정을 작성하도록 위임받은 장소"이다(같은 책, S. 102). 따라서 자유주의의 전제처럼 국가와 시민사회의 분리를 전제로 한다 할지라도, 국가는 시민사회 및 개인의 관계에서 시민사회의 자율성뿐만 아니라 개인의 의지에 의거한 생활방식 및 협동방식 등의 불가피한 전제조건이 된다. 그래서 국가는 선하지도 악하지도 않지만, 특정 개인들에게 억압적일 수 있다. 고르의 이 국가에 대한 관심은, 사회생태론과 유사하게도 시민사회의 자율적 영역을 확장시키기 위해 타율영역인 국가를 축소시키는 것으로 표출되었다. 그러나 신공공관리주의자들의 주장처럼 국가의 크기를 축소하는 것만으로는 시민사회가 자율영역을 확장할 수 없다. 국가의 축소가 다른 모든 사회기구들(경제·기업)의 축소와 함께 진행될 때 시민사회는 자율영역을 확장시킬 수 있기 때문이며, 이런 맥락에서 선하지도 악하지도 않은 국가는 거대한 기구의 지배로부터 시민사회를 해방시킬 수 있는 잠재적 장소로 활용될 의미가 생긴다. 이런 고르의 국가해석은 녹색운동에게 국가에 관심을 가질 수 있는 근거를 마련해 주었다.

또 다른 생태사회주의자 라일(Ryle 1987)에게 녹색국가의 필요성은 중앙집권화된 자본주의적 금융·생산 체제를 해체하기 위해 그리고 경제를 생태친화적으로 재구조화하기 위해 등장한다. 그는 생태권위주의 국가를 주창하였던 오플즈(Ophuls 1992)에 동의하여 "약한 국가에서는 에너지에 노예화된 경제를 제어할 수 없다"고 생각했다. 이로부터 그는 생태적인 재구조화——계획화와 경제에 대한 정치적인 통제——의 임무(Ryle 1987, p. 63)를 강한 국가에 위임코자 하였다. 물론 기존 케인스국가에서도 국가개입의 필요성을 강조했지만 라일의 강한 국가는 이와는 그 역할에서 다른 것이다. 전자가 시장이 충족시켜 줄 수 없는 사회적인 필요를 대신 충족시키기 위한 것(재분배적인 복지조항)에 국한된 것(같은 책, p. 65)이었다면, 라일의 강한 국가는 환경파괴적인 자본주의 경제의 통제를 주된 역할로 한다. 왜냐하면 국가는 대단위 계획 및 재정정책의 형성·집행에 적합한 중앙집중화된 조직체이고, 복지국가처럼 재분배 복지조항을 도입하여 최소한의 소득을 보장해줄 수 있는 힘을 가지고 있으며, 환경문제와 자원문제를 통제할 수 있는 강력한 법률제정 및 강화의 역할을 담당할 수 있기 때문이다(같은 책, pp. 66~67). 문제는 이 국가를 어떻게 녹색세력이 장악할 수 있는가에 있는데, 이와 관련 그는 노동운동(정당)과 녹색운동(정당)의 녹-적동맹을 제안한다.[10]

이외에도 80년대 말로 접어들면 헌법에 자연보호원칙을 삽입하려는 시도가 등장한다. 이 시도는 자연국가란 이름으로 불렸다. 87년 서독의 한스-요헨-포겔(Hans-Jochen-Vogel)이 "우리 스스로의 의지에 따라 자연국가의 원칙인 자연보호원칙을 (독일의) 사회국가 원칙에 부가시키자"는 제안을 하게 되고, 이 제안에 따라 마이어-아비흐가 "총체적 윤리의 가치질서를 헌법에 구체화시키고, 이와 더불어 자연과의 평화를 상정하는 국가"로 자연국가란 개념을 주조하였다(Mayer-Abich 1989, S. 161). 이 자연국가는 구체성이 결여된 발아기 수준의 추상개념으로, 자연철학적 사고로부터 자연공생계의 고유한 가치에 대한 헌법적 결론을 도출해 내고 동시에 이에 상응하는 일반 시민의식이 성장한 다음에야

---

10) 필자는 녹색국가군을 구성하는 여러 국가유형들 중 이 유형이 정당형 녹색국가라고 본다.

기대할 수 있는 국가형태이다. 이 국가에서 자연은 인간에 대한 유용성 가치와는 상관없는 나름의 고유한 가치를 지니며, 본연적으로 정치적 존재인 인간은 전체 자연에 의거하여 새로운 형태의 생명체 연계, 즉 정치적인 연계를 형성해야 한다.

90년대 논의의 방향

권위주의형 국가와 무정부형 반국가주의 그 사이 어디에서 80년대의 녹색국가 논의는 90년대의 새로운 상황으로 접어들었다. 즉 녹색국가 논의는 80년대 말 사회주의권의 붕괴 이후 다시 맞고 있는 민주주의 논의의 르네상스와 조우하게 되고, 92년 리우회의의 기본 정신인 경제와 환경의 통합 및 해결자로서의 국가·경제·시민사회의 3자 파트너십 논의를 수용하게 된다.

이 녹색국가에 대한 90년대의 관심은 네 개의 경로를 통해 드러나고 있다. 그 첫번째 경로는 성공적 환경정책이란 맥락에서 "엄격한 환경규범을 제공하고 이를 효율적으로 실행하는 권위체"로서의 국가역할(개입주의국가+생태이슈)을 강조하는 흐름이다. 드 제우스(de Geus 1996)의 논의와 네덜란드사회민주당(PvdA)과 급진환경단체인 지구의 친구들 네덜란드지부(Milieudefensie)의 프로그램은 이 흐름의 대표적인 예이다. 드 제우스는 지난 환경논쟁사가 내리는 보편적인 결론이 "국가의 사회개입은 절대적으로 증대될 필요가 있다는 것"이라고 말한다. 이 권위체로서의 국가역할이 요구되는 것은 네 가지 이유 때문이다. 우선, 자원고갈과 환경악화의 경우 공동의 집합재와 무임승차자(free-rider) 물음이 국가의 역할을 요구한다는 것이다. 두번째로, 개인들은 합리적으로 계산하는 존재로 이들은 유효한 집단재화를 이용하려고 하지만 자신의 행동에 의해 야기된 오염제거에는 기여할 준비가 되어 있지 않다는 이다. 세번째로, 현대 자유민주주의 사회에서 권력의 중심에 있는 산업자본주의는 그 내적 속성상 자발적으로 오염을 감소시키지는 않는다는 것이다. 그리고 네번째로, 국가는 지탱 가능한 발전을 위한 경계조건을 구성해 줄 수 있고 무편파적이고 공정하게 작동하는 조직체이기 때문이라는 것이다.

녹색국가 논의의 두번째 경로는 리우회의의 결과물인 지탱 가능한 발전을 국가발전전략으로 선택하는 과정에서 등장한다. 리우회의의 의제 21은 정부의 역할을 〈표 4〉와 같이 제시하고 있다. 〈표 4〉의 1항에서 나타나 있듯이, 이 정부는 경제성장과 환경보호의 결합을 고민하여야 한다. 즉 경제성장을 물질소비 증가 및 쓰레기방출 증가 과정에서 탈연계화시켜 가는 것을 자신의 과제로 한다. 그리고 〈표 4〉의 4항에 제시되어 있듯이 시장, 국가, 시민사회 3자협력이란 기치하에 제도의 자기학습과정을 국가개혁의 프로그램으로 받아들인다(거버넌스형 녹색국가). 이런 국가에 대한 논의와 사례는 생태근대화론과 독일, 노르웨이 등에서 찾아볼 수 있다.[11]

〈표 4〉 지탱 가능한 발전을 위한 정부의 역할

1. 정부는 정책, 계획, 재정운용의 결과가 경제적으로뿐만 아니라 환경적으로도 지탱 가능한 발전을 가져올 수 있도록 책임지고 일할 수 있는 전국적 관리기구, 경제기구 그리고 부문별 기구를 만들어야 한다.
2. 정부는 환경보호와 자원관리 기구의 역할·능력을 강화해야 한다.
3. 정부는 세계공동체의 생존·안보·복지에 위협을 정확하게 파악·평가·보고할 수 있는 능력을 강화해야 한다
4. 정부는 발전계획·정책·실행에 대한 대중·NGO·과학공동체·산업계의 폭넓은 지지·참여를 끌어내야 한다.
5. 정부는 환경문제와 관련된 국내법과 국제법의 격차를 메우고, 현재와 미래세대가 건강과 복지를 누릴 수 있는 환경권을 보유하고 있음을 인정하고 이러한 권리를 보호할 수 있는 방도를 찾아야 한다.

---

11) 이에 관해서는 문순홍 편역(1995); Hurnold·Dryzek(2001) 참조.

녹색국가에 대한 세번째 경로는 대안민주주의 논의[12]를 거치면서 앞의 녹색국가론과 결합한 것이다. 90년대 초·중반 서구 녹색적 사유는 대안민주주의 논의와 생태론의 결합을 특성으로 하고 있었다. 이런 맥락에서 90년대 말 터거슨은 녹색국가 논의의 부활을 90년대 초반에 불붙은 녹색민주주의 논의의 대응물로 파악하고 있다(Torgorson 1999). "녹색민주화란 잠재력을 그 핵심으로 하는 녹색국가 개념이 다시 주목을 받고 있다."(같은 책, p. xi) 그 이유로 그는 오직 "민주주의적 국가유형만이 환경문제에 의해 위치지어진 복잡성과 불확실성에 대처하기 위해 필요한 공개성, 유연성, 응집성 그리고 정당성을 잠재적으로 소유하고 있기 때문"이라고 말한다. 이런 맥락에 1997년 에커슬리가 논의한 녹색민주국가논의를 놓을 수 있다(Eckersly 1997).

녹색국가의 네번째 경로는 환경이슈와 복지이슈의 결합으로 나타났다. 이 녹색복지국가유형은 국가를 국가이성, 국가주권 그리고 공동선의 구현으로 간주하는 전통(공화주의 전통)에서 기원한다. 이들에게 "국가는 책임성 있는 시민권을 구성해 주는 매개물이다." 이 녹색복지국가 논의에는 두 가지 계열이 있다. 그 한 계열은 기존 케인스형 복지국가와 환경이슈를 결합하는 입장(이후에 논의할 미도우크라프트의 생태국가)이고 다른 한 계열은 제3의 길에서 나타나는 복지사회와 녹색민주국가를 결합하는 입장(앞에서 논의한 아비히의 자연국가의 구체화, 그리고 에커슬리의 2001년도 논의)이다.

---

[12] 70년대부터 이어지는 사회의 정치화과정은 대안민주주의 논의를 촉발시켰다. 기존 민주주의 논의가 국가의 민주화를 특징으로 한다면, 이 대안민주주의 논의는 민주주의의 민주화와 민주주의의 급진화를 특징으로 한다. 민주주의의 민주화는 시민사회 내 공적 영역을 기반으로 한 숙의민주주의(deliberative democracy)와 결사체민주주의(associative democracy)의 흐름이 있고, 민주주의 급진화에는 급진민주주의(radical democracy), 소통할 수 있는 민주주의(communicative democracy) 등이 있다. 이에 관해서는 문순홍(2000) 참조.

21세기로 넘어가며

　기존 노동문제에서 사회주의자들은 혁명을 통해——질적 도약을 통해——사회주의국가가 등장한다고 생각했다. 그러나 이상으로서의 사회주의 국가의 실험은 약 과반세기가 지난 21세기 말 실패한 것으로 막을 내렸다. 또한 자유주의 사회 내 복지국가를 연구한 학자들은 이 국가의 등장과 형성 그리고 다양한 유형으로의 분화과정이 지난 100여 년 동안 진행되었다고 말한다. 이로부터 이상(理想)으로서의 녹색국가는 어느 한 순간에 세워지는 것도 아니며 그 성공이 보장된 것도 아니라는 생각은 자연스러운 것이다. 그리고 이 녹색국가는 공백의 사회 속에서 등장·형성·발전해 가는 것이 아니라 해당 사회의 정치·경제·문화적 조건 속에서 진행해 가는 것이며, 특히 시민사회의 녹색적 역량에 의해 그 모양새와 성공이 달라질 수 있다.

　20세기를 넘어서는 길목에서 녹색적 사유의 길을 걷는 학자들은 (신자유주의적) 세계화란 조건 속에서 녹색국가의 구성요건들을 논의하기 시작하였다. 또한 지난 30여 년 동안 서구사회에서 자리잡은 녹색국가의 형태들이 어떤 조건 속에서 어떤 형태로 구체화되어 나타났으며 이 구체화를 결정하는 요인은 무엇인가에 대한 연구들도 나오고 있다. 이런 연구에 드라이젝(Hurnold·Dryzek), 에커슬리(Eckersly), 라퍼티(Lafferty), 베리(Barry) 등이 참여하고 있다.

3. 구조로서의 녹색국가 논의

녹색국가의 정의시도에 형태부여하기

　지금까지의 녹색국가 논의들은 최소한의 정의(약한 녹색국가)로부터 최대한의 정의(강한 녹색국가)로 나누어 정리될 수 있을 것이다. 최소한의 정의에서 녹색국가는 "환경부담의 관리를 진지하게 떠맡은 국가"이면서 기존 국가체계에 어떤 형식으로든 '환경주의자들'을 참여시킨 국가이다. 녹색국가에 대한 최대한의 정의는 이해당사자들이 참여할 수 있는 민주적 과정과 절차를 시민사회 내에 마련하고 이에 터해 스스로를 변형시키는 국가로, 이 변형의 지향점은 이념형으로서의 자연국가와 생태자치연방이다.

이 최소한의 정의 외곽에 생태권위주의 국가가 있고 최대한의 정의 외곽에 생태자치연방이 있다. 이 양 축으로 이어진 녹색국가 스펙트럼 위에 녹색국가의 대표적인 정의들을 배열하면 다음과 같다.

미도크라프트는 "환경부담의 관리를 진지하게 떠맡은 국가, 인간활동이 경제·사회적 복지의 토대를 침식하는 환경충격을 야기하지 않도록 구조와 프로그램을 확립한 국가"로 생태국가를 주목한다(Meadowcroft 2001, pp. 2~3). 이 생태국가는 단순히 생태위기를 회피한다는 차원에서만 개념화되는 것은 아니다. 오히려 보다 바람직할 수 있는 대안적 미래를 향해 사회가 발전할 수 있도록 공적 제도들을 재배치하는 국가이다.

필자가 보기에 이런 생태국가 정의는 생태권위주의와 최소한의 녹색국가 정의를 혼합시켜 놓은 것 같다. 이를 필자는 생태권위형 국가라고 부르고자 한다. 생태권위형 국가는 사회가 환경적으로 지탱 가능한 발전궤도로 정향화되도록 디자인된 일련의 공적 제도들이며, 특히 행정부에 최소한의 환경주의자들이 참여한 국가로 개념화될 수 있다. 생태권위형 국가는 환경가치와 자연생태계 보존의 방어를 정치프로젝트의 제1순위로 올려놓는 철저한 '생태중심적' 정향을 함축하고 있을 필요는 없다. 만일 이 생태권위형 국가가 자유민주주의 틀 내에서 제도변형을 추구한다면, 이는 생태관리주의형 국가이거나 환경거버넌스 틀을 행정부에 받아들이는 정도가 될 것이다.

허날드와 드라이젝의 녹색국가 논의는 환경문제의 집단적 표출과 환경운동이 근대국가의 핵심 과제를 변형시키는 과정을 연구·분석하는 가운데 도출된다(Hunold·Dryzek 2001). 근대의 권위주의형 국가의 핵심 과제는 내적인 질서를 유지하는 것(첫번째 과제로 국내질서), 국제적으로 경쟁하는 것(두번째 과제로 생존), 이 두 과제를 금전적으로 지원하기 위해 자원을 동원하는 것(세번째 과제로 세금징수과제, Skocpol 1979, p. 29)이었다. 그런데 자본주의 국가의 등장은 네번째 과제로 경제성장지원(혹은 자본축적 과제)을 첨가하였고, 복지국가의 등장은 다섯번째 과제인 정당성확보와 관련된다. 허날드와 드라이젝에 따르면, 환경운동은 환경보호란 과제를 근대국가의 여섯번째 핵심 과제로 첨가시켰고 이 과제를 중심으로 녹색국가가 등장할 것이다. "환경보호란 국가과제의 등장은 국가의 핵심에 환경주의자들을 포함시킴에 의해 국가를 더욱 민주화할 것이다. 이것이 녹색국가이다."(Hunold·Dryzek 2001, p. 2) 이에서 드러나듯이 이들의 녹색국가는 환경보호란 국가과제 그리고 국가체계 내 환경주의의 수용을 정의구성의 요건으로 하고 있다. 여기서 국가가 어떤 국가인지에 대한 언급은 없다. 필자는 이 두 가지 정의요건이 자유주의 체계하에서 충족 가능한 것이라고 보아, 이를 자유주의형 녹색국가형태라 명명하였다.

에커슬리(Eckersly 1997)는 우선 고르의 맥락에 서 있다. 그래서 국가는 선하지도 악하지도 않으며, 다만 경합하는 이해관계를 조정하고 공동선(common good)을 결정하기 때문에 환경문제 해결에서 해방적 잠재력을 중·단기적으로 가지고 있다. "녹색국가는 정의(the right)를 특수한 선(the good)으로부터 보호하기 위해 필요하다. 여기에서 특수한 선은 자본의 것이다. …누가 공동선을 정의하는가에 따라 국가는 환경관리의 측면에서 파괴적이기도 하고 보호적이기도 한다."

에커슬리에게 이 녹색국가는 시민사회 내 포럼을 제공함으로써 야생 초지, 생태계의 통합성, 위협받는 종들, 인간의 건강, 지구적 환경과 같은 공공재를 보호하고 제공하는 역할에 대한 지지를 받아야만 한다. 그 이유로 그녀는 두 가지를 지적한다. 그 하나는 자유민주주의하에서 현실화된 녹색국가 유형들이 자유민주주의 국가하에서 도달될 수 있는 민주적인 의사형성의 절차를 전제로 하고 있고, 이 상황에서 보편이익 보다는 사적·분파적 이익을 보호하는 경향이 있기(같은 글, p. 9) 때문이라는 것이다. 동시에 자유민주주의 국가들에서 만일 급진적인 녹색이 국가권력을 장악한다 할지라도 생태권위형 국가로 빠져버릴 것이기 때문이다. 이런 입장에서 그녀의 녹색국가는 국가에 대한 대립적인 두 가지 입장, 즉 국가주의 녹색(정확히 생태사회주의들의 국가)과 생태무정부주의(정확히 사회생태론)를 '대화적 정의라는 녹색이론'으로 함께 묶으려고 시도하였다. 그래서 그녀에게 녹색국가는 환경보호를 과제로 한 국가일 뿐 아니라 보다 민주화된 국가를 의미한다. 녹색국가는 "환경수용력을 강화하고, 녹색경쟁전략을 개발하는 것"은 물론 "생태적으로 민감한 민주주의로의 전환"을 촉진하는 과제를 담당한다. 이런 그녀의 녹색국가 논의에 배리(Barry 2001), 라퍼티(Lafferty 2001), 슐로스버그(Schlosberg 2001) 등이 동조하고 있다. 이를 필자는 자유주의형 녹색국가가 생태민주화 과정(문순홍 2000)을 통해 (점진적으로) 변형·해체된 형태라고 보아, 이를 녹색사회국가라 명명하였다.

더욱이 이 녹색사회국가는 세계화란 맥락에서 녹색국가가 경쟁국가와의 경쟁에서 살아남기 위해 "생태적으로 지탱 가능한 세계질서를 창조하기 위해 초국가 환경NGO들과 함께 일하는 데 주저하지 않는다." 이렇게 될 때 녹색사회국가는 근대국가란 단위의 외연을 넘어서게 되고 궁극적으로 '생태자치연방'으로 나아가게 될 것이다. 이런 녹색사회국가의 경향성이 마이어-아비흐의 자연국가논의와 맞물린다면 그 가능성은 더욱 커질 수 있다.

에커슬리는 다시 이 녹색사회국가에 최근 논의되고 있는 복지사회 논의를 결합하고 있다(Eckersly 2001). 이 국가는 생태적인 덕목을 지지하는 방식으로 자신과 시민사회를 훈육하고 시민사회 내에 이 생태덕목들을 배양·강화하는 과제를 이행하는 국가이다. 나아가 이 국가는 자신의 강제력을 시민사회에 이양하여 '환경보호서비스'(예로 환경민병대)를 사회가 담당토록 하기도 한다. 이 국가에서 기존 복지국가의 '강제적인 온정주의'는 여전히 남아 있게 되는데, 이는 공유재로서의 환경보호란 이념으로 정당화된다. 이런 국가를 필자는 녹색복지사회국가형태라 명명할 것이다.

녹색국가의 형태들과 논의의 층위들(구조)

이렇게 최소정의와 최대정의를 축으로 배열된 녹색국가 정의에 따른 국가형태들을 〈표 2〉의 국가논의 층위들──메타수준, 거시수준, 중위수준, 미시수준──에 따라 배열하면 〈표 5〉와 같다.

유형으로서의 녹색국가는 이전의 자본주의 국가와는 그 국가의 존재조건, 국가의 본질 및 과제 그리고 계급갈등의 양상에서 다르다. 국가존재의 조건에서 녹색국가는 그 사회적 토대를 인간사회에서 자연환경으로 확장한 국가이며, 국가의 본질 및 과제로 '환경보호'와 '생태적 공유재 관리'가 자리잡은 국가이며, 이 녹색국가 일반 유형에서 녹색국가의 구체적인 형태들은 탈물질적 생태가치를 지향하는 생태론자들과 물질적 가치를 지향하는 성장론자들의 갈등에 의해 결정된다.

그래서 이 녹색국가유형에는 생태권위형 국가, 자유민주주의형 녹색국가, 녹색사회국가 그리고 녹색복지사회국가의 형태가 있을 수 있다. 생태권위형 국가로부터 녹색국가의 최소정의 그 외곽에 생태권위주의형 국가와 생태절대주의 국가가 있다. 자유민주주의형 녹색국가에는 자유민주주의 국가체제의 어느 기구로 환경주의자들이 참여하기 시작하는가에 따라 거버넌스형 녹색국가와 정당형 녹색국가 등이 있을 것이다. 녹색사회국가 및 녹색복지사회국가로부터 녹색국가의 최대정의 바로 그 언저리에 추상상태로서의 자연국가 그리고 최대정의 외곽에 무정부주의적인 생태자치연방이 놓인다.

〈표 5〉 국가논의의 층위에 따라 배열된 녹색국가 형태들

생태국가유형					표 6의 분석물음
			생태권위주의 국가 대 생태절대주의 국가		
	생태권위형 국가형태	국가기구	경제성장보호와 환경보호의 과제 결합	개발·성장기구 대 관리·보존 기구의 균형	b
				경제의 생태적 재구조화	
			강제억압기구보다는 이데올로기(통합)기구가 우위 구성 (green governmentality)		c
			국가기구 내적 통합성 유지 방식으로서 hierachy vs. coordination 균형		d/e
		정부형태	환경전문가(과학자 포함)들에 의존하는 행정국가 지향		
		정치체제	형식적인 자유민주주의 체제를 유지		
녹색국가유형3)	녹색국가형태1)		생태관리주의형 국가		
		자유민주주의 보완2) (녹색국가의 약한 정의)	녹색거버넌스 국가	* 행정국가와 녹색공영역의 삼투기능 보완	f
				* 각 부처간 조정기능의 보완	g
				* 예로 부처 위의 환경관련장관회의, 실질적 권한과 기능을 가진 CSD, 녹색위원회 및 각종 환경관련위원회 등	
			녹색정당국가	* 의회국가에 녹색공영역이 삼투되도록 보완	h
				* 녹색의원과 녹색당의 현존	
		자유민주주의 대체 (녹색국가의 강한 정의)	녹색(복지)사회국가	* 녹색공영역의 확장	j/k
				* 환경관련업무 중 일부를 시민사회에 이양	i
				* green governmentality형성의 중심이동: 국가→시민사회/공동체	
				* 대안경제적 실험에의 공적지원	
	생태자치연방		생태가치와 급진민주주의의 결합		k

1) 생태민주화과정을 거친 국가는 결국 국가와 시민사회의 관계 속에서 국가를 고립상태에 위치지우는 것이 아니라, 상호침투 상태에 위치지운다.
2) 이 자유민주주의 보완은 자본주의 경제시장에 적극 개입하지 않는다. 따라서 환경보호란 측면에서 거버넌스형 녹색국가와 정당형 녹색국가는 신고전주의 원리에 따라 환경세, 환경보조금 등을 통해 시장결함을 교정한다.
3) 시장과 국가의 관계는 이 표에서 나타나 있지 않다. 녹색국가에서 자본주의 시장통제는 국가에 의한 외적통제기 아니라 시민사회에 의한 내적 통제방식(녹색소비주의 운동의 심화, 대안생태경제의 육성, 지역화폐운동)으로 이루어진다. 생태관리주의 국가와 정당형 녹색국가가 결합하면 자본주의 시장에 국가가 개입할 가능성이 높아진다.

4. 과정으로서의 녹색국가 논의: 국가의 녹색화단계

최소정의에서 최대정의로 이르는 녹색국가 스펙트럼과 그 논의의 층위들은 녹색국가를 연구하는 학자들에게 다음과 같은 두 가지 사항을 알려준다. 그 하나는 녹색국가에 대한 논의가 국가의 녹색화과정에 관한 논의를 자신의 한 부분으로 한다는 것이고, 이 과정의 단계들마다 다양한 형태의 녹색국가들이 형태변형을 한다는 것이다. 두번째는 이 형태 변형에서 변형을 결정하는 변수는 현실적인 사회조건들과 관련성이 있다는 것이다.

단계변화를 결정하는 유인들: 협의적 국가의 역량과 시민사회역량

녹색국가의 형태와 그 형태변화――국가의 녹색화단계 이동――는 협의적 국가(정부)의 역량, 국가와 시민사회의 관계 그리고 시민사회의 역량에 달려 있다. 여기서 협의적 국가역량(state capacity)이란 국가의 정책입안 및 집행능력을 뜻하는데, 이 국가역량에 대한 물음은 "국가가 특정 프로그램과 관련하여 적어도 다음의 네 영역에서 능력이 있는가"를 묻는다. 이 물음에는 다시 다음과 같은 하위물음들이 있을 수 있다. ① 계획하고 관리하는 능력이 있는가? ② 정보체계를 세우고 관리하는 능력을 가지고 있는가? ③ 접근과 사용을 용이하게 하는 서비스들을 통합하고 조정할 수 있는 능력이 있는가? ④ NGO, NPO, 지방정부, 기업 그리고 국가기구 외적인 서비스 제공자들과 함께/통해서 일할 수 있는 능력이 있는가?[13]

필자는 협의적 국가의 역량 측정과 관련 욥케의 연구가 유의미하다고 본다(Joppke 1992). 그는 국가역량을 두 개의 차원, 즉 국가 내적 구성의

---

13) http://rockinst.org/quick_tour/federalism/kellogg-proposal.html, 1~2쪽.

견도(①, ②, ③)와 국가와 시민사회의 관계(④)로 나누고, 이에 따라 강한 국가와 약한 국가를 구분하였다. 그 첫번째 차원인 국가 내적 구성의 견도는 국가주권과 민주주의의 축에 의해 결정된다고 보았는데, 강한 국가는 국가주권을 중심으로 민주주의를 어느 정도 희생하는 국가인 반면 약한 국가는 민주화과정에 우선순위를 두는 국가이다. 강한 국가에서 행정센터는 정책형성 및 이행시 경합하는 기관들, 즉 독립된 의회와 사법부로부터 거의 저항을 받지 않는다고 한다. 두번째 차원인 국가와 시민사회의 관계는 국가 내 의회와 행정부의 관계로 측정하였는데 강한 국가는 지배적인 중앙집중화된 권력을 가진 (중부유럽형의) 행정국가이고 약한 국가는 행동능력이 제한되어 있는 의회형 국가이다.

그의 강한 국가에선 환경보호란 국가과제가 시민사회로부터보다는 행정부 수반의 의지 및 전문관료에 의해서 설정될 가능성이 크다. 그리고 과제의 수행도 행정부 중심으로 이루질 것이다. 이 강한 국가가 환경보호를 행정부 내 환경부의 정책으로만 실행코자 한다면 이는 기존 국가 내 환경관리업무 추진의 수준일 것이고 환경보호를 국가발전의 근간으로 삼고자 한다면 생태권위형 국가로 나타날 것이다. 그의 약한 국가는 시민사회활동가가 의회에 진입하는 문을 열어주어 정당형 녹색국가 혹은 그 전신인 녹색명단으로의 경향성을 열어준다.

욥케가 국가와 시민사회의 관계를 협의의 국가(정부) 유형을 중심으로 분석하였다면, 허날드와 드라이젝은 이 관계를 국가 그 자체가 시민사회운동에 대해 배타적인가 포용적인가를 중심으로 배타적 국가와 포용적 국가로 나눈다(Hunold · Dryzek 2001). 포용적 국가에선 시민사회가 운동의 목표를 핵심 국가과제로 연결시키고 정책결정에의 접근 가능성을 보장받는 반면, 동시에 이런 국가의 시민사회는 전문로비집단으로 비활성화될 위험을 가지고 있다. 배타적 국가는 시민사회가 자신의 운동목표를 핵심 국가과제로 연결시킬 수 있는 루트를 구조적으로 제한하고 있지만, 이로 인해 시민사회는 행동주의-지향-단체들로 대단히 활성화될 잠재력을 가진다(같은 글, p. 4). 이 배타적 국가는 욥케의 강한 국가와의 상관성에서 볼 때, 다시 소극적으로 배타적인 국가와 적극적으로 배타적인 국가로 나뉠 수 있는데, 욥케의 강한 국가는 시민사회에 대해 적극적으로 배타적인 경우이다. 허날드와 드라이젝 논의의 특징은 포용적 국가에서의 환경과제 수용의 형태에 있다. 이 포용적 국가는 시민사회로부터 환경과제를 적극적으로 받아들이고 그 실행도 시민사회 내 전문자문집단들과 함께, 그리고 그들을 통해서 일할 가능성이 많으므로 이런 국가에 접목된 녹색국가는 자유주의형 녹색국가 형태들 모두 (거버넌스형 국가, 정당형 녹색국가)와 친화성을 가지지만, 전문자문집단으로의 시민사회 경도경향은 녹색사회국가로의 이동에 한계로 작용할 수 있다.

국가가 무슨 일을 하도록 과제를 발의·설정해주는 것은 시민사회의 몫이다. 시민사회의 역량은 시민운동이 자신의 정의이해관심(defining interest)을 국가 핵심 과제로 연결시킬 수 있는 능력을 말한다. 이 능력을 환경이슈와 연결시켜 세분화하면, 다음과 같다. 환경이슈를 사회의 제화할 수 있는가? 이를 정당화시킬 수 있는가? 이를 입증할 수 있는 자료를 제시할 수 있는가? 입증 가능한 자료 그 자체를 스스로 정의할 수 있는가? 환경 위험과 피해를 규제·통제하기 위해 미래의 적합한 대안을 제시할 수 있는가? 이런 능력을 가지고 있다 할지라도 시민사회는 다시 활성화된 시민사회와 전문자문단체 중심의 정태적 시민사회로 나뉠 수 있다.

국가녹색화 1단계: 생태관리주의 국가, 정당형 녹색국가, 거버넌스형 녹색국가

1970년대까지 환경논의는 경제와의 제로섬게임에 갇혀 있었다. 녹색국가의 1단계는 이 제로섬게임에서 벗어나는 것으로, 이는 앞에서 기술한 바 있는 최소한으로 정의된 녹색국가에 해당된다. 따라서 1단계 녹색국가는 일종의 자연보호와 건강으로 정향화된 통제조치들은 물론 경제성장과제와 환경보호과제의 결합을 핵심 과제로 삼는다. 즉 환경과 보완적으로 경제를 재구조화하는 것을 국가의 제1과제로 삼는 국가이다. 나아가 1단계 녹색국가는 환경주의자들이 참여할 수 있는 메커니즘을 국가체계에 가지고 있어야 한다. 여기서 경제의 재구조화에만 관심을 가지고 있는 국가는 최소정의 외곽에 놓여 있는 생태권위형 국가와 유사하다. 그러나 이 생태권위형 국가는, 1단계의 녹색국가와 달리, 민주적인 참여의 과정 및 시민사회 내 생활정치·아정치 현상에는 관심이 없다.

필자는 이 국가의 녹색화 1단계 초입에 놓여 있는 국가를 생태관리주의 국가라 명명한다. 대개 생태관리주의 국가는 "전사회적 문제로서의 환경문제가 시민사회의 자발적 섹터와 시장을 인지하는 데 실패하면서 이에 대한 정치적 반응으로 등장한다." 이 생태관리주의 국가는 기존 복지국가처럼 국가권위를 사회생활의 새로운 영역으로 확장시키고, 개입을 체계화하고 강화하는 국가이다. 이 생태관리주의형 국가의 기본기능은 이 글의 도입부에서 언급한 『우리 공동의 미래』가 지탱 가능한 발전에서 정부가 담당해야 하는 과제로 기술하고 있는 것과 동일하다. ① 실질적 환경상태를 모니터링 하는 메커니즘 ② 사회와 환경에서 미래발전을 예측하고 잠재적 위험을 평가하는 메커니즘 ③ 받아들일 수 있는 위험에 대해 결정하는 메커니즘 ④ 적절한 조정전략과 정책도구들 ⑤ 이런 활동들을 정당화하는 과정들과 아이디어들(Meadowcroft 2001, p. 3).

이 생태관리주의형 국가가 1단계 녹색국가로 완성될 가능성은 국가의 역량확보 여부에 달려 있다. 시민사회와의 관계에서 이 국가형태는 적극적으로 배타적이거나 소극적으로 배타적이다. 적극적으로 배타적이라 함은 환경관련 발의는 거의 행정부에 의존하고 있기 때문이고 의회는 이 사안에서 닫혀 있어 시민사회의 환경주의자들로부터 차단되어 있는 경우이다. 소극적으로 배타적이라 함은 의회의 루트는 열려 있지만, 행동형 시민운동에 의한 국가의 변형은 차단되어 있는 경우이다. 소극적으로 배타적인 국가는 국가의 녹색화 두번째 단계로 넘어가기 직전의 자유민주주의 체제를 보완하는 형태, 즉 정당형 녹색국가나 거버넌스형 녹색국가로 나타날 수 있다. 그러나 만일 시민사회 그 자체가 활성화되어 있지 않다면, 생태관리주의 국가는 생태권위형 국가로 후퇴할 가능성도 가진다.

국가의 녹색화 2단계와 녹색사회국가

배리는 국가의 녹색화 제1단계를 자유주의-자본주의 국가들에서 가장 지배적으로 채택되는 형태라고 말한다(Barry·Paterson 2001). 그래서 이 국가의 녹색화전략은 기업환경주의에 터해 환경과 경제 모두에 득이 되는 상생적 접근법을 취하고, 녹색생산과 녹색소비에 기술적인 개선을 적용하는 '공급측면의 접근법'을 견지하게 된다는 것이다.[14] 이 전략의 최대 약점은 환경질에서 거대한 불평등을 생산함에도 불구하고, 재분배정책을 요구하는 정의와 불평등 이슈에는 관심을 갖지 않는다는 것이다.[15]

그러나 허날드와 드라이젝은 환경적 관심과 경제적 관심의 상보적 관계가 그렇게 간단히 이루어지는 것은 아니라고 말한다. 특히 이 양자의

---

14) 이와 관련하여 바람과 물 연구소 녹색국가연구모임에서 발표한 구도완(2001)의 글이 발전국가에서 녹색국가로의 이전과정에서 환경정책은 공급중심에서 수요중심으로 이동해야 한다고 주장하는 것은 타당성을 갖는다.
15) 블레어, 슈뢰더, 클린턴 등의 중도좌파 정당에게 이 전략은 매력적이다. 그리고 자유시장을 지구화하고 국가의 전지구적 경쟁을 개선하려는 자들에게 매력적이다. 왜냐하면 이들에게 국가는 전통적 복지국가의 '제공자'(provider)가 아니라 '촉진자·중재자'(enabler, arbitrater)이기 때문이다. 더구나 이런 국가가 정부와 기업 간 파트너십을 강조하면서 이를 재구조화한다면, 이 전략은 재분배전략이 아닌 '탈복지국가'로 빠질 것이다.

충돌은 "위험의 선택, 분배 그리고 개선방식에 시민들의 효과적 참여"를 요구하는 운동(환경정의 운동)으로 폭발되고 이 운동은 정의실현의 새로운 방식으로 새로운 정치형식을 요구하기 때문이다. 이 경우 녹색국가는 기존 국가과제인 정당화 과제에 환경분배갈등을 연결시키고자 하고, 국가의 녹색화는 제2단계로 넘어가게 된다. 국가의 녹색화 제2단계는 바로 분배정의로서의 환경정의를 국가 제도·전략·정책에 포함시키는 것이다(녹색복지사회국가). 동시에 이 녹색국가는 분배를 논의할 새로운 정치구조를 만들어내라는 압력을 국가 자체 내에서 실현시키거나 시민사회 내에 대안제도들——국가와 책임성을 공유하는 공적 영역, 제3섹터로 불리는 자활노동기반의 경제영역——을 지원하는 법과 제도를 만들게 된다(녹색사회국가). 여기에서 관건은 국가가 시민사회에 대해 적극적으로 포용적이면서 동시에 시민사회의 단체들은 국가를 '민주화 촉진자'로의 역할을 담지할 수 있도록 자신의 정치기능을 전문적 자문으로 환원시키지 않으려는 태도를 취해야 한다.

국가의 녹색화 3단계: 생태자치연방

이러한 국가의 녹색화 2단계가 신자유주의의 세계화에 대응하면서 가속화되면 이념으로서의 생태자치연방에 다가가게 될 것이다. 이것이 국가의 녹색화 세번째 단계이다.

5. 한국국가의 녹색화, 어디까지 왔나?

지금까지 녹색국가에 대한 논의를 녹색국가 논의의 층위(구조) 만들기와 국가의 녹색화 단계(과정) 설정하기로 살펴보았다.

한국국가의 녹색화 정도를 분석하는 변수들

〈표 6〉은 3절에서 살펴본 녹색국가 유형화와 녹색국가의 층위구조에서 도출된 분석 차원을 물음으로 가공한 것이다.

〈표 6〉 녹색화 정도를 분석하는 범주들

분석물음 a	대한민국의 헌법분석: 인간중심성 또는 생태중심성? 헌법 33조 환경보전법 1조에 명시된 환경권을 어떻게 해석할 것인가?
분석물음 b	개발·성장기구 대 관리·보존(전)기구의 비중이 후자 쪽으로 변화하였는가?(행정기구별 인력, 예산규모, 조직상의 변화)
분석물음 c	강제·집행기구 대 합의·통합기구의 비중이 후자 쪽으로 변화하였는가?
분석물음 d	국가집행기구 내 균질성 여부에 대한 물음으로, hierachy(생태권위주의) vs. coordination(녹색거버넌스)?
분석물음 e	환경이슈로 인한 국가기구 내적 파열을 어떻게 볼 것인가?
분석물음 f	행정국가와 녹색공영역의 상호침투현상이 어떻게 나타나는가?
분석물음 g	각 부처간 조정기능은 어떻게 이루어지는가? 부처간 거래비용/시간
분석물음 h	의회와 녹색공영역의 상호침투현상의 정도와 그 양상은?
분석물음 i	환경관련국가과제가 시민사회로 이양되는 정도와 그 양상은? (환경경찰대, green governmentality의 중심이 이동)
분석물음 j	녹색공영역의 확장과 공영역 녹색화의 진행정도는?
분석물음 k	개인의 변화, 생태감수성의 정도는?

한국국가의 녹색화 어디까지 왔나?

4절의 녹색국가의 과정에 대한 논의는 한국국가의 녹색화가 진행된 방향을 진단함에 있어서 유의미할 것이다. 이를 염두에 두고 필자는 한국국가의 녹색화단계를 다음과 같이 진단하고자 한다.

한국국가는 1995년 OECD에 평가를 신청하였고 1997년 29개 회원국들 중 19번째로 환경성평가를 마쳤다. 이 환경평가들 중 한국국가의 녹색화와 관련하여 주목해야 할 부분은 각 부처에 분산되어 있는 자연보전분야 업무의 제도적 합리화, 지속 가능하고 환경 친화적인 산림・농업・수산 분야 정책의 수립, 에너지・교통・농업・재정 정책에의 환경정책 통합을 권고하고 있다는 것이다(환경부 1998, 533~37). 이 권고는 경제구조 및 사회인프라 전반을 생태 친화적으로 재구조화하는 것을 의미하는 것이고 이로써 한국국가의 녹색화가 그 1단계로 들어갈 가능성을 조심스럽게 타진케 한다.

그러나 이런 가능성 타진에는 여러 가지 장애요인이 있다. 그중 하나는 경제의 재구조화가 현재 환경부 수준에서의 Eco-2프로젝트 및 그린 GDP로 표현되고 있다는 것이다. 이 발언이 국가의 녹색화에서 결정적인 의미를 갖기 위해선 정부의 최고결정권자나 부총리급에서 나와야 하는데 정부부처 중 힘없는 부처 중 하나인 환경부에서 나왔다는 것이 한국국가의 녹색화 1단계로의 진입을 확신할 수 없게 만든다. 두번째로 과거로부터 이어져온 한국국가의 진행경로가 발전국가란 점에 있다. 이 발전국가에서 국가는 발전의 촉진을 자신의 제1과제로 하고 기업의 도덕적 해이와 이로 인한 불안정 경제구조를 국가가 다시 공적 재정으로 지원해야 한다는 거대한 후유증을 남기고 있기 때문이다. 그래서 한국국가의 녹색화 그 1단계로 진입할 수 있는지의 여부는 국가의 의지 및 재원확보 등에서 그 귀추가 열려진 물음이다.

또한 1995, 96년을 지나면서 강조되기 시작한 정부와 민간 파트너십 그리고 이를 보다 구체화한 환경거버넌스(녹색시민위원회・지방의제 21실천단) 등의 도입을 주목해 보아야 한다. 이 거버넌스 개념엔 여러 가지 정의와 시도들이 있지만, 그 핵심에는 정부와 민간이 공동의 정책결정자가 됨이 깔려 있기 때문이다. 그러나 이 실험의 성공 여부는 정보의 공유 및 여러 행・정 인프라 개혁과 문화변화에 달려 있으므로, 이 또한 열려진 과정이라 하겠다.

이렇게 열려진 과정에서 한국국가의 녹색화는 시민사회의 녹색화 역량에 달려 있게 된다. 그런데 1992, 93년까지 한국국가와 시민사회의 관계는 적극적으로 배타적인 관계였다. 이 배타적 관계는 발전국가가 시민사회에 견지하는 전형적인 성격들 중 하나인데, 이로 인해 한국 시민사회 내에 비타협적이고 행동으로 정향화된 시민사회운동의 지속적 존립이 가능하였고, 이는 빠른 시일에 한국국가의 주요 과제로 환경보호를 강하게 밀어넣는 배경이 되었다. 그러나 2000년 민간단체진흥법 통과 이후 한국국가의 대(對)시민사회 태도는 소극적으로 포용적인 관계로 변화하고 있다. 이런 변화과정은 시민사회 내에 자문형 시민운동과 행동형 시민운동의 분화를 야기하고 있다.

이런 상황은 미래를 두 가지 가능성으로 열어둔다. 그 하나의 길은 자문형 시민운동의 강화를 통해 시민사회의 녹색화 역량이 국가로 빨려들어감으로써 한국국가의 발전과정이 발전국가 및 경쟁국가라는 기존 경로로 고착되고 환경보호과제도 위기회피의 수준으로 되먹히게 되는 길이다. 이 시나리오에서 한국국가의 녹색화는 제1단계의 성공 여부도 그 미래가 불투명할 수밖에 없다. 반면 만일 시민사회가 국가의 녹색화에 전문적인 자문기능을 제시하고 동시에 행동형 운동의 지속을 통해 끊임없는 정의이해관심으로 시민사회를 활성화시킬 수 있다면 한국국가의 녹색화는 그 전망을 가능성으로 열어놓을 수 있을 것이다.

참고문헌

구도완 (2001), 「국가의 녹색화전략: 한국의 경우」, 바람과 물 연구소 녹색국가연구모임 2차월례발표회.
김일영 (1992), 「1960년대 한국발전국가의 형성과정」, http://skku.ac.kr/~iykim/index.html.
문순홍 편역 (1995), 『지속 가능한 사회를 향한 생태전략』, 나라사랑.

문순홍 (2000), 「민주주의와 환경논의의 재구성」, 『한국정치학회보』 34집 2호.
이국영 (1989), 「관료적 권위주의 이론의 논쟁에 대한 재평가」, 『한국정치학회보』 23집 2호.
손호철 (1989), 「국가자율성 문제를 둘러싼 제문제들」, 『한국정치학회보』 23집 2호.
환경부 (1998), 『환경백서』.
Alford, R., R. Friedland (1985), *Powers of Theory: Capitalism, the State and Democracy*, Cambridge: Cambridge Univ. Press.
Barry, J. (2000), "Greener, Leaner and Meaner? Ecological Modernization and the Ecological Restructuring of the Nation-State," Speech to the CBI/Green Conference on Environment.
Barry, J., M. Paterson (2001), "Ecology, Political Economy, New Labour," Grenoble, 6-11. April. Workshop on the Nation-State and the Ecological Crisis: Sovereignty, Economy and Ecology.
Beck, U. (1994), *Die Erfindung des Politischen*, Frankfurt/M: Suhrkampf. (문순홍 옮김, 『정치의 재발견』, 거름, 1998)
Bookchin, M. (1988), "Deep Ecology versus Social Ecology," *Socialist Register* July/Sep.
Capra, F, C. Spretnak (1984), *Green Politics*, New Mexico: Bear & Company.
de Geus, M. (1996), "The Ecological Restructuring of the State," B. Doherty, M. de Geus eds., *Democracy and Green Political Thought*, London: Routledge.
Eckersly, R. (1997), "Green Justice, the State and Democracy," presented paper at the Environmental Justice Conference, http://www.arbld.unimelb.edu.au/envjust/papers/allpapers/eckersley/.
_____ (2000), "The Global Ecological Crisis and the Nation-State: Sovereignty, Economy and Ecology," Speech on the CBI/Green Conference on Environment, http://essex.au.uk/ecpr/publications/ecprnews/winter2000/feature.
_____ (2001), "Greening the Nation-State: From Exclusive to Inclusive Sovereignty," Grenoble, 6-11. April. Workshop on the Nation-State and the Ecological Crisis: Sovereignty, Economy and Ecology.
Goodin, R. (1994), *The Politics of the Environment*, Cheltenham: Edward Elgar Pub.
Gorz, A. (1983), *Abschied vom Proletaria*, Berlin: Roroo Buch.
Hunold, C., J. Dryzek (2001), "Greening the State: Ecological Modernization between State and Movement in the USA, UK, Germany and Norway," Grenoble,

6-11. April. Workshop on the Nation-State and the Ecological Crisis: Sovereignty, Economy and Ecology.

Hurrell, A. (1994), "A Crisis of Ecological Viability? Global Environmental Change and the Nation State," *Political Studies* XLII.

Jessop. B. (1982), *The Capitalist State*, New York: New York Univ. Press. (이양구·이선용 옮김,『자본주의와 국가』, 돌베개, 1988.)

Joppke, C. (1992), "Models of Statehood in the German Nuclear Energy Debate," *Comparative Political Studies* vol. 25/no. 2, July.

Lafferty, W. (2001), "Democracy and Regional Sustainable Development: Probing the Need for a New Demos with a New Rationality," Grenoble, 6-11. April. Workshop on the Nation-State and the Ecological Crisis: Sovereignty, Economy and Ecology.

Mayer-Abich, C. M. (1989), *Aufstant fuer die Nature*. (박명선 옮김,『자연을 위한 항거』, 도요새.)

Meadowcroft, J. (2001), "From Welfarestate to Ecostate?," Grenoble, 6-11. April. Workshop on the Nation-State and the Ecological Crisis: Sovereignty, Economy and Ecology.

Offe, C. (1995), *Modernity & The State*, London: Polity.

Ophuls, W. (1992), *Ecology and the Politics of Scarcity Revisited*, NY: W. H. Freeman and Company.

Poulantzas, N. (1980), *Fascism and Dictatiorship*, London: Verso.

Ryle, M. (1987), *Ecology and Socialism*, London: Radius.

Schlosberg, D. (2001), "Three Dimensions of Environmental Justice: Implications for the Ecological Democracy," Grenoble, 6-11. April. Workshop on the Nation-State and the Ecological Crisis: Sovereignty, Economy and Ecology.

Skocpol, T. (1979), *States & Social Revolutions*, Cambridge: Cambridge Univ. Press.

Torgerson, D. (1999), *The Promise of Green Politics*, Durham: Duke Univ. Press.

Walker, K. J. (1988), "The Environmental Crisis: a Critique of Neo-Hobbesian Responses," *Polity* XXI-1/Fall.

_____ (1989), "The State in Environmental Management: the Ecological Dimension," *Political Studies* XXXVII.

WCED (1987), *Our Common Future*, Oxford: Oxford Univ. Pr.

Woo-Cumings, M. (1999), *The Developmental State*, NJ: Cornell Univ. Press.